Life Long Learning

Springer-Verlag Berlin Heidelberg GmbH

Cornelia Seeberg

Life Long Learning

Modulare Wissensbasen
für elektronische Lernumgebungen

Mit 43 Abbildungen

 Springer

Cornelia Seeberg

Technische Universität Darmstadt
Multimedia Kommunikation (KOM)
Merckstraße 25
64283 Darmstadt
Cornelia.Seeberg@KOM.tu-darmstadt.de

ISBN 978-3-540-43618-8   ISBN 978-3-642-55821-4 (eBook)
DOI 10.1007/978-3-642-55821-4

Bibliografische Information Der Deutschen Bibliothek
Die Deutsche Bibliothek verzeichnet diese Publikation in der
Deutschen Nationalbibliografie; detaillierte bibliografische Daten
sind im Internet über <http://dnb.ddb.de> abrufbar.

http://www.springer.de

© Springer-Verlag Berlin Heidelberg 2003
Ursprünglich erschienen bei Springer-Verlag Berlin Heidelberg New York 2003

Umschlaggestaltung: KünkelLopka, Heidelberg
Satz: Belichtungsfertige Daten von der Autorin
Gedruckt auf säurefreiem Papier – SPIN: 10875504   33/3142 GF   5 4 3 2 1 0

Danksagung

Mein Dank gilt vor allem Ralf Steinmetz, der mich gefördert und gefordert hat, diese Arbeit zu schreiben. Die Diskussionen mit ihm, Ulrich Hoppe und Werner Sesink haben mir immer wieder neue Aspekte aufgezeigt.

Die Arbeit entstand im Rahmen des Projekts Multibook. Allen Projektpartnern und insbesondere iTeach/Multimedia Semantics verdanke ich ein produktives und gleichzeitig freundschaftliches Umfeld. Klaus Reichenbergers Lust am Denken hat mich und meine Arbeit beflügelt.

Danke auch den vielen, die diese Arbeit in den unterschiedlichsten Zuständen gelesen haben.

Dieter Boecker hat mir durch seine Kenntnisse und Geduld (und seinen Sinn für Humor, an den ich mich schließlich auch noch gewöhnt habe) sehr geholfen.

Über die ganze Zeit hinweg war mir Achim Steinacker nicht nur ein Kollege, sondern auch ein guter Freund. Langweilig war's jedenfalls nie.

Derjenige, der mich nicht nur bei diesem Buch am meisten unterstützt, ist Stefan Kuhn. Ihm schulde ich bei weiten mehr als Dank.

Inhaltsverzeichnis

1 Einleitung

Schnelle Entwicklungen zum einen in vielen Wissenschaftsbereichen und zum anderen im Anwendungsbereich Informatik fordern in der Aus- und Weiterbildung zu neuen Konzepten heraus:

- Lehrwerke sollten so gestaltet werden, dass obsolete Informationen schnell und einfach durch aktuelle ausgetauscht werden können.

- Die an den Wissenschaftsbereichen Interessierten müssen sich selbstständig weiterbilden.

- Eine sehr heterogene Gruppe von Lernenden muss unterstützt werden, betrachtet man beispielsweise die Medizin, in deren Entwicklung Studierende, Fachärztinnen[1], Allgemeinmedizinerinnen, Krankenpflegerinnen, Physiotherapeutinnen etc. – und nicht zuletzt auch Patientinnen und deren Angehörigen – involviert sind.

Um diesen Anforderungen zu genügen, ist ein elektronisches Lehrsystem mit einer Wissensbasis, die aus kleinen, unabhängigen Einheiten besteht, sinnvoll. Die einzelnen Einheiten (im Folgenden Module genannt), können leicht ausgetauscht werden. Für die diversen Bedürfnisse der Benutzergruppen kann die jeweils geeignete Untermenge der Module in entsprechender Reihenfolge ausgewählt werden.

Die Vorstellung, einen Informationspool zur Verfügung zu haben, aus dem die geeigneten Informationen leicht gezogen werden können, hatte V. Bush mit Memex schon 1945:

> A memex is a device in which an individual stores all his books, records, and communications, and which is mechanized, so that it

---

1. In diesem Buch wird das generische Femininum verwendet: Immer dann, wenn es sich um Frauen und Männer handelt (oder handeln könnte), wird die weibliche Form verwendet. Wenn es sich explizit nur um Männer handelt, wird die maskuline Form benutzt. Um Lesehemmnissen vorzubeugen, wurde bei zusammengesetzten Wörtern wie Benutzerprofil auf das Feminin verzichtet.

> may be consulted with exeeding speed and flexibility. It is an enlarged intimate supplement to his memory. ([19])

Die Wissensbasis mit den Informationsmodulen alleine reicht aber noch nicht aus, Grundlage für ein Lehrsystem zu sein. In einem Lehrsystem, das mehrere Tausend Module beinhaltet, kann eine Dozentin sich nicht alle Module ansehen; ein automatisch zusammenstellendes System kann erst recht nicht Text- oder Bilddateien interpretieren, um die geeigneten Module herauszufinden. Um die für die jeweilige Benutzerin relevanten Module auszuwählen und sie präsentieren zu können, müssen deshalb die einzelnen Module beschrieben sein. Die Beschreibung muss gewährleisten, dass die für die individuelle Lernenden oder die Lernergruppe entscheidenden Themen identifiziert und in der Wissensbasis gefunden werden können, dass die einzelnen Module entsprechend den Wünschen und Fähigkeiten der Lernenden ausgewählt werden und dass schließlich aus den einzelnen Modulen ein zusammenhängendes Dokument entsteht.

Ziel dieses Buches ist es, eine derartige Beschreibungsmethode zu entwickeln, so dass

* auf die Bedürfnisse und Wünsche der Lernenden in Bezug auf Lernziel, Medienpräferenz, Lehrmethode und Schwierigkeitsgrad angepasste Lektionen aus den Modulen erzeugt werden können

und – als Nebenbedingungen –

* die Dekontextualisierung, die durch die Aufteilung des Materials in Module entsteht, kompensiert wird und die Lektionen flüssig und gut zu rezipieren sind und

* die Lernenden die Möglichkeit haben, die Auswahl der Module zu korrigieren.

Damit soll ein Lehrsystem ermöglicht werden, dass die Visionen von T. Berners-Lee:

> The World Wide Web is possible because a set of widely established standards guarantees interoperability at various levels. Until now, the Web has been designed for direct human processing, but the next-generation Web, which Tim Berners-Lee and others called „Semantic Web," ([9]) aims at machine-processible information. The semantic Web will enable intelligent services – such as information brokers,

> search agents, and information filters – which offer greater function-
> ality and interoperability than current stand-alone services.[33]

für ein geschlossenes System aufgreift und um die Nebenbedingung der Lesbarkeit erweitert.

Die Beschreibung der Module, wie sie in diesem Buch vorgeschlagen wird, besteht aus drei Komponenten:

• Die Module werden einem Schlagwort zugeordnet, das mit den anderen Schlagwörtern des Wissensgebietes inhaltlich verbunden ist. Damit wird die Wissensdomäne in einem semantischen Netz formal modelliert.

• Die einzelnen Module werden mit Metadaten beschrieben, die beispielsweise auszeichnen, welchen Medientyps das Modul ist.

• Die Module werden durch Relationen miteinander verbunden, so dass rhetorische und didaktische Beziehungen explizit gemacht werden können.

Diese drei Komponenten stammen aus unterschiedlichen Wissen-schaftsbereichen. In diesem Buch werden die Ergebnisse der Wissensmodellierung und des Wissensmanagements und die Standardi-sierungsbestrebungen aus der Welt der digitalen Bibliotheken mit Untersuchungen aus den Bereichen der Linguistik und des Hypertex-tes zusammengeführt.

Mit der in diesem Buch vorgeschlagenen Beschreibungsmethodik werden die Möglichkeiten adaptiver computerunterstützter Lehrsy-steme dahingehend erweitert, dass die Erfordernisse des *life-long learning* (Anpassung an unterschiedliche Benutzergruppen und effek-tive Wartung) bedient werden.

Der Begriff „Computerunterstütztes Lernen", unter den auch elektro-nische Lehrwerke fallen, ist inzwischen zu einem Schlagwort gewor-den, unter dem die unterschiedlichsten Entwicklungen zusammenge-fasst werden. An dieser Stelle soll ein kurzer Überblick über das Gebiet „Computerunterstütztes Lernen" gegeben werden, ohne dass auf diese Gebiete weiter eingegangen wird.

Ein großer Forschungsbereich ist der Einsatz des Computers in der Fernlehre. Die Entwicklungen im Multimediabereich (z.B. Bildkompression und Medien*server*) ermöglichen die Übertragung ganzer Vorlesungsreihen und Seminare in Universitätsverbünden. Ein Beispiel dafür ist die Virtuelle Hochschule Oberrhein (VIROR, siehe [157]), in deren Rahmen unter anderem ein elektronisches *Whiteboard* ([50]) und ein System entstanden sind, mit dem multimediale Unterrichtsmaterialien aufgezeichnet und verteilt werden können ([104]).

Ein anderer Bereich ist das computerunterstützte kooperative Lernen (*Computer Supported Cooperative Learning* - CSCL). Dort werden Konzepte und Realisierungen entwickelt, die synchrone interaktive Präsentationen, synchrone Gruppenarbeit oder asynchrones Arbeiten an einem Problem unterstützen (siehe hierzu [107] und [62]). In diesen Bereich fallen auch die Forschungen, die sich mit der Ausstattung der „Klassenräume der Zukunft" auseinandersetzen. Beispiele für Projekte, in denen unter anderem Möbel mit integrierten Computern entwickelt wurden, sind i-LAND ([158]) oder „ *CCF – Conference/ Classroom of the Future*"([96]).

Auch der Einsatz spezieller Hard- und Software für den Grundschulunterricht, um den Kontakt zu den Lehrerinnen und Mitschülerinnen mit den kreativen Möglichkeiten einer adaptiven und interaktiven Lernumgebung zu kombinieren, ist ein Forschungsbereich, der unter den Begriff „Computerunterstütztes Lernen" fällt. Ein Projekt, in dem diese Möglichkeiten ausgelotet werden, ist das Projekt NIMIS (siehe [159]).

Darüber hinaus bietet kommerzielle Software wie Lotus Learning Space oder WebCT ein geschlossenes System für die Präsentation von Lehrmaterial, Übungsaufgaben, Bewertungen und Zugangsmechanismen. Ebenso kommerziell erhältlich sind Autorensysteme, mit denen multimediale Kurseinheiten erstellt werden können. Beispiele dafür sind Authorware und Director der Firma Macromedia.

Zuletzt sei die Lernsoftware genannt, die auf CD-ROMs erhältlich ist. Zwei Beispiele sind in Abschnitt 3.1.2, S. 33 genannt.

Mit diesen Forschungsaspekten beschäftigt sich dieses Buch nicht. Ziel ist es auch nicht, ein neues Paradigma für die Pädagogik zu entwickeln, sondern vielmehr Pädagoginnen in ihrer Bildungsaufgabe im Sinne von Sesink zu unterstützen:

> Es geht nicht darum, Lernprozesse in Programmen ab- und vorzubil-
> den, um sie dann durch diese zu steuern und zu kontrollieren, wie dies
> das Konzept der Programmierten Instruktion ist. Unterstützung soll
> heißen: anregen, Möglichkeiten anbieten, Hilfen leisten, Instrumente
> zur Verfügung zu stellen. ([123])

Die Lehrsysteme, die in Kapitel 6, ab S. 161 beschrieben sind, können
teilweise in diese Systeme eingebunden werden. Eine analoge Vorstellung ist die Verwendung von Büchern in traditionellen Lernszena-
rien.

Dieses Buch soll unterstützen, dass durch neue Konzepte der Wissensvermittlung interdisziplinäre Gruppen entstehen, in denen Inhaltsexpertinnen, Pädagoginnen und Technikerinnen zusammenarbeiten. Diese Zusammenarbeit ist bei traditionellen Lehrwerken nicht
gegeben. Erfahrungen im Rahmen der beiden Projekte, die in Kapitel
6 beschrieben werden, haben gezeigt, wie fruchtbar (und zum Teil er-
nüchternd) die interdisziplinäre Zusammenarbeit sein kann.

Kapitel 2 diskutiert den Stand der Technik zu den Themen Adaptivität
und Benutzermodellierung. Hier werden die unterschiedlichen Moti-
vationen und Ziele von Adaptivität herausgearbeitet, ein Defizit bei
der Inhaltsadaptivität herausgearbeitet und verschiedene Techniken
der Benutzermodellierung vorgestellt.

Kapitel 3 untersucht und charakterisiert kurz nicht-adaptive Lehrsysteme und gibt einen Überblick über adaptive Systeme, die nicht explizit Lehrsysteme sind. Der Schwerpunkt dieses Kapitels stellt eine
detaillierte Analyse adaptiver Lehrsysteme dar. Sie werden bezüglich
der in Kapitel 2 vorgestellten Techniken verglichen. Dabei wird klar,
dass für die existierenden Systeme feste Benutzergruppen definiert
sind und damit eine Möglichkeit zur Inhaltsadaption weitgehend nicht
gegeben wird.

In Kapitel 4 wird ein Modell entwickelt, um Adaptivität in Bezug auf
Schwierigkeitsgrad, Medienpräferenz, Lehrmethode und insbesondere auf inhaltliche Aspekte zu erreichen. Diese Grundlage ist eine modulare Wissensbasis, aus der die für die jeweiligen Lernenden geeigneten Module identifiziert und präsentiert werden können. Für die
Identifikation ist die Beschreibung der Module unabdingbar. Das Ka-

pitel beschreibt die drei Komponenten, aus denen sich die Meta-Informationen der Wissensbasis zusammensetzen.

Kapitel 5 adressiert neue Fragen, die durch einen modularen Aufbau der Wissensbasis entstehen. Das ist in erster Linie die Lesbarkeit (Kohärenz) der auf diese Weise entstehenden Dokumente, dazu gehören aber auch die Probleme der Autorinnen, modulare Wissenseinheiten zu verfassen. Es werden jeweils Lösungsansätze diskutiert.

Kapitel 6 geht auf zwei Systeme ein, deren Grundlage eine modulare Wissensbasis ist, die mit den in Kapitel 4 vorgestellten Komponenten beschrieben sind.

Kapitel 7 fasst das Buch zusammen und eröffnet verschiedene Möglichkeiten, wie die Beschreibungsmethode für die modulare Wissensbasis für weitere Aufgaben eingesetzt werden könnte.

2 Adaptivität und Benutzermodellierung

Adaptivität ist ein neues Wort für eine altbekannte, erprobte Technik jeder Lehrerin. Adaptivität bedeutet, dass sich eine Lehrerin, ein Lehrsystem auf die Bedürfnisse, das Umfeld, das Vorwissen etc. der Lernenden einstellt. Eine Französisch-Lehrerin gestaltet die erste Französisch-Stunde für Fünftklässler anders als für einen Volkshochschul-Kurs. Die Einbindung des persönlichen Umfeldes und aktueller Erlebnisse fördern den Lernerfolg und sind deshalb beispielsweise in die Lehrpläne der Grundschule aufgenommen. Schülerinnen sollen an Hand von Beispielen aus ihrer Umgebung eine Einführung in das Zahlensystem erhalten. Das fordert von einer Lehrerin die Fähigkeit, immer wieder aufs Neue Anregungen, Fragen, Stimmungen von den Lernenden aufzunehmen und in ihre Lehrinhalte zu integrieren. Herkömmliche Bücher hingegen sind, wenn sie einmal gedruckt sind, statisch. Hier liegt einer der grundlegenden Vorteile eines elektronischen Buches: Realisiert insbesondere als adaptive Hypertext-Systeme sind sie in der Lage, sich in einem gewissen Rahmen an die Benutzerinnen anzupassen.

Die adaptive Anpassung der Lehrdokumente an die Lernenden ist umso wichtiger, je unterschiedlicher die Zielgruppe zusammengesetzt sein kann. Soll das Lehrsystem beispielsweise im Umfeld betrieblicher Weiterbildung eingesetzt werden, kann nicht davon ausgegangen werden, dass alle Lernenden die gleichen Voraussetzungen haben und auch nicht die gleichen Ziele.

In Abschnitt 2.1 wird zunächst Adaptivität definiert, dann werden verschiedene Zielaspekte aufgezeigt und Adaptionstechniken beschrieben. Abschnitt 2.2 handelt von einem notwendigen Werkzeug für die Adaptivität, dem Benutzerprofil. Eine ausführliche Diskussion der verschiedenen Aspekte von Adaptivität findet sich in [130].

2.1 Adaptivität

2.1.1 Definition Adaptivität

Trigg et al. in [140] bezeichnen ein System als adaptierbar, wenn jede Benutzerin ein neues Systemverhalten ohne Hilfe von Programmiererinnen produzieren kann. Der Übergang von nicht-adaptierbaren Systemen zu adaptierbaren ist fließend. Was eine Benutzerin ohne Hilfe ändern kann, hängt auch von ihren individuellen Fähigkeiten ab. Trigg et al. nennen vier Kriterien, die ein adaptierbares System erfüllen muss ([140]):

> A system is flexible if it provides generic objects and behaviors that can be interpreted and used differently by different users for different tasks.

> A system is parametrized if it offers a range of alternative behaviors for users to choose among.

> A system is integratable if it can be interfaced to and integrated with other facilities within its environment as well as connect to remote facilities.

> A system is tailorable if it allows users to change the system itself, say, by building accelerators, specializing behavior, or adding functionality.

2.1.1.1 Adaptierbar und adaptiv

Basierend auf Oppermann (siehe [102]) unterscheiden Oppermann et al. in [103] adaptierbare (*adaptable*) und adaptive (*adaptive*) Systeme:

> Two kinds of systems have been developed for supporting the user in his/her tasks. Systems that allow the user to change certain system parameters and adapt their behaviour accordingly are called *adaptable*. Systems that adapt to the users automatically based on the system's assumptions about user needs are called *adaptive*.

Adaptierbare Systeme bieten beispielsweise den Benutzerinnen unterschiedliche Sprachen an. Im deutschen Sprachraum können in den

letzten Jahren die Lernenden bei einigen Lernsoftware-CDs, die als
Begleitung zum Schulunterricht konzipiert sind, wählen, ob sie die
Lektionen mit der Orthographie und Interpunktion, die vor oder nach
der Rechtschreibreform gültig sind, präsentiert bekommen wollen.
Ein weiteres Beispiel für ein adaptierbares System ist die Arbeitsumgebung auf einer UNIX-Maschine. Durch das Ändern bestimmter
Konfigurationsdateien kann jede Benutzerin ihre Arbeitsumgebung
nach ihren eigenen Wünschen gestalten. So kann man z.B. die Hinter-
grundfarbe ändern, die Größe der angezeigten Fenster, die Anordnung
von *Icons* etc.

Im Gegensatz zu einem adaptierbaren ist ein adaptives System eines,
das sich automatisch, ohne direktes bzw. explizites Einwirken der Benutzerin an bestimmte Vorlieben bzw. Merkmale der Benutzerin anpasst.

2.1.1.2 Adaptivität in Lehrsystemen mit modularer Wissensbasis

Eine Wissensbasis ist eine Sammlung von Informationsressourcen,
auf die zur Wissensvermittlung zurückgegriffen werden kann. Eine
modulare Wissensbasis besteht im Gegensatz zu beispielsweise einem
Buch aus einzelnen Ressourcen, die nicht unbedingt einen linearen
Ablauf haben. Es können mehrere Ressourcen zu einem Thema vorliegen, sie können unterschiedliche Formate oder Sprachen haben, sie
können sich im Entstehungsdatum unterscheiden. Eine modulare
Wissensbasis ist eine notwendige Voraussetzung für ein adaptives
Lehrsystem.

Die Möglichkeit, mit einer modularen Wissensbasis unterschiedliche
Sichten auf ein Thema zu erzeugen und damit das System auch für unterschiedliche Ziele zu verwenden, entspricht dem Kriterium der Fle-
xibilität.

Ein einfach zu initialisierendes und modifizierendes Benutzerprofil,
das erlaubt, sich vorgegebenen Werten einzuordnen, macht ein para-
metrisierbares System aus.

Die Integrierbarkeit wird in webbasierten Systemen auf zwei Ebenen gewährleistet. Zum einen erlaubt ein webbasiertes System die Verwendung der unterschiedlichsten Medienformate. Zum anderen können, wenn der Wissensbasis geeignete Autoren-Werkzeuge[1] zur Seite gestellt werden, externe Ressourcen leicht in das System eingebunden werden. Ebenfalls ist es möglich, externe Web-Ressourcen in Lektionen zu integrieren, ohne dass sie Teil des Systems werden.

Die Möglichkeit, das Systemverhalten zu ändern, ist nicht explizit durch die Modularität gegeben.

2.1.1.3 Adaptive Hypermedia-Systeme

Hypermedia-Systeme sind dadurch definiert, dass sie aus zwei Arten von Elementen bestehen. Sie enthalten Module mit den Inhalten und Links, die diese Module miteinander verbinden. Lowe und Hall geben in [86] eine Definition von Hypermedia-Systemen:

> A simple interpretation of hypermedia is that it is an application which allows us to navigate through an information space using associative linking. This leads to ideas such as non-linearity and interactivity [...]. With hypermedia we (i.e. the developer of the hypermedia application) provide multiple possible paths through the information; we do not constrain the reader to a predetermined path. Instead the user can interactively browse through the information following any of the possibly very large number of paths.

Adaptive Hypermedia-Systeme (AHS) verbinden zwei verschiedenartige Ansätze: zum einen adaptive Systeme, die sich mit Hilfe eines Modells über Ziele, Wünsche und Präferenzen der Benutzerin an diese anpassen. Zum anderen sind sie Hypermedia-Systeme, die hauptsächlich als explorative Systeme eingesetzt werden und der Benutzerin lediglich die Werkzeuge zur Verfügung stellen, um in einem komplexen Netz von Informationen selbständig das zu finden, was sie braucht oder sucht. Das grundlegende Problem ist, dass der Informationsraum oft sehr umfangreich und oft nur wenig strukturiert

---

1. Unter einem Autoren-Werkzeug wird in diesem Zusammenhang ein Hilfsmittel verstanden, mit dem bestehende Ressourcen in die Wissensbasis eingebracht und ggf. beschrieben werden können.

ist. Systeme, die die Bedürfnisse einer bestimmten Gruppe von Benutzerinnen berücksichtigen, sind oft nur sehr schwer und unzufriedenstellend von anderen Benutzergruppen zu verwenden (siehe dazu [14]).

Adaptive Hypermedia-Systeme lösen dieses Problem, indem sie die Interaktion mit der Benutzerin adaptiv gestalten. Hier fließen die Ansätze der *Intelligent Tutoring Systems* (ITS) ein. Diese stellen – wie in [3] und [35] beschrieben – ein hohes Maß an Führung des Lernprozesses zur Verfügung, sie modellieren und kontrollieren den gesamten Lernablauf. Die Komponenten Benutzermodell und Domänenmodell[2] gehen auf ITS zurück. Das Benutzermodell ermöglicht, dass das System gewisse Informationen über die Benutzerin und über ihre Interaktion mit dem System in einem Benutzerprofil speichert und diese dazu benutzt, um sich der Benutzerin in bestimmten Aspekten anzupassen. So kann ein adaptives Hypermedia-System z.B. Navigationshilfen anbieten oder die Information nach von der Benutzerin vorgegebenen Kriterien aufbereiten oder entsprechend den Zielen der Benutzerin Informationseinheiten auswählen und mit Kommentaren versehen.

Brusilovsky gibt eine Arbeitsdefinition für adaptive Hypermedia-Systeme ([15]):

> By adaptive hypermedia systems we mean all hypertext and hypermedia systems which reflect some features of the user in the user model and apply this model to adapt various visible aspects of the system to the user.

Es sind also Systeme, die folgende drei Kriterien erfüllen:

- die Information wird als Hypertext bzw. Hypermedia aufbereitet;

- das System beinhaltet ein Benutzermodell, das bestimmte Merkmale der Benutzerin widerspiegelt;

- das System passt die Interaktion entsprechend den im Benutzermodell enthaltenen Merkmalen an die Benutzerin an.

---

2. Ein Domänenmodell ist eine formale Darstellung des Wissensgebietes. Die Realisierung kann unterschiedlich sein. In ITS sind meistens Themen durch Beziehungen wie „ist Voraussetzung für" miteinander verbunden. Weitere Möglichkeiten sind in Abschnitt 4.3.1 beschrieben.

Abbildung 1 beschreibt den prinzipiellen Aufbau eines AHS. Die Informationen für das benutzerprofil gewinnt das System durch Eingaben der Benutzerin und die Testergebnisse. Auf Grund dieser Informationen bietet das System Navigationshilfen an.

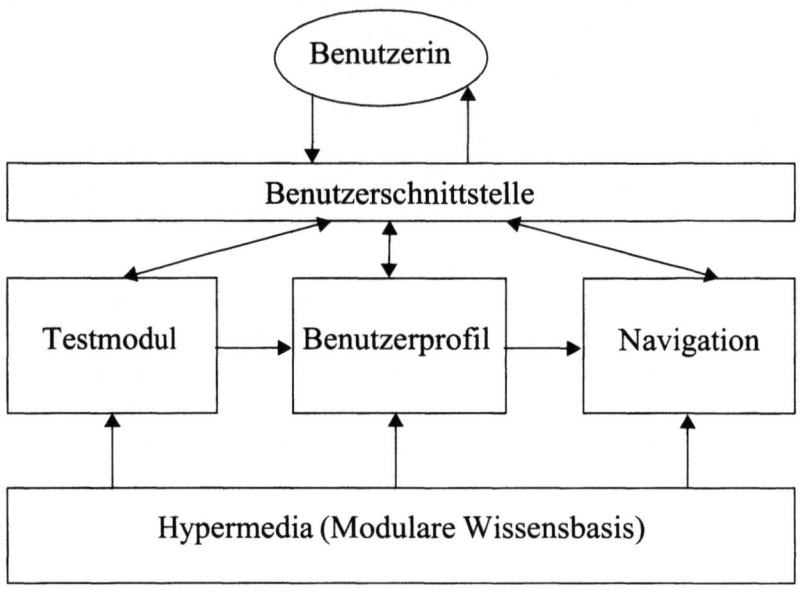

Abbildung 1: Schematische Darstellung der Komponenten eines adaptiven Hypermedia-Systems

2.1.2 Zielaspekte der Adaption

Brusilovsky unterscheidet in [15] entsprechend den zwei definierenden Komponenten von Hypertext – nämlich Modulen und *Links*, die die Module verbinden – zwei Arten der Adaption: adaptive Navigationsunterstützung (*link-level adaption*) und Präsentationsadaption (*content-level adaption*). Auf die adaptive Navigationsunterstützung wird im Abschnitt 2.1.2.1 eingegangen. Brusilovsky definiert, was er unter Präsentationsadaption versteht [15]:

> The goal of the most popular method of content adaption (we call it additional explanations) is to hide from the user some parts of infor-

mation about a particular concept which are not relevant to the user's level of knowledge about this concept. For example, low level details can be hidden from users with a poor level of knowledge of this concept because they cannot understand these details. On the contrary, additional explanations usually required by novices to understand the concept can be hidden from users with a good level of knowledge of the concept because they do not need these explanations anymore. In more general terms, in addition to the basic presentation, some category of users can get some additional information which is specially prepared for this category of users and will not be shown to users of other categories.

Bei näherer Betrachtung ist die so beschriebene Präsentationsadaption nur dann tatsächlich eine Anpassung des Inhalts – in der Terminologie dieser Arbeit: Modul –, wenn der Inhalt dynamisch generiert wird. Sonst ist es eine Navigationsadaption: Gibt es unterschiedliche Module mit mal mehr und mal weniger Text etc., wird der Pfad angepasst, indem das entsprechende Modul angeboten wird. Das ist zu vergleichen mit einer Empfehlung, zu einem Thema entweder eine Graphik oder einen Text anzuschauen. Hier wird eine adaptive Unterstützung bei der Navigation geboten. Der Meinungsunterschied rührt daher, dass hier zwischen einem Thema (*concept*) und der Menge seiner Erklärungen, seinen Modulen, getrennt wird. Zu einem Thema können je nach Bedürfnis der Benutzerin unterschiedliche Module ausgewählt werden.

Eine pragmatische Einteilung ist sinnvoll: Es kann der Inhalt, die Oberfläche und die Hardware angepasst werden. Den Schwerpunkt der meisten adaptiven Systeme bildet die Inhalts-Anpassung. Unten wird nur kurz auf die beiden anderen Adaptions-Möglichkeiten eingegangen, und im Weiteren wird sich nur noch auf die Inhalts-Anpassung bezogen. Die Anpassungen bezüglich der beiden ersten Aspekte an die Benutzerin können jeweils entweder auf expliziten oder impliziten Angaben beruhen.

2.1.2.1 Anpassung des Inhalts

Unter der Voraussetzung, dass es sich nicht um ein System handelt, das die Module dynamisch generiert, wird hier unter der Anpassung des Inhalts an die individuellen Bedürfnisse der Benutzerin eine adaptive Unterstützung bei der Navigation durch die Wissensbasis verstanden. Diese Unterstützung sollte der Benutzerin helfen, möglichst effektiv die für sie geeigneten Module zu finden. Die Eignung der Module kann sich in unterschiedlichen Kategorien ausdrücken: Unterschiedliche Aspekte eines Themas können für verschiedene Benutzerinnen von Interesse sein (siehe Abschnitt 3.2.3 auf S. 38). Lernende mit unterschiedlicher Vorbildung benötigen Erklärungen in unterschiedlichen Detaillierungsgraden (siehe Brusilovsky in Abschnitt 2.1.2). Auch die Reihenfolge kann von Benutzerin zu Benutzerin variieren. Zieht die eine es vielleicht vor, zuerst Beispiele anzuschauen und dann die dahinterstehende Theorie zu studieren, ist es für eine andere Lernende sinnvoller, erst die Theorie zu verstehen, bevor sie mit den Einzelheiten der Beispiele konfrontiert ist. Eine Realisierung davon ist in [22] beschrieben. Auf diese Weise kann das System die Benutzerinnen unterstützen, indem es entsprechend ihren Lernmethoden geeignete nächste Module vorschlägt. Eine weitere Kategorie ist die Medienpräferenz. Aus unterschiedlichen Gründen – beispielsweise wegen einer körperlichen Beeinträchtigung – macht es Sinn, dass die Benutzerinnen eines Lehrsystems wählen können, welche Medien in ihren Lektionen vorkommen sollen. Eine Adaption an diese Bedürfnisse kann ausschließlich Module anbieten, die dieser Auswahl entsprechen (siehe zum Beispiel das Projekt TELLIM, das in Abschnitt 3.2.5, ab S. 39 beschrieben ist). Eine Benutzerin könnte des Weiteren eine Vorliebe für eine bestimmte Autorin haben oder nur an Modulen, die zu einer bestimmten Zeit entstanden sind oder die kostenfrei zur Verfügung stehen oder in einer bestimmten Sprache verfasst sind.

In welchem Rahmen auf die Benutzerbedürfnisse eingegangen werden kann, hängt unter anderem davon ab, wie die Module beschrieben sind (siehe Abschnitt 4.3, ab S. 67).

2.1.2.2 Anpassung der Oberfläche

Untersuchungen (siehe [63] und [145]) haben gezeigt, dass unabhängig vom Kenntnisstand der Wissensdomäne (das Gebiet, über das gelernt werden soll) Unterschiede bei der Erfahrung im Umgang mit einem Computer bestehen. Computer-unerfahrene Benutzerinnen können durch eine beschränkte Anzahl von Fenstern, eine ausführlichere Beschriftung der Menü-Punkte oder durch eine zunächst eingeschränkte Funktionalität (siehe die Idee der *Training Wheels*: [23]) unterstützt werden.

Ein anderer Aspekt ist die Lehrgeschwindigkeit. Damit ist die Zeit gemeint, die eine Lernende mit einem Modul verbringt. Leutner hat in [85] gezeigt, dass die von der Benutzerin gewählte Verweildauer bei einem Modul (*Self Pacing*) nicht immer zu einem besseren Lernergebnis führt als ein vom System auf die Benutzerin abgestimmtes Zeitmaß (*Adaptive External Pacing*).

2.1.2.3 Anpassung der Hardware

Indem die Hardware auf die besonderen Bedürfnisse von Körperbehinderten angepasst wird, kann das Lehrsystem auch für diese Benutzergruppen sinnvoll nutzbar gemacht werden. Dazu gehören besondere Ein- und Ausgabegeräte, wie eine Bildschirmlupe für Sehbehinderte.

Diese Anpassungen sind nicht adaptiv, sondern adaptierbar.

2.1.3 Techniken der Adaption

Um die Inhalts-Anpassung in adaptiven Hypermedia-Systemen zu gewährleisten, gibt es eine Reihe von Techniken. Die in den Abschnitten 2.1.3.1 und 2.1.3.2 beschriebenen Techniken fußen auf einer Veränderung der Inhalte. Die Techniken des Abschnittes 2.1.3.3 zielen auf eine adaptive Navigationsunterstützung.

2.1.3.1 Dynamische Generierung von Modulen

Mit Hilfe von Methoden aus dem Gebiet der Generierung natürlicher Sprachen können Module dynamisch generiert werden. Die Grundlage dazu ist eine Wissensbasis aus atomaren Modulen und sowohl Adaptions- als auch Sprachgenerierungsregeln, die aus diesen Atomen Module bauen. Beispiele dafür sind die Systeme ILEX (siehe [27]) und PEBA-II (siehe [93]). Die Systeme verwenden Benutzerprofile, um mit Hilfe eines Phrasen-Lexikons, das Phrasen, Sätze oder auch einzelne Begriffe enthält, und grammatischen Regeln Texte individuell für die einzelnen Benutzerinnen zu generieren.

2.1.3.2 Shadowing und Stretchtext

Shadowing ist eine einfache Technik: Nicht relevantes Material, das entweder zu anspruchsvoll oder nicht interessant für die jeweilige Benutzerin ist, wird grau unterlegt. Die Lernende kann, wenn sie es wünscht, das Material lesen, aber es wird ihr deutlich signalisiert, dass es nicht für sie geeignet ist. Auf diese Weise fühlt sie sich nicht bevormundet. Ein Experiment mit *Shadowing* ist in [63] beschrieben.

Dem *Stretchtext* liegt die Idee zu Grunde, zusätzliches Material nicht in einem anderen Fenster anzuzeigen, sondern in den Textfluss zu integrieren. Beim Aktivieren eines *Stretchtext-Links* wird das angeforderte Material eingefügt. Dafür gibt es vier mögliche Positionen: vor dem Orginaltext, eingebettet in den Originaltext, am Ende des Originaltextes oder an Stelle des Originaltextes. Wenn das zusätzliche Material nicht oder nicht mehr gewünscht ist, kann es wieder zusammengezogen werden, so dass der ursprüngliche Zustand des Dokuments wieder entsteht. Das System MetaDoc [12] erlaubt rekursiven *Stretchtext* mit unterschiedlichen Feinheitsgraden.

Die *Stretchtext*-Technik bietet im Vergleich zu Sprung-*Links* den Vorteil, dass die Leserin den Kontext nicht aus den Augen verliert. Untersuchungen, die die Lerneffizienz von normalen Hypertexten- und *Stretchtext*-Systemen verglichen haben, ergaben, dass sowohl Anfängerinnen als auch Expertinnen nach kürzerer Lernzeit mehr richtige Antworten geben können, wenn sie mit einem *Stretchtext*-System lernen (siehe [12]). Aber auch bei *Stretchtext-Links* ist die Versuchung für die Lernenden groß, aus Neugier oder aus Angst, wichtige Informationen vorenthalten zu bekommen, jeden möglichen *Link* zu verfolgen.

2.1.3.3 Adaptive Links

Freies Navigieren auf einem Hypertext-System gibt den Benutzerinnen die größte Selbstverantwortung. Die Gefahr, im *Hyperspace*[3] ver-
loren zu gehen oder zumindest durch Verfolgen unwichtiger *Links*
viel Zeit zu verlieren, ist die Kehrseite dieser Freiheit. Adaptive Ver-
linkung kann ein Mittelweg sein zwischen der Orientierung eines linearen Textes und dem explorativen Lernen. Im Folgenden werden
adaptive *Link*-Techniken aufgeführt.

Direkte Führung. Eine direkte Führung oder *Guided Tour* stellt
eine Re-Linearisierung eines Hypertext-Systems dar. Das System
wählt nach Angaben des Benutzerprofils das jeweils am besten er-
scheinende nächste Modul aus. Die Benutzerin braucht lediglich
einem *„Next"-Button* zu folgen. Der Vorteil dieser Methode liegt in
der guten Orientierung der Lernenden und der geringen kognitiven
Last (siehe Abschnitt 5.1.2, ab S. 141). Der Nachteil ist die Inflexibi-
lität. Der *follow me or no help*-Ansatz [14] bietet den Benutzerinnen,
die der Führung nicht folgen wollen, keine Hilfe.

Adaptives Link-Verbergen. Durch das Verbergen für sie unwichtiger *Links* wird die Leserin nicht dazu verleitet, unnötigen *Links* zu
folgen. Sie kann davon ausgehen, dass alle sichtbaren *Links* zu inter-
essantem Material führen. Kommt sie später zu einem Modul zurück,
das ihr jetzt mehr *Links* anbietet, präsentiert sich das Modul im Wesentlichen gleich, die Benutzerin kann die Seite wiedererkennen. Lediglich eine *Link*markierung ist eingefügt.

Das Verbergen ist aber eine Einschränkung der Navigationsfreiheit,
die Benutzerin kann nicht alle *Links* verfolgen, die es gibt.

---

3. Das in der Zwischenzeit geflügelte Wort „*Lost in Hyperspace*" geht auf D.
   Edwards und L. Hardman in [38] zurück. Diese wiederum greifen den Begriff
   „*getting lost*" von W.C. Elm und D.D. Woods in [41] auf. Hier ist dieser
   Zustand in drei Ausformungen beschrieben: Nicht zu wissen, wohin als nächstes zu gehen; zu wissen, wohin zu gehen, aber nicht zu wissen, wie; und nicht
   zu wissen, wo man sich innerhalb des Dokumentes befindet. Auch Conklin in
   [26] verwendet schon für dieses Problem den Begriff „*Lost in Space*".

Adaptives Link-Sortieren. Eine weitere, mehr Freiheiten lassende Technik ist das Sortieren der *Links*. Systeme, die diese Technik verwenden, bieten den Lernenden eine individuelle Liste mit den verfügbaren *Links* an. Je höher die *Links* auf der Liste stehen, desto relevanter ist das Material, auf das sie verweisen.

Positiv ist, dass durch das Fehlen von *Links* im Text dieser ungestörter gelesen werden kann. Der Nachteil liegt aber auch genau dort: In einer vom Inhalt getrennten Liste können nur *Links* aufgeführt werden, die keiner inhaltlichen Verankerung bedürfen.

Adaptive Link-Annotation. Die Annotation von *Links* ist eine gebräuchliche Methode in Hypertext-Systemen. Textuelle Anker, Graphiken oder unterschiedliche Farbgebung weisen die Benutzerin auf Eigenschaften des jeweilige Materials hin. Wörter oder Phrasen als Anker teilen der Benutzerin recht explizit mit, was sie hinter dem *Link* zu erwarten hat; die meisten Web-*Browser* zeigen den Benutzerinnen durch eine unterschiedliche farbliche Hervorhebung des *Link*-Ankers an, ob sie die dahinterliegende Web-Seite schon einmal besucht hat.

Adaptive *Link*-Annotation passt die Annotation der *Links* auf die jeweiligen Bedürfnisse der Benutzerin an. Ein klassisches Beispiel dafür ist die Ampel-Metapher bei ELM-ART und InterBook (siehe Abschnitt 3.3.2, ab S. 44. und 3.3.3, ab S. 46): eine grüner Kreis neben einem *Link* signalisiert der Leserin, dass das Material hinter diesem *Link* für sie jetzt relevant ist, ein roter Kreis bedeutet, dass das Material noch nicht geeignet ist. Ein weißer Kreis deutet auf ein schon besuchtes Modul hin.

Wenn das System einen *Link* für nicht empfehlenswert eingestuft hat, kann es ihn auch deaktivieren. Das bedeutet, dass die Benutzerin zwar sieht, dass es weiterführendes Material gibt, sie es aber zum derzeitigen Stand nicht besuchen kann.[4]

Bei dieser Art der Adaption überwiegt der Aspekt der freien Navigation gegenüber dem Minimieren der kognitiven Last.

---

4. Die Ergebnisse einer Studie, welche Art der *Link*-Annotation und des *Link*-Verbergens für welche Benutzergruppe am geeignetsten ist, finden sich in [131].

2.1.3.4 Adaptive Übersichtskarten

In vielen Hypertext-Systemen werden den Benutzerinnen Übersichtskarten über die Module und ihre Zusammenhänge geboten. Sie können sich meistens von hier zu dem gewünschten Modul „hinklicken". Diese Verweise stellen eine besondere Art von *Links* dar. Die Präsentation dieser Übersichtskarten kann auch adaptiv gestaltet werden. Alle unter Abschnitt 2.1.3.3, ab S. 17 aufgeführten Techniken können hierfür angewandt werden. Zusätzlich gibt es aber auch die Möglichkeit, die Struktur der Karten zu ändern. So kann beispielsweise bei einem *Fish Eye View* (siehe [115]) das zuletzt besuchte Modul im Mittelpunkt stehen und weniger nahe Module sehr klein am Rand angeordnet werden.

2.2 Benutzermodellierung

Wie Benutzerverhalten modelliert wird, wer die Informationen über die Benutzerinnen liefert, welche Daten wie lange relevant sind etc., ist ein komplexes Thema, das unter dem Begriff *User Modeling* zusammengefasst wird. In dieser Arbeit wird dieses Thema unter einem pragmatischen Gesichtspunkt diskutiert und im Wesentlichen auf Benutzerprofile im Lernbereich eingeschränkt. Weiterführende Auseinandersetzungen mit diesem Thema finden sich bei Kobsa ([74]) und Rich ([110]).

Das Ergebnis der Benutzermodellierung wird in einem Benutzerprofil gespeichert und kann von dort dem System oder externen Komponenten kommuniziert werden.

2.2.1 Funktionen des Benutzerprofils

Im Benutzerprofil eines elektronischen Lehrsystems werden Informationen über die Lernenden verwaltet. Sie erfüllen zwei Aufgaben. Zum einen werden dort die administrativen Daten über die Lernenden gespeichert. Diese umfassen zum Beispiel den Namen der Benutzerin, ihre Kurszugehörigkeit, wie sie außerhalb des Systems zu erreichen ist, ihre Zugriffsrechte, die Bewertungen ihrer Tests. Diese Daten sind unabhängig vom Inhalt des Lehrsystems und variieren je nach Einsatzszenario.

Zum anderen ist das Benutzerprofil die Quelle der nötigen Informationen für das System, um das für die einzelne Lernende relevante Material in der Wissenbasis zu finden und geeignet zu präsentieren. Die Informationen über den Wissensstand, die Interessen, die Sprache etc. der Benutzerin sind notwendig, um adaptive oder adaptierbare Lektionen zu generieren (siehe Abschnitt 2.1.2.1).

2.2.2 Klassifizierung

E. Rich gibt in [111] drei Kategorien an, mit denen ein Modell einer Benutzerin beschrieben werden kann:

1. Explizite Eingabe durch die Benutzerin oder Informationen vom System abgeleitet aus dem Benutzerverhalten
2. Gruppen-Modellierung oder individuelle Modelle
3. Kurzfristige oder langfristige Informationen

Nicht alle Kombinationen aus diesen drei Kategorien machen Sinn. Kurzfristige Informationen beispielsweise sind so spezifisch, dass sie bei Gruppenmodellen nicht anwendbar sind. Einzelne Benutzerinnen sollten auch nicht damit belastet werden, sie explizit einzugeben, da diese Aufgabe zu viel Zeit in Anspruch nehmen würde. Generell wird es häufiger hybride Ansätze geben, die Charakteristiken sowohl der einen als auch der anderen Alternative enthalten.

Im Folgenden werden die drei Kategorien detaillierter diskutiert.

2.2.2.1 Eingabe durch Benutzerin oder System

Die Daten über die Benutzerinnen können entweder durch sie selbst eingegeben werden oder während des Gebrauch des Systems auf

Grund von (wenigen) expliziten Eingaben oder Aktionen der Benutzerin vom System geschlossen werden.

Die Gewinnung der impliziten Daten ist unterschiedlich komplex.
Klickt die Benutzerin beispielsweise auf einen *Link*, werden keine In-
ferenzsysteme benötigt, um zu schlussfolgern, dass die Benutzerin
das Dokument, auf das der *Link* verweist, sehen möchte. Andere Informationen, beispielsweise, welchen Kenntnisstand die Benutzerin
erlangt hat, sind schwieriger zu ermitteln. Hierfür gibt es unterschiedliche Methoden, die hier aber nur genannt und nicht weiter diskutiert
werden sollen. Die einfachste Methode ist ein regelbasiertes Schließen. Eine Regel könnte lauten: Wenn eine Lernende einen Test über
Thema A gut besteht und Thema B ist Voraussetzung für Thema A,
dann beherrscht die Lernende auch Thema B. Weil das Benutzerverhalten oft nicht auf eindeutige Regeln und Werte zurückzuführen ist,
verwenden manche Systeme *Fuzzy Logic*. Hier werden Wahrheitsgra-
de von Voraussetzungen und Schlüssen eingeführt, die durch die Benutzeraktionen immer wieder korrigiert werden. In diesen Systemen
wird also für das obige Beispiel nicht gefolgert, dass die Lernende
Thema B beherrscht, sondern dass es ziemlich oder sehr wahrscheinlich ist, dass sie es tut. Eine weitere oft verwendete Methode sind Bayessche Netze. Hier werden bedingte Wahrscheinlichkeiten verwendet,
wobei ein gerichteter Graph mit benannten Kanten verwendet wird,
um die Abhängigkeiten der Umstände zu beschreiben[5].

Neben der Problematik, eine Benutzerin von dem Gebrauch eines adaptiven Systems durch einen zu hohen Interaktionsaufwand abzu-
schrecken, der nicht mit dem eigentlichen Lernen verbunden ist, sondern durch das explizite Ausfüllen des Benutzerprofils bedingt ist
(siehe Abschnitt 5.3, ab S. 156), beschreibt Rich in [110] ein anderes
Problem:

> The first major issue that a user modeler must confront is how to build
> models of users. In building a model of a person, the obvious first step
> is to collect some facts about the person, as, for example, his age or
> his experience with computers. However useful this approach is,
> though, it is severely limited in its effectiveness for two reasons. One

---

5. Einen Überblick über Wahrscheinlichkeitsmethoden gibt Jameson in [67]. Bayessche Netze für die Benutzermodellierung in Lehrsystemen werden in [57]
   beschrieben, *Fuzzy Logic* für die Gewinnung impliziter Daten in [25].

> is that the person may not always be able to provide accurate answers,
> either because he doesn't know, as for example, a student talking
> about his incorrect knowledge, or because he doesn't want to talk
> about it, as for example whether someone's grandmother is interested
> in reading books about homosexuality. To deal with situations such
> as these, systems must be able to infer information about their user
> based on a small number of explicitly stated facts.

Auch die Beobachtungen von Leutner [85] (siehe Abschnitt 2.1.2.2,
ab S. 14) zeigen, dass eine Lernende nicht immer am besten einschätzen kann, wie sie am effektivsten ihr Lernziel erreicht.

Kerres hingegen weist in [73] darauf hin, dass es eine Frage des didaktischen Designs sein kann, den Benutzerinnen die Sequenzierung der
Module selbst zu überlassen, wenn ihnen mit einer graphischen Oberfläche die Interaktion mit dem System erleichtert wird. Die von ihm
aufgeworfene Frage, wie der Benutzerin das verfügbare Angebot zugänglich gemacht werden kann, wird in Kapitel 6 aufgegriffen und beantwortet.

Aber die Erschließung von Daten über die Benutzerin durch das System ist natürlich auch fehleranfällig. Die Benutzerin kann ein Verhalten zeigen, das für das System nicht berechenbar ist. Administrative Daten müssen eher explizit eingegeben werden als lernspezifische
Daten.

Für ein Lehrsystem ist es wünschenswert, wenn die Lernenden möglichst wenig vom Lernen abgehalten werden. Deshalb sollten viele Informationen vom System automatisch berechnet werden. Einige Angaben, insbesondere vor der ersten Lernsitzung, können aber nur
explizit gemacht werden.

Oppermann et al. argumentieren in [103], dass im Gegensatz zu anderen Anwendungen, die lange und oft verwendet werden, Lehrsysteme
kurzzeitiger benutzt werden. Bevor das System Schlüsse über die Lernende ziehen kann, sei diese bereits fertig mit ihrem Lernprozess. Die
generelle zeitliche Beschränkung bei einem Lehrsystem ist aus folgenden Gründen eine Fehleinschätzung: Im Gegensatz zu Lernsoftware beispielsweise auf CD-ROMs können Lehrsysteme, die auf
einer modularen Wissensbasis beruhen, in der Schule, in der Berufs-
ausbildung, in der beruflichen Weiterbildung und bei der (nichtberuf-
lichen) Erwachsenenbildung für verschiedene Lerndomänen einge-

setzt werden. Zum anderen sind – wie oben erwähnt – explizite
Angaben in manchen Aspekten nicht zuverlässig.

Ein System, bei dem das Benutzerprofil ausschließlich durch die Benutzerin selbst explizit gefüllt wird, ist ein adaptierbares System.
Wenn Schlüsse aus den Angaben und anderen Interaktionen der Benutzerin mit dem System automatisch gezogen werden, ist das System
adaptiv.

2.2.2.2 Individuelle Benutzerin oder Benutzergruppen

E. Rich (siehe [110]) definiert einen stärkeren Gegenpol zum individuellen Modell als Benutzergruppen: Sie spricht von kanonischen Be-
nutzermodellen. Damit werden zum einen allgemein menschliche Eigenschaften wie Reaktionszeit etc., zum anderen Eigenschaften der
wahrscheinlichen Zielgruppe der Anwendung beschrieben. Im Folgenden sind diese Kategorien etwas abgeschwächt, indem zwischen
Gruppen- und individuellen Profilen unterschieden wird. Bei einem
Gruppenprofil werden nicht die einzelnen Benutzerinnen modelliert,
sondern eine Norm, wie diese Benutzerin sein sollte. Ob es für jede
Benutzerin ein individuelles Profil gibt oder Lernende zu Gruppen zusammengefasst werden, ist abhängig von dem Einsatz des Lehrsystems. Wird es als Lehrsystem in einem Kurs verwendet, für den es
ein vorgeschriebenes Ziel gibt, das alle erreichen müssen, und einen
gemeinsamen Wissenshintergrund, erfüllt ein Gruppenprofil in Hin-
blick auf die lernspezifischen Daten die Anforderungen. Individuell
sollten natürlich beispielsweise die Testergebnisse sein. Auf der anderen Seite kann ein Gruppenprofil für selbstständige Lernende einen-
gend sein, wenn ihnen damit z. B. ein Lernziel vorgeschrieben wird.

2.2.2.3 Kurzzeitige oder langzeitige Informationen

Bei manchen Daten lohnt es sich nicht, sie längerfristig zu speichern.
Sie sind oft vom System erschlossen und daher unzuverlässiger oder
von ihrer Natur her kürzer gültig. Es gibt viele dieser kurzlebigen Daten; ein wichtiger Punkt ist, die relevanten herauszufinden und zu verarbeiten. Bei Anwendungen, die von den Benutzerinnen weniger kon-

tinuierlich benutzt werden und die schnell Informationen bieten
sollen, wie z.B. elektronische Kataloge (siehe Abschnitt 3.2.5, ab S.
39), ist diese Art der Modellierung mit vom System geschlossenen,
kurzlebigen Daten sehr benutzerfreundlich. Bei Lehrsystemen, die
das Verhalten der Benutzerinnen ständig beobachten und auf Grund
aktueller Aktionen die nächste Information bieten (siehe Abschnitt
3.3, ab S. 42), sind die kurzfristigen Benutzerdaten nötig, damit das
System die richtigen Entscheidungen treffen kann. Auch bei Lehrsystemen, die diese tutorielle Komponente nicht haben, gibt es kurzzei-
tige Informationen, die nicht für die nächste Lernsitzung (eine Lernsitzung ist die Zeitspanne zwischen dem Betreten und dem Verlassen
des Lehrsystems einer Lernenden) gespeichert werden müssen: das
gerade behandelte Thema, die derzeitige Computerausstattung, der
Weg bis zum Erreichen der aktuellen Information etc. Die meisten Informationen sind hier aber länger gültig, oft über eine Lernsitzung
hinaus. Hiermit können Lernziele, Lehrmethoden etc. modelliert werden.

2.2.3 Felder des Profils

Amato und Straccia unterscheiden in [2] bei einem Benutzerprofil für
information retrieval-Anwendungen fünf verschiedene Kategorien
der Daten:

- persönliche Daten: Name, Geburtsdatum, Geschlecht, Adresse
  etc.

- Daten über die gesuchten Dokumente: inhaltliche Angaben (z.B.
  Thema), strukturelle Angaben (z.B. Format, Entstehungsdatum)
  und Angaben über die Herkunft der Dokumente

- Daten zur Präsentation der Dokumente: wie (email, Fax,
  WWW,...) und wann sollen die Dokumente ausgeliefert werden

- Daten über die Interaktion: z.B. schon besuchte Dokumente, um
  Rückschlüsse auf eventuell relevante Dokument zu erhalten

- Sicherheitsdaten

In einem webbasierten Lehrsystem sind die Präsentationskategorie und die Sicherheitskategorie nicht relevant: die Informationen werden immer mittels eines Browsers angeboten. Die Daten der drei anderen Kategorien sind wichtig. Hier sind sie nach einem anderen Gesichtspunkt unterschieden: in administrative Daten und lernspezifische Daten. Welche Informationen benötigt werden, hängt von der Adaptivität des jeweiligen Systems und den Benutzungsmodalitäten ab.

2.2.3.1 Administrative Informationen

Unter administrativen Informationen werden die Angaben verstanden, die für die Systembetreiber wichtig sind, aber keinen Einfluss auf die Auswahl der inhaltlichen Informationen hat. Dazu können der Name, das Alter und das Geschlecht der Lernenden gehören. Die Rolle, in der man sich in dem System befindet, ist wichtig: ist die Benutzerin Lernende oder Lehrende? Daraus können unterschiedliche Rechte entstehen. Die Adresse der Benutzerin kann dazu verwendet werden, um sie über neue Versionen, Zugangsänderungen etc. zu informieren. Auch die Zensuren, die die Benutzerin erreicht hat, können hier verwaltet werden.

2.2.3.2 Lernbezogene Informationen

Im Gegensatz zu den administrativen Angaben werden die lernbezogenen Informationen dazu verwendet, individuelle Lektionen zusammenzustellen. Das können einfache Angaben sein wie die Sprache, in der die Lektion präsentiert werden soll, oder sehr komplexe wie eine präferierte Lernmethode. Natürlich macht es keinen Sinn, Informationen zu speichern, die vom System nicht verwendet werden[6]. Deshalb hängt die Auswahl, welche lernbezogenen Informationen explizit oder implizit abgefragt werden, unmittelbar davon ab, was wie adaptiert werden soll (siehe Kapitel 2.1, ab S. 8).

---

6. Annotationen der Lernenden, Chat-Mitschnitte etc. können auch im Benutzerprofil gespeichert werden, werden aber nicht für Adaptionszwecke verwendet. Deshalb soll an dieser Stelle nicht darauf eingegangen werden.

2.2.4 Techniken

In diesem Abschnitt sind zwei Techniken beschrieben, mit denen Benutzerinnen modelliert werden können. In Sleeman ([125]) finden sich weitere und eine ausführliche Diskussion dazu.

2.2.4.1 Overlay Model

Das *Overlay Model* geht auf Carr und Goldstein zurück (siehe [21]). Bei dieser Art der Modellierung wird der Wissensstand der Benutzerin als eine Untermenge des Domänenwissens verstanden (daher der Begriff „*Overlay*"). An Hand der Komplementärmenge wird das Wissensdefizit der einzelnen Benutzerin festgestellt.

Die technische Problematik bei dieser Methode ist zum einen die Schwierigkeit, einen Anfangswert zu bekommen, und zum anderen ist das *Overlay Model* nicht in der Lage, falsches Wissen darzustellen. Prinzip dieser Modellierung ist, dass es ein Domänenwissen gibt, das das allgemeine Lernziel ist. Das ist aber fragwürdig, wenn das System nicht auf eine bestimmte Zielgruppe zugeschnitten ist.

2.2.4.2 Stereotype

Die Idee von Stereotypen stammt von E. Rich ([111]). Stereotype stellen eine strukturierte Menge von Eigenschaften möglicher Benutzerinnen dar, denen jeweils ein Wert zugeordnet ist und manchmal eine Wahrscheinlichkeit. Sie können dazu verwendet werden, um ([111])

> ...provide a way of forming plausible inference about yet unseen things on the basis of things that have been observed.

Stereotype modellieren die Benutzerinnen an Hand verschiedener Gesichtspunkte. Die Eigenschaften der Benutzerinnen sind hierarchisch sortiert. Auf der obersten Hierarchie-Ebene steht das allgemeine Stereotyp, das noch keine persönlichen Eigenschaften hat, sondern nur systemspezifische. Alle Stereotype unterhalb dieser erben ihre Eigenschaften. Auf unteren Ebenen können Stereotype beschrieben werden, die für eine bestimmte Anwendung gelten. Die unterste Ebene sind die individuellen Benutzerinnen, die alle Eigenschaften der Eltern-Stereotype erben.

Probleme bei der Benutzermodellierung mittels Stereotypen ergeben sich durch widersprüchliche ererbte Eigenschaften. Grundsätzlich ist die Beschreibung einer Benutzerin ausschließlich durch Stereotype eine unflexible Klassifizierung und lässt keinen Spielraum für unvorhergesehenes Verhalten der Benutzerinnen. Die Informationen, die in den Stereotypen gespeichert sind, sind statisch, sie ändern sich nicht (siehe [8]). Die Verwendung von Stereotypen ist relativ einfach, aber die resultierenden Modelle haben ein unbefriedigendes Maß an Genauigkeit (siehe [15]).

2.2.5 Standardisierung

Das IEEE *Learning Technology Standards Committee* (LTSC) entwickelt einen Standard, der die Entwicklung und die Interoperabilität elektronischer Lehrsysteme vereinfachen soll. Die *Working Group* 1484.2 spezifiziert die Syntax und Semantik eines Lerner-Models, das die Lernenden und ihre Kenntnisse charakterisiert. Abbildung 2 zeigt den *Learner Record* im Zusammenhang einer Übersicht über die verschiedenen System-Komponenten.

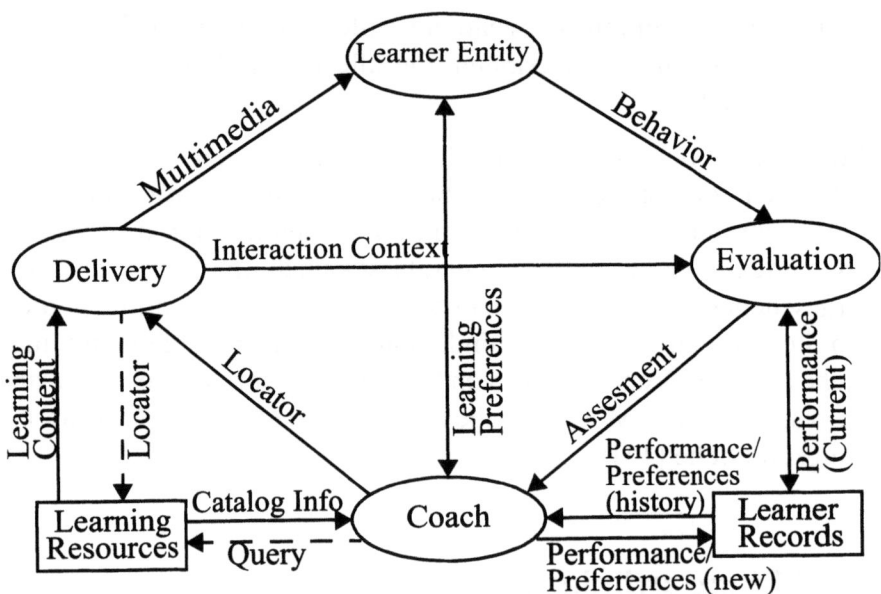

Abbildung 2: LTSC-Systemkomponenten

Die Intention zu dieser Standardisierung ist in dem *Draft Public and Private Information (PAPI) for Learners, Draft* 6 vom 23. Juni 2000 ([160]) beschrieben:

> To enable learners (students or knowledge workers) of any age, background, location, means, or school/work situation to create and build a personal Learner Model, based on standards, which they can utilize throughout their education, learning experiences, and work life.
>
> To enable courseware developers to develop materials that will provide more personalized and effective instruction.
>
> To provide educational researchers with a standardized and growing source of data.
>
> To provide a foundation for the development of additional educational standards, and to do so from a student-centered learning focus.
>
> To provide architectural guidance to education system designers.

Das erste Ziel ist noch Zukunftsmusik. Wenn sich aber der Standard zukünftig durchsetzt und viele Lehrsysteme ihm entsprechen, können vielleicht Informationen über eine Benutzerin, die in einem System explizit oder implizit gewonnen wurden, in anderen Systemen oder anderen Anwendungen verwendet werden. In diesem vernetzten Szenario verliert das Zeitargument von Oppermann et al. (siehe 2.2.2.1) noch mehr an Zugkraft.

2.3 Zusammenfassung

Dieses Kapitel hat verschiedene Techniken vorgestellt, die zur Anpassung an die Benutzerin notwendig sind. Es wurde diskutiert, dass Inhalt, Oberfläche und Hardware an die Benutzerin angepasst werden können, wobei der Schwerpunkt auf die Anpassung des Inhalts gelegt wurde. Desweiteren wurden Methoden vorgestellt, wie die Adaption bewerkstelligt werden kann. Die verschiedenen Möglichkeiten, zu den Einträgen eines Benutzerprofils zu kommen, zum Beispiel durch direktes Fragen der Benutzerin oder durch Auswertung ihrer Aktionen, und Methoden, wie diese Informationen ausgewertet werden können, wurden aufgezeigt.

In dem folgenden Kapitel werden – nach einer kurzen Diskussion über nichtadaptive Lehrsysteme – existierende adaptive Systeme vorgestellt. Diese Beispiele werden zeigen, welche von den oben besprochenen Methoden, Verfahren und Entscheidungen in welchem Anwendungskontext sinnvoll einzusetzen sind.

3 Adaptive Lernsysteme

In diesem Kapitel werden Systeme beschrieben, die mit einem adaptiven Lehrsystem zu vergleichen sind. In Abschnitt 3.1 werden Systeme und Techniken skizziert, die ein ähnliches Ziel haben, aber andere Methoden verwenden, Abschnitt 3.2 beschäftigt sich mit adaptiven Systemen, die keine Lehrsysteme sind. Abschnitt 3.3 schließlich untersucht detailliert adaptive Lehrsysteme.

3.1 Nicht-adaptive Lehrsysteme

3.1.1 Lehrbücher, Funkakademie, Schulfernsehen

Das traditionelle Medium zur Vermittlung von Lernmaterial ist das Lehrbuch. Die Vorteile dieses Mediums sind teilweise inhärent, und teilweise entstehen sie durch den Jahrhunderte langen Gebrauch. Die inhärenten Vorteile eines Buches liegen in seiner leichten Handhabbarkeit. Man braucht keine zusätzlichen Geräte oder Software; die Technik, Bücher zu lesen, gehört zu den grundlegenden Kulturtechniken, die annähernd jedes Kind in der Schule lernt: Es ist leicht transportabel, es ist relativ preiswert. Jede Lernende kann ihr eigenes Exemplar haben und Annotationen vornehmen, Abschnitte unterstreichen, ihren Namen eintragen, eine persönliche Beziehung zu ihm entwickeln[1]. Die Linearität und Strukturierung in Kapitel machen ein Buch zu einem kohärenten[2] Dokument (siehe Abschnitt 5, ab S. 139). Dass Lernende einem Buch vertrauen, dass Bücher weitverbreitet sind, dass sie erwiesenermaßen zuverlässig eine lange Zeit benutzbar sind, sind Eigenschaften, die durch das Monopol des Buches als

---

1. Goethe hat in seinem Buch Werther den Auftrag mitgegeben „...und lass dies Büchlein deinen Freund sein, wenn du aus Geschick oder eigener Schuld keinen nähern finden kannst." Ob aber eine Lateingrammatik ein guter Freund sein kann...

Lehrmedium entstanden sind. Ob diese Vorteile in Zukunft noch so einzigartig gelten, ist nicht vorhersehbar.

Den Vorteilen stehen drei große Nachteile entgegen: Bücher sind schwer aktuell zu halten. Muss etwas verändert werden, weil Informationen obsolet geworden sind oder Fehler entdeckt werden, muss das ganze Buch in einer neuen Auflage erscheinen. Das ist immer mit einer Zeitverzögerung verbunden und hat außerdem den Nachteil, dass die Auflagen des gleichen Buches sich mitunter sehr unterscheiden. Zum zweiten bieten gedruckte Bücher nicht die Möglichkeit, kontinuierliche Medien wie Video, Audio und Animationen einzubinden. Das bedeutet auch, dass die Interaktionsmöglichkeiten für die Leserinnen sehr eingeschränkt sind: Sie können nur außerhalb des Buches Kontakt zu den Autorinnen oder dem Verlag aufnehmen. In einigen Lehrbüchern haben die Autorinnen Aufgaben zur Bearbeitung aufgenommen und geben Hinweise zum Lösen. In seltenen Fällen versuchen sie, falsche Lösungen zu antizipieren, und geben entsprechend Tipps zum richtigen Weg. Zuletzt sind Bücher nicht adaptiv, sie verändern sich nicht, je nachdem welche Leserin sie in der Hand hält. Im weiteren Sinne könnte man sie als adaptierbar bezeichnen, weil die Leserinnen die Wahl haben, welche Teile des Buches sie lesen möchten. Wenn aber der Begriff der Adaptivität bis zur Möglichkeit des Weglassens ausgedehnt wird, ist er so allgemein, dass er keine Aussage mehr hat.

Die Medien Audio und Video haben als Lehrmaterial ähnliche Eigenschaften. Zwar werden dafür technische Geräte wie Radio oder TV-Gerät benötigt, aber diese sind so verbreitet und einheitlich, dass das kaum eine Einschränkung darstellt. Allerdings sind sie nicht so ortsunabhängig wie Bücher. Persönliche Annotationen sind schwierig zu gestalten. Video bietet zwar die Möglichkeit, diskrete und kontinuierliche Medien ohne Bruch zu integrieren, aber Interaktivität ist auch nur außerhalb möglich. Verzweigungen oder Auslassungen sind schwerer zu realisieren als bei Büchern. Videos und Audiodokumente sind ebenfalls nicht adaptiv. Audio- und Videolehrmaterialien sind im

---

2. Kohärenz ist ein wichtiger Begriff dieser Arbeit. Er wird in Kapitel 5, ab S. 139, detailliert diskutiert. Als Arbeitsdefinition an dieser Stelle genügt, dass unter einem kohärenten Dokument ein zusammenhängendes, gut lesbares Dokument verstanden wird.

Gegensatz zu Büchern oft dadurch gekennzeichnet, dass sie keinen ganzen Kurs beinhalten, sondern nur einzelne Themen herausgreifen. Sie werden also gewöhnlich als Ergänzung zu Büchern benutzt.

3.1.2 Kommerzielle Lernsoftware

Kommerzielle Lernsoftware wird zur Zeit im deutschsprachigen Raum fast ausschließlich durch CD-ROMs realisiert. Die Spannweite reicht hier von purem Text und Graphiken mit wenigen *Link*mechanismen (siehe zum Beispiel [180]) bis zu sehr ansprechenden Produktionen, die wegen ihres Spielcharakters insbesondere Kinder zum längeren Gebrauch und damit zum Lernen animieren (siehe als Beispiel [181]).

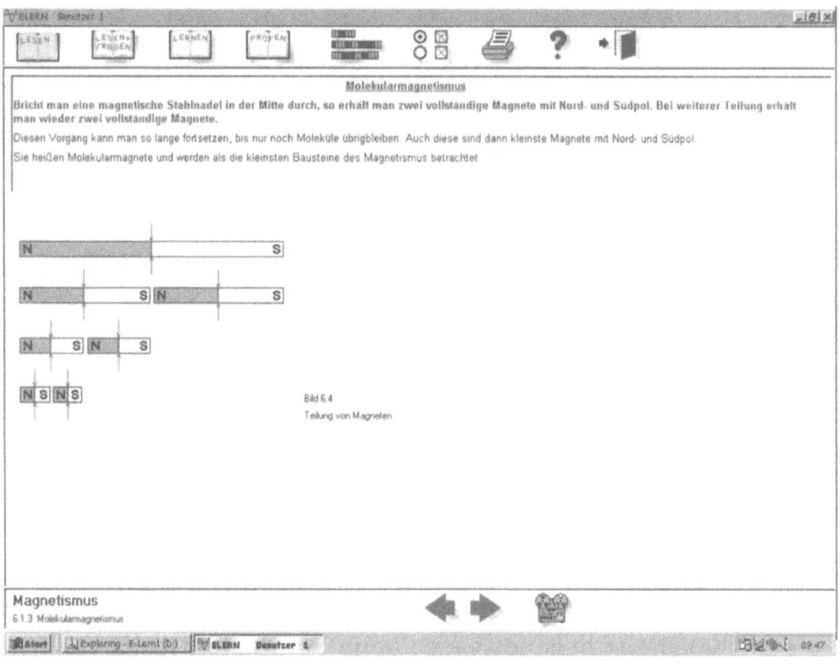

Abbildung 3: Screenshot der CD-ROM [180]: Textlastig und einfache Graphiken, keine multimedialen Elemente außer dem Vorlesen von Teilen des Textes

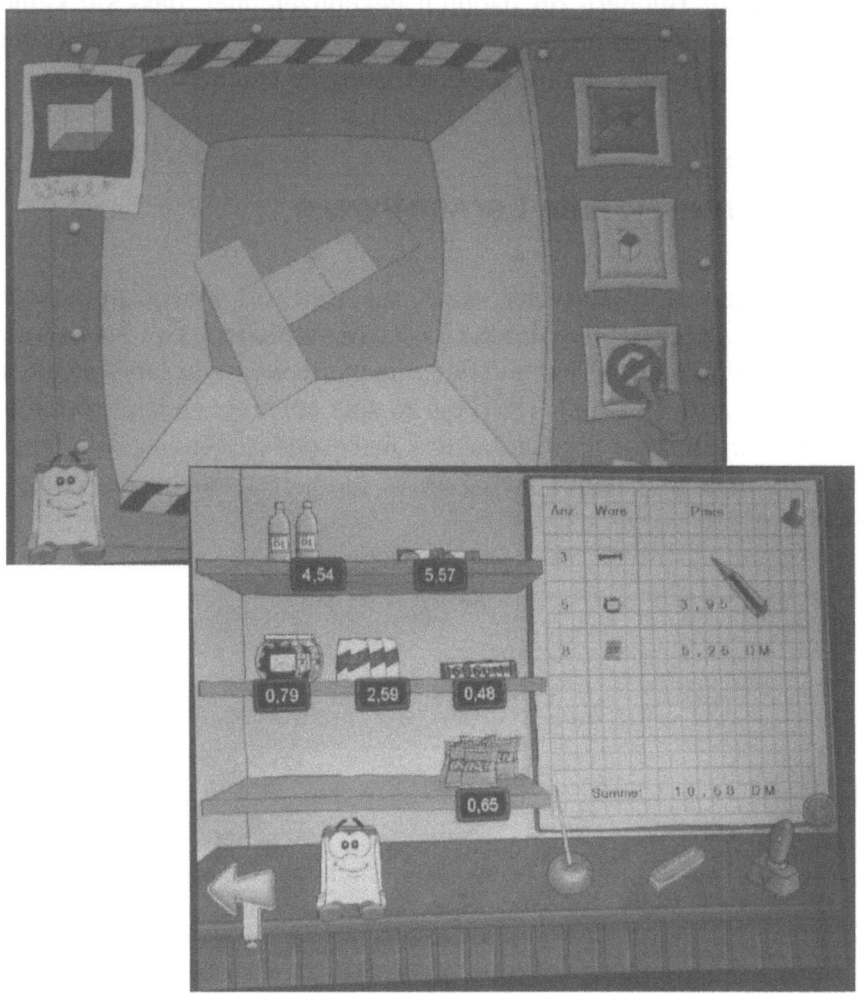

Abbildung 4: Screenshots der CD-ROM [181]: Keine Buchmetapher, für die
Altersstufe ansprechend gemachte Multimedia-Elemente

Die Charakteristika sind daher sehr unterschiedlich. Die ersteren
übernehmen viele Eigenschaften von Büchern, für letztere gelten in
Bezug auf Kohärenz beispielsweise neue Parameter. Kohärenz heißt
hier, dass die Oberflächen in allen Spielszenen so gestaltet ist, dass die
Lernenden das System als Ganzes begreifen und keinen überflüssigen
Aufwand haben, für gleiche oder ähnliche Interaktionen die Funktionsweise zu verstehen. Interaktivität ist bei diesen Systemen ebenso
wie der Einsatz von Multimedia ein Hauptmerkmal.

Tabelle 1: Vergleich von Lernmedien

	Buch	Video	Audio	CD-ROM
Kohärenz	++	++	++	-
Annotierbar	++	-	-	0
geringer technischer Aufwand	++	0	+	-
Wartbarkeit	-	-	-	-
Interaktion	-	-	-	++
Multimedia[a]	-	+	-	++
Adaptiv	-	-	-	0
geringer Herstellungsaufwand	+	0	0	-
Vollständigkeit	++	-	-	-

a. Unter Multimedia wird in dieser Arbeit nach Steinmetz ([135]) die Verbindung von mindestens einem kontinuierlichen und einem diskreten Medium verstanden.

Einige CD-ROM-Systeme erlauben ein Mitschreiben von Testergebnissen. Durch die Möglichkeit, aus verschiedenen vorgegebenen Wegen einen auszuwählen, sind manche CD-ROMs adaptierbar. Wenn die CD über eine Umsetzung eines Buches in eine elektronische Version hinausgeht und viele interaktive und multimediale Elemente hat, wird der Produktionsaufwand sehr hoch. Das ist sicherlich ein Grund dafür, dass diese CDs lediglich einen kleinen Themenausschnitt umfassen oder nur einen Aspekt einer Lehreinheit (meistens den des Übens) abdecken.

Tabelle 1 zeigt einen Vergleich der bisher diskutierten Lernmedien. Zur Zeichenerklärung: „++" bedeutet, dass das Merkmal im entsprechenden Lernmedium sehr gut realisiert ist, „+" bedeutet eine gute

Realisierungsmöglichkeit, „0" heißt, dieses Merkmal ist nur in Ansätzen möglich. „-" bedeutet, dieses Merkmal ist nicht gegeben.

3.2 Adaptive webbasierte Systeme

In diesem Abschnitt soll die Breite der adaptiven Systeme beispielhaft aufgezeigt und die Beispiele kurz analysiert werden.

3.2.1 Critiquing System

Critiquing Systeme sind Hilfssysteme, die Anwenderinnen bei der Erstellung von Lösungsvorschlägen unterstützen (siehe [48]). Die Systeme analysieren die Lösungsvorschläge und bieten den Anwenderinnen entsprechende Hinweise. Das entscheidende Charakteristikum dieser Systeme ist das Fehlen einer optimalen Lösung für das zu analysierende Problem.

In [137] wird ein Ansatz beschrieben, wie die *Critiquen* den Benutzerinnen angepasst werden können. Die Benutzerinnen haben die Möglichkeit, die erhaltenen *Critiquen* zu ändern. Diese modifizierten Hinweise werden als zusätzliche Version gespeichert. Die Menge aller Hinweise wird als ein Graph dargestellt, die Hinweise werden durch die Knoten repräsentiert, die Kanten bezeichnen die Anzahl, wie oft die beiden benachbarten *Critiquen* zusammen angeboten wurden. Inhaltlich relevante *Critiquen* werden mittels einer Graphenpartitionierung ermittelt. Um die Argumentationsweise der *Critiquen* an die Benutzerinnen anzupassen, werden die Versionen einer *Critique* mit linguistischen Methoden analysiert und wiederum als Graph dargestellt. Auch hier erhält man durch Partionierung des Graphen Cluster mit gleichen Argumentationsarten.

Diese Art von System ist adaptiv. Es gibt keine vorgefertigten Wege durch die Menge der *Critiquen* und Versionen. Die Techniken der Adaption weichen von den klassischen *Link*adaptionen ab, da das System kein längeres Hyperdokument erzeugt, sondern als ein Dialogpartner für die Anwenderin fungiert.

3.2.2 Museumsführer

Im Folgenden werden die Systeme ALFRESCO und HIPS beschrieben. Das in Abschnitt 2.1.3.1, ab S. 15 erwähnte System ILEX ist ebenfalls ein adaptives System, das individuell erzeugte Beschreibungen einer (hier virtuellen) Galerie an die Benutzerin und die Benutzungshistorie anpasst.

In [100] und [106] wird das System ALFRESCO und das erweiterte Projekt HIPS beschrieben. ALFRESCO bietet den an einem Museumsbesuch Interessierten dreistufige Informationen an: Vorbereitung vor dem Besuch, eine individuelle Tour durch das reale Museum und Material zum späteren Vertiefen. Der Schwerpunkt liegt auf der Unterstützung während des tatsächlichen Besuches. Die Benutzerin wird mit einem Palmtop und Kopfhörern mit Infrarotschnittstelle ausgestattet. Die Exponate des Museums senden Signale aus, sodass das System weiß, welchem Ausstellungsstück die Besucherin sich gerade nähert. Auf diese Weise kann es der Besucherin für ihren physikalischen Weg durch das Museum und für ihren semantischen Weg durch die Ausstellung Hinweise geben. Die physikalischen Informationen werden also implizit gesammelt, die Benutzerin muss nichts anderes tun, als sich durch den Raum bewegen. Auch andere Informationen werden implizit auf Grund von Benutzeraktionen erworben, zum Beispiel, wenn das Abspielen einer Audiodatei gestoppt wird. Andere Informationen können explizit eingegeben werden, zum Beispiel, ob sie mehr an anderen Bildern der einen Malerin interessiert ist oder an Bildern anderer Künstlerinnen mit dem gleichen Sujet.

Die einzelnen Informationseinheiten sind mit einem semantischen Begriff des zugrundeliegenden semantischen Netzes verbunden. Mit Hilfe des semantischen Netzes werden inhaltlich verwandte Begriffe und damit Informationseinheiten gefunden. Je nach Benutzerin können die Verwandschaftsgrade variieren. Die Informationseinheiten sind mit rhetorischen Relationen verbunden, die die sprachliche Verbindung der einzelnen Einheiten herstellen.

Das Projekt HIPS soll die Interaktionsmöglichkeiten der Benutzerin erweitern. Die Informationseinheiten werden hier teilweise dynamisch erzeugt. Beide Systeme sind adaptive Systeme, die verwendeten Adaptionstechniken sind dynamische Generierung der Module (HIPS) und annotierte und verborgene *Links*.

3.2.3 Touristinformation

Das Projekt AVANTI (siehe [46]) stellt für eine heterogene Benutzergruppe individualisierte Informationen über eine Großstadt-Region über das *World Wide Web* zur Verfügung. Die verschiedenen Benutzerinnen (zum Beispiel Reisebürokaufleute, Einheimische, Touristinnen mit und ohne Behinderungen) haben unterschiedliche Anforderungen an das System, die alle bedient werden sollen. So werden für motorisch Behinderte zum einen besondere Eingabe-Geräte zur Verfügung gestellt (Anpassung der Hardware, siehe Abschnitt 2.1.2.3, ab S. 15), zum anderen Informationen über die Zugänglichkeit von Gebäuden angeboten (siehe Abschnitt 2.1.2.1, Abschnitt "Anpassung des Inhalts" auf Seite 13). Demgegenüber erhalten Angestellte der Reisebüros Informationen über Buchungsmodalitäten.

Das Benutzerprofil wird auf zwei Weisen erstellt: Am Anfang füllt die Benutzerin einen Fragebogen aus. Das System verwendet diese expliziten Daten und Folgerungen daraus, um die Benutzerin einem Stereotyp zuzuordnen (siehe Abschnitt 2.2.4.2, ab S. 26). Zusätzlich werden die Aktionen der Benutzerin analysiert, um die Zuordnung zu den Stereotypen gegebenenfalls zu modifizieren.

Das System hat adaptierbare (Anpassung der Hardware) und adaptive Komponenten. Die inhaltliche Anpassung an die Benutzerin findet durch *Link*-Verbergen statt.

3.2.4 Vorlesungsverzeichnis

Stede und Koch beschreiben in [132], wie ein adaptives System Studierenden im Hauptstudium helfen kann, ihren Stundenplan zusammenzustellen. Mit Hilfe eines Benutzerprofils, das zum einen statische Informationen über schon besuchte Veranstaltungen und das Interesse der Studentin speichert und zum anderen die Aktionen der Benutzerin während einer Sitzung verfolgt. Das System füllt einen Stundenplan entsprechend der Auswahl der Studentin, filtert die Informationen und generiert mit Mitteln der Computerlinguistik dynamisch Hinweise, ob beispielsweise der gewählte Kurs sich zeitlich mit einem anderen überschneidet, Voraussetzungen nicht erfüllt sind oder ein anderer Kurs mit verwandten Inhalt angeboten wird, der interessant für die Studierende sein könnte.

Den Autoren ist es wichtig, dass jede Aktion des Systems transparent ist und die Studierenden die Entscheidungen nachvollziehen können. Sie halten diese Eigenschaft für entscheidend bei der Benutzerakzeptanz (siehe auch Abschnitt 5.3, ab S. 156). Die verwendeten Techniken sind deshalb ausschließlich annotierte *Links*.

3.2.5 Verkaufskatalog

Webbasierte Verkaufskataloge müssen einerseits einen Mehrwert gegenüber den klassischen Methoden bieten, und zum anderen müssen sie die Rezeptionsmöglichkeiten und Vorlieben berücksichtigen. Das Projekt TELLIM (siehe Näheres dazu in [69]) verwirklicht diesen Anspruch durch ein ausschließlich kurzzeitiges (siehe Abschnitt 2.2.2.3, ab S. 23) und implizit gefülltes (siehe Abschnitt 2.2.2.1, ab S. 20) Benutzerprofil. Hier werden die Benutzeraktionen beobachtet. Ein inkrementeller Lernalgorithmus zieht daraus Schlüsse. Mit Hilfe von *dynamic HTML* werden dann Seiten erzeugt, die sich inhaltlich und in der Art der Präsentation an die Benutzerin anpassen. Die Präsentationsart richtet sich sowohl nach der technischen Ausstattung der jeweiligen Benutzerin – so wird zum Beispiel die Qualität der Netzanbindung bei Beginn einer Sitzung gemessen – als auch nach ihren Vorlieben, die

sich wie auch ihre inhaltlichen Präferenzen durch ihr Verhalten zeigen
– beispielsweise durch Abbrechen einer Videoübertragung (siehe
[70]). Auf diese Weise kann das System den Anforderungen der An-
onymität (es wird kein permanentes Benutzerprofil angelegt) und der
Einfachheit (die Benutzerin muss keinen Fragebogen ausfüllen oder
viele *Links* verfolgen, um an ihr Ziel zu kommen) genügen. Auch dieses System verwendet aus Akzeptanzgründen keine verborgenen
Links.

3.2.6 Hilfesystem

Das System POP (siehe [60]) ist ein Online-Hilfesystem für Aufgaben
zur Informationssuche im Rahmen eines Software-System. Eine Benutzerin kann Fragen und Folgefragen eingeben oder auf einer graphischen Repräsentation der Wissensdomäne navigieren, die durch *IsA*-
Relationen[3] strukturiert ist. Damit die Benutzerin sich nicht in dem
großen Informationsraum verirrt, wird sie zu Beginn aufgefordert, ein
für sie passendes Stereotyp (siehe Abschnitt 2.2.4.2, ab S. 26) zu wählen. Entsprechend der diesem Stereotyp zugeordneten Aufgabe wird
die erste Seite angepasst. Wenn das System auf Grund des Benutzer-
verhaltens schließt, dass ein anderes Stereotyp besser zu der Benutzerin passt, wird das Angebot der Fragen entsprechend geändert. Diese
Technik kann man als eine Art von *Link*-Verbergen verstehen, bei
dem die Folgefragen von Fragen, die dem System nicht relevant erscheinen, verborgen werden.

3.2.7 Reparatur-Anleitungen

Ein Anwendungsgebiet, in dem adaptive Systeme eingesetzt werden,
ist die Instandhaltung und Reparatur komplexer technischer Geräte. In
[94] wird das System HYDRIVE beschrieben. HYDRIVE unterstützt

---

3. Die *IsA*-Relation verbindet einen Unterbegriff mit seinem Oberbegriff. Ein Beispiel dafür ist „Bäcker *IsA* Handwerker". Details über Relationen finden sich in
Abschnitt 4.3.1.2.

das Lösen von Problemen im Hydraulik-System eines Flugzeugs. Im Benutzerprofil werden mit Hilfe von Variablen der jeweilige Wissensstand über das System, die Fähigkeiten, Strategien zu entwickeln und das Verständnis technischer Abläufe modelliert. Die Angaben werden implizit durch das Beobachten der Benutzeraktionen erworben. Die Wissensbasis enthält die Informationen über den Zustand der Maschine, über das Problem, das gelöst werden muss und über die Veränderungen, die durch die Aktionen der Benutzerin eingetreten sind. Mit Hilfe eines Bayesschen Netzes (siehe Abschnitt 2.2.2.1) wird geschlossen, welche Informationen für die Benutzerin notwendig sind, um das Problem zu lösen.

3.2.8 Zusammenfassung

Die in den obigen Abschnitten skizzierten Systeme stellen nur eine kleine Auswahl der existierenden adaptiven Systeme dar. Diese Auswahl spiegelt aber wider, dass die meisten Systeme im weiteren Sinne Informationssysteme sind. Die Verkaufskataloge haben zusätzlich zu der Informationsvermittlung eine Verkaufskomponente, die Benutzerinnen können die dargestellten Waren durch das System bestellen. Auch das Vorlesungsverzeichnis enthält die zusätzliche Komponente des Erstellens eines individuellen Stundenplans. Anwendungen, die keine Informationskomponente beinhalten, sind in der Minderzahl. Adaptive Spiele, in denen das System auf die Strategien und Vorlieben der Benutzerin eingeht, sind selten.

Im nächsten Abschnitt werden Systeme vorgestellt, die zusätzlich zu den zur Verfügung stehenden Informationen didaktische Aspekte berücksichtigen.

3.3 Adaptive Lehrsysteme

3.3.1 KBS Hyperbook

Das Projekt KBS Hyperbook (siehe [56] und [58]), das am Institut für Rechnergestützte Wissensverarbeitung[4] der Universität Hannover entwickelt und eingesetzt wird, hat zum Ziel, ein Rahmensystem für das Design und den Betrieb eines offenen, adaptiven Hypermedia-Systems zur Verfügung zu stellen. Unter Offenheit wird verstanden, dass beliebige Seiten des World Wide Webs in das System integriert werden können. Als wichtige didaktische Komponente wird das projektorientierte Lernen verstanden.

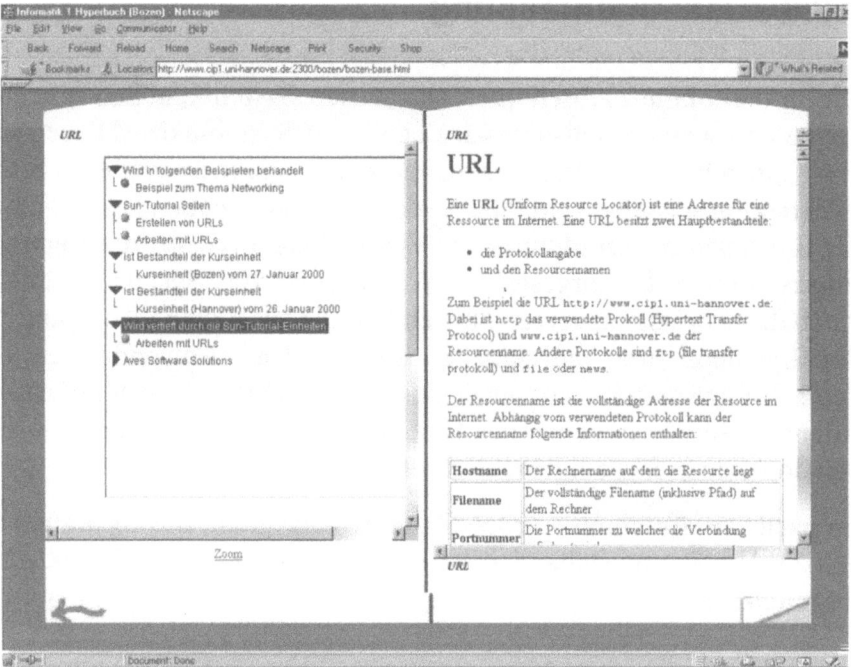

Abbildung 5: Screenshot des KBS Hyperbooks

---

4. Der Name des Projektes leitet sich aus der englischen Bezeichnung *Knowledge Based Systems Group* des Institutes ab.

3.3.1.1 Wissensbasis des KBS Hyperbooks

Jede Hyperbook *unit* ist mit einem oder mehreren Begriffen (*concept*) verbunden. Zusätzlich wird ein *Knowledge Model* erzeugt, in dem die Begriffe und ihre Abhängigkeit beim Lernen enthalten sind. Die einzelnen *units* selbst beinhalten keine didaktischen oder anderen anwendungsspezifischen Beschreibungen. Daher ist es möglich, externe Ressourcen mit einzubeziehen, in Abbildung 5 kann man beispielsweise erkennen, dass das Java-Tutorial der Firma Sun eingebunden ist. Eine *unit* kann eine HTML-Seite, ein Beispiel oder Projekt oder eine externe Webseite sein.

3.3.1.2 Benutzermodellierung, Adaption und Matching im KBS Hyperbook

KBS Hyperbook wird als vorlesungsbegleitendes Material für Studierende der Informatik und Elektrotechnik eingesetzt. Das System verwendet daher für die Benutzermodellierung keine Hintergrund-Information, da davon auszugehen ist, dass die Benutzergruppe relativ homogen ist. Das bedeutet auch, dass die Lernende keinen Fragebogen oder ähnliches ausfüllen muss. Die Benutzerin wählt entweder ein Lernziel selbst aus oder lässt sich ein geeignetes vom System vorschlagen. Entsprechend diesem Lernziel und der beobachteten Lerngeschwindigkeit und Kenntnissen werden eine Lernsequenz generiert. Informationen über den Kenntnisstand der Lernenden wird aus den Ergebnissen der bearbeiten Projekte und einem direkten Feedback der Lernenden abgeleitet. Diese Informationen werden im Benutzerprofil als ein Wissensvektor gespeichert, bei dem einem Thema eine der Bewertungen *„expert"*, *„advanced knowledge"*, *„beginner's knowledge"* oder *„novice's knowledge"* zugeordnet wird. Angepasst an das Benutzerprofil werden dann die Empfehlungen, welche *unit* als nächste besucht werden sollte, welche Projekte bearbeitet werden können und welches Lernziel sinnvoll ist. Das System arbeitet mit annotierten *Links*, die der Ampel-Metapher folgen. Auf den Seiten, die in Abbildung 5 gezeigt werden, werden beispielsweise die externen *Sun-Tutorial*-Seiten zum Weiterlesen empfohlen, das Projekt *„Networking"* jedoch nicht.

Die Abbildung der Informationen des Benutzerprofils auf die Wissensbasis, um herauszufinden, welche Informationseinheiten am ehesten für die jeweilige Benutzerin geeignet ist, findet mit einem Bayesschen Netz statt (siehe Abschnitt 2.2.2.1, ab S. 20). Das Bayessche Netz gibt eine Abschätzung über die Kenntnisse der Benutzerin über ein Thema mit den Voraussetzungen, die im Benutzerprofil über sie gespeichert sind. Zusätzlich wird das *knowledge model* hinzugezogen.

3.3.2 ELM-Art II

ELM-ART II (*Episodic Lerner Modeling – Adaptive Remote Tutor*) (siehe [149]) ist die webfähige Version von ELM-ART, das wiederum eine Weiterentwicklung von ELM-PE (*Episodic Lerner Modeling – Programming Environment*) darstellt ([148]). Alle drei Systeme sind interaktive Systeme zum Erlernen der Programmiersprache LISP. Sie wurden an der Universität Trier zum Einsatz in der Lehre entwickelt. Während ELM-PE wegen seiner plattform-abhängigen Implementierung als lokales System lief, kann mit ELM-ART II durch die Verwendung von JAVA-Applets über das WWW zeit- und ortsunabhängig gelernt werden. Die adaptiven Komponenten wirken sich in der Zusammenstellung des Kursmaterials und in der interaktiven Hilfe während des Aufgabenlösens aus. Das System umfasst einen beispielorientierten Programmierkurs, intelligente Fehleranalyse und gute Test- und *Debugging*-Möglichkeiten.

3.3.2.1 Wissensbasis von ELM-ART II

Die Wissensbasis von ELM-ART II besteht aus kleinen Textabschnitten, die aus Büchern gewonnen wurden. Diesen zugeordnet sind Begriffe (*concepts*). Die Begriffe sind durch die Relationen „Voraussetzung" und „Ergebnis" verbunden. Dadurch entsteht ein Begriffsnetz (*Conceptual Network*). Die Kurse sind hierarchisch strukturiert in Lektionen, Abschnitte, Unterabschnitte und Seiten. Die Seiten bestehen entweder aus Lehrtexten oder aus Aufgaben. Jede Informationseinheit hat statische *slots*, die die verwandten Begriffe benennen.

3.3.2.2 Benutzermodellierung, Adaption und Matching in ELM-ART II

ELM-ART II verwendet für die adaptive Generierung der Lektionen ein *Overlay Model* (siehe Abschnitt 2.2.4.1, ab S. 26). Die Benutzerin wird bei ihren Aktionen beobachtet.

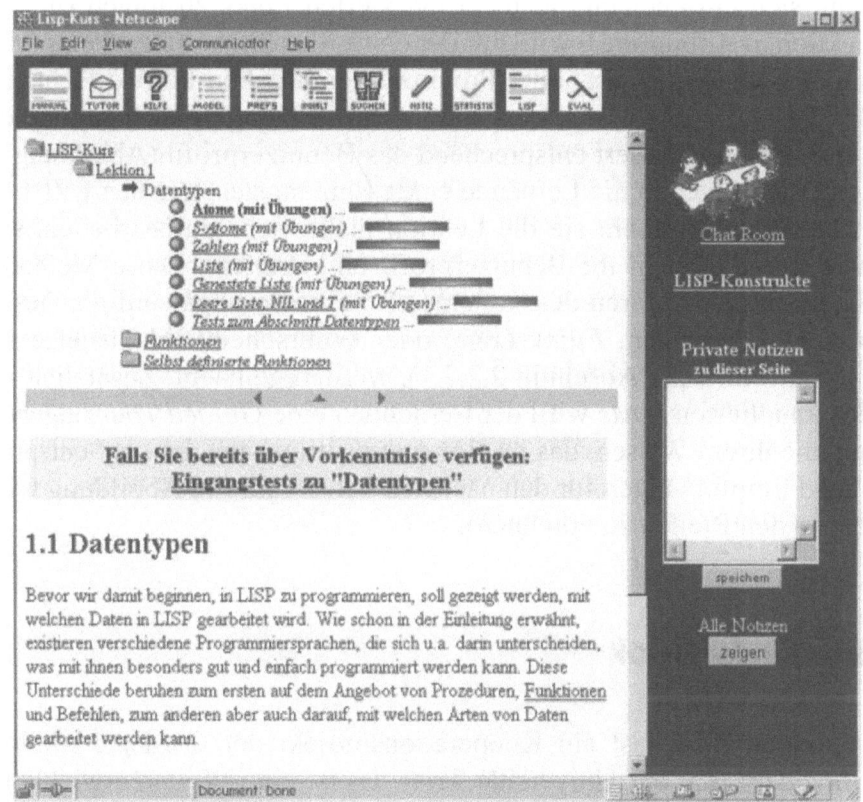

Abbildung 6: Screenshot von ELM-ART II

Hat sie eine Seite besucht, wird das entsprechende *concept* im *conceptual network* markiert. Werden die Tests und die Programmieraufgaben richtig bearbeitet, werden die *concepts* als bekannt markiert[5]. ELM-ART II verwendet die Ampel-Metapher für die *Link*-Annotation (siehe Abschnitt 2.1.3.3, "Adaptive Link-Annotation" auf

---

5. Auf die Wichtigkeit der Unterscheidung zwischen „gelesen" und „gelernt" macht Eklund in [39] aufmerksam.

Seite 18): grün bedeutet, dass alle Voraussetzungen, um diese Seite zu lernen, erfüllt sind, es wird empfohlen, diesen *Link* zu verfolgen; rot bedeutet, dass mindestens ein vorausgesetztes *concept* der Lernenden noch nicht bekannt ist (nach Wissensstand des Systems); gelb bedeutet, dass die Seite schon besucht wurde, orange bedeutet, dass noch nicht alle Unterabschnitte der Seite besucht wurden. Die Benutzerin kann sich entscheiden, auch rot markierten *Links* zu folgen (in der Lektion in Abbildung 6 wird nur der erste Abschnitt (Atome) empfohlen). Löst sie die Test- oder Programmieraufgaben korrekt, schließt das System regelbasiert, dass alle Voraussetzungen auch schon bekannt sind und ändert entsprechend das Benutzerprofil (Abbildung 6 zeigt die Frage, ob die Lernende einen Eingangstest machen will, besteht sie ihn, braucht sie die Lektion nicht mehr durcharbeiten, sie wird als gelernt in ihr Benutzerprofil eingetragen). Diese Methode wird von den Autoren des Systems als verbesserungswürdig angesehen. Überlegungen, *Fuzzy Logic* oder Wahrscheinlichkeitsnetze zu verwenden (siehe Abschnitt 2.2.2.1), werden gemacht. Zusätzlich zu den annotierten *Links* wird der Lernenden eine *Guided Tour* angeboten, die ihrem Wissen, das im Benutzerprofil gespeichert ist, entsprechend Empfehlungen für den nächsten Schritt gibt, in Abbildung 6 ist das an den Pfeilen zu erkennen).

3.3.3 InterBook

InterBook ([16]) ist ein Kooperationsprojekt der Carnegie Mellon University und der Universität Trier. Es ist eine Weiterentwicklung von ELM-ART. Der wesentliche Unterschied zu ELM-ART besteht in einer Autoren-Komponente (siehe dazu [40]). Mit InterBook kann aus jeder Microsoft Word Datei ein elektronisches Lehrbuch erstellt werden. Damit ist es domänen-unabhängig. Realisierungen des Inter-Book-Systems werden an der Carnegie Mellon University in der Lehre eingesetzt.

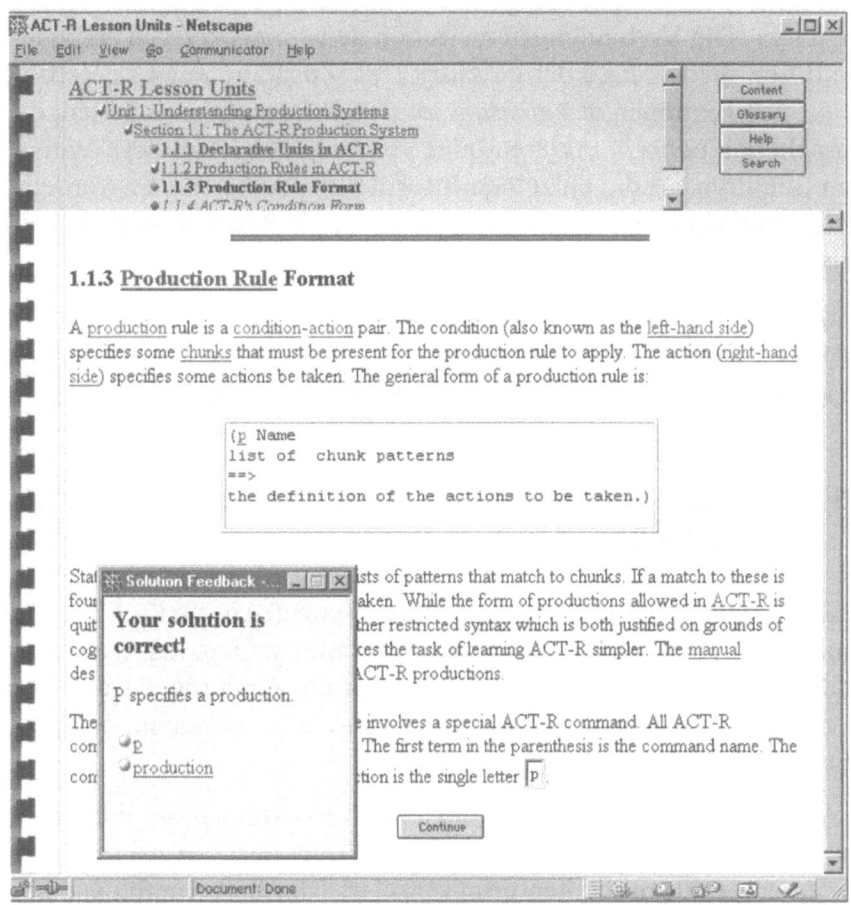

Abbildung 7: Screenshot von InterBook

3.3.3.1 Wissensbasis des InterBooks

InterBook hat ein Domänen-Modell und ein Studenten-Modell. Die Begriffe (*concepts*) des Domänen-Modells sind eine Untermenge des Domänenwissens. Das Domänen-Modell strukturiert den Inhalt, der aus den Informationseinheiten und einem Wörterbuch (*glossary*) besteht. Die Relationen zwischen den *concepts* stellen die Hauptpfade durch den *Hyperspace* dar. Dadurch entsteht ein Begriffsnetz der Domäne (*domain network*). Dieses ist durch das *glossary* visualisiert.

Die Struktur des *glossary* spiegelt die didaktische Struktur der Wissensdomäne wider. Die Verbindungen zwischen den *concepts* legen Navigations-
pfade durch die Einträge der *glossary* fest. Zusätzlich gibt es Verbindungen von den Einträgen des *glossary* zu den Informationseinheiten, die das
entsprechende *concept* erklären oder voraussetzen. Auf diese Weise entstehen Spektren für die einzelnen Informationseinheiten. Es werden zwei
Rollen unterschieden: Ein *concept* kann eine Voraussetzung oder ein Ergebnis einer Informationseinheit sein.

Die Informationseinheiten sind hierarchisch in Kurse, Kapitel und Unterkapitel geordnet (in Abbildung 7 ist die Unterteilung in *lessons* (Kurse),
units (Kapitel) und *sections* (Unterkapitel) zu erkennen).

3.3.3.2 Benutzermodellierung, Adaption und Matching im InterBook

InterBook verwendet ein *Overlay Model* (siehe Abschnitt 2.2.4.1, ab S.
26), um den Wissensstand der Lernenden darzustellen, den *concepts* werden für jeden Lernenden jeweils Kenntnisgrade zugeordnet. Dabei werden
vier verschiedene Kenntnisgrade unterschieden: unbekannt, bekannt, gelernt und gut gelernt.

Die Adaption findet durch dynamische *Link*-Annotation statt. Entsprechend den Kenntnisgraden und den Spektren der *concepts* werden die
Links zu empfohlenen Seiten grün markiert, zu nicht empfohlenen Seiten
rot und schon besuchte Seiten werden weiß markiert (siehe Abbildung 7:
Der Abschnitt *„ACT-R's Condition Form"* ist nicht empfohlen, der Abschnitt *„Declarative Units in ACT-R"* ist zum Weiterlesen geeignet). In
einem navigierbaren Inhaltsverzeichnis sind die Abschnitte mit Häkchen
annotiert: kein Häkchen bedeutet, dass die Benutzerin diesen Abschnitt
nicht kennt, ein kleiner bedeutet, dass er bekannt ist, ein mittlerer, dass er
gelernt ist, während ein großes Häkchen andeutet, dass dieser Abschnitt
bereits gut gelernt ist (siehe Abbildung 7).

Zusätzlich zu den *Links*, mit denen die Benutzerinnen frei navigieren können, bietet das System eine individuelle *Guided Tour* an. Die Auswahl der
nächsten geeigneten Seite und die adaptive Annotation der *Links* ist regelbasiert (siehe Abschnitt 2.2.2.1, ab S. 20) und findet in drei Schritten statt
(siehe [17]): Zuerst berechnet das System den Gesamt-Wissensstand für
das *concept*. Dadurch kann das System entscheiden, über welche *concepts*
noch gelernt werden sollte. Im zweiten Schritt identifiziert das System für

jede Informationseinheit, ob die Lernende alle Voraussetzungen dafür erfüllt hat. Das Ergebnis dieses Schrittes wird für die *Link*-Annotation verwendet. Als letztes wählt das System die Informationseinheiten aus, die noch unbekannte *concepts* erläutern und keine fehlenden Voraussetzungen haben.

Außer den annotierten *Links* und der *Guided Tour* unterstützt das System ein rückwärts gerichtes Lernen. Kommt die Benutzerin an eine Stelle, für die ihr die Voraussetzungen fehlen, kann sie einen speziellen *button* anklicken, um die nötigen Hintergrundinformationen zu erhalten. Das System generiert ihr dann eine Liste mit allen Abschnitten, die diese Informationen bieten. Diese Liste ist adaptiv sortiert (siehe Abschnitt „Adaptives *Link*sortieren" in 2.1.3.3).

Abbildung 7 zeigt eine Informationseinheit (den Anfang eines Unterkapitels) mit einer Testfrage und der Antwort.

3.3.4 AHA

AHA (siehe [30]) ist ein adaptives Lehrsystem, das an der Technischen Universität Eindhoven entwickelt wurde und in der Lehre eingesetzt wird. Wie InterBook ist AHA ein Rahmensystem, das domänenunabhängig gefüllt werden kann. Es kann auch eingesetzt werden als *online*-Informationssystem, *online*-Hilfe, institutionelles Hypermedia oder um persönliche Sichten zu erzeugen.

Das System erlaubt ähnlich wie das KBS Hyperbook System die Einbindung externer Webseiten. Um der Orientierungslosigkeit entgegen zu wirken, sind alle AHA-Seiten mit einem einheitlichen Banner versehen. Die Lernenden können also leicht erkennen, ob sie sich noch innerhalb des eigentlichen Lehrsystems befinden oder einem *Link* nach außen gefolgt sind.

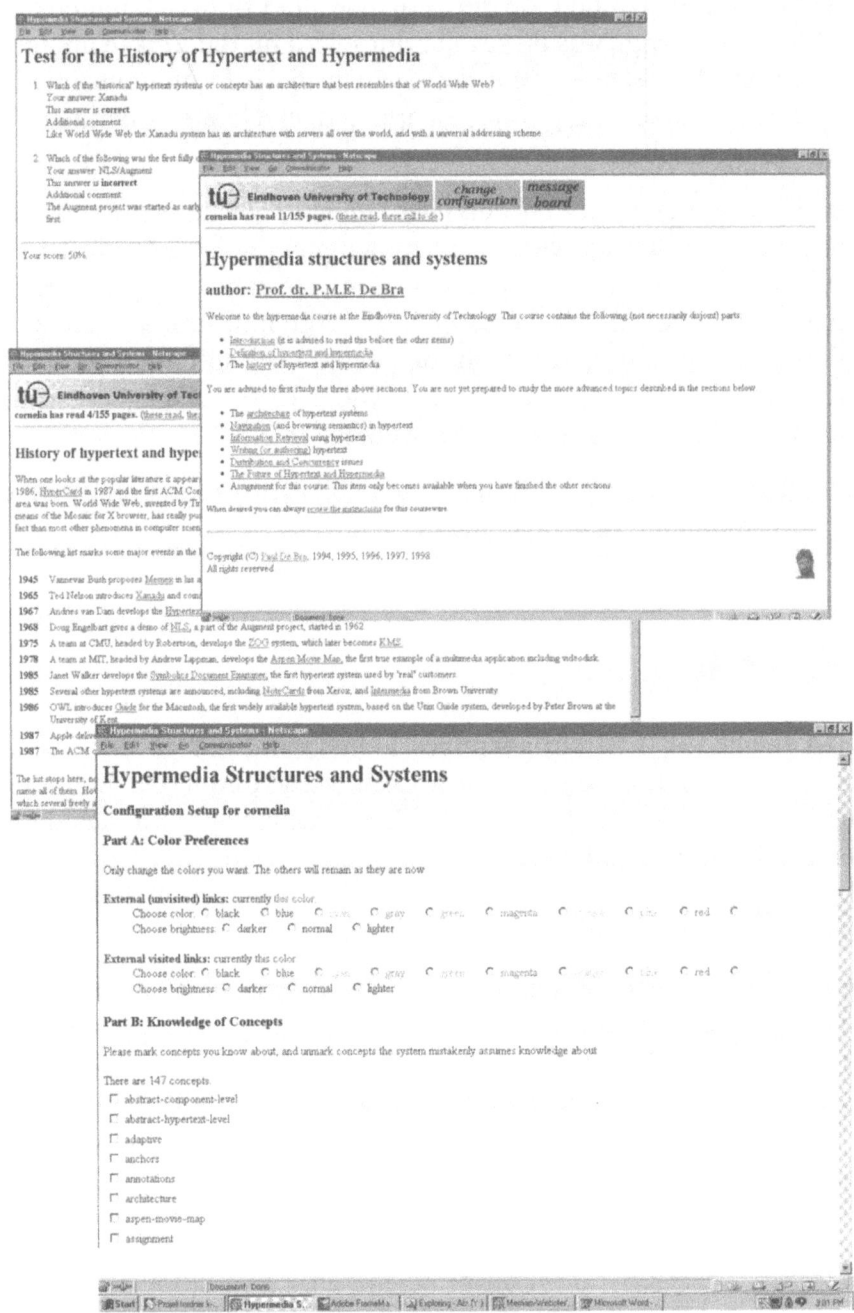

Abbildung 8: Screenshots von AHA

3.3.4.1 Wissensbasis von AHA

Die Informationseinheiten bestehen aus einer linearen Sequenz statischer Fragmente. Diese können konditional sein, das bedeutet, dass sie je nach Benutzerin angezeigt werden oder nicht. Jede Informationseinheit stellt ein *concept* dar. In einer Abhängigkeitsliste wird für jedes *concept* festgelegt, welche Bedingungen erfüllt sein müssen, damit die Informationseinheit erwünscht ist. Wie in Abbildung 8^6 zu sehen, kann die Benutzerin unabhängig von ihrem Lernweg in einer *concept list* die Werte für die einzelnen *concepts* ändern (siehe [32]). Damit hat die Benutzerin direkten Einfluss auf das Benutzerprofil, was der Akzeptanz des Systems zu Gute kommt (siehe Abschnitt 5.3, ab S. 156)

3.3.4.2 Benutzermodellierung, Adaption und Matching in AHA

Das Benutzerprofil von AHA enthält personenbezogene Informationen wie Name und *email*, die durch ein Formular explizit (siehe Abschnitt 2.2.2.1, ab S. 20) abgefragt werden, Vorlieben für die Farben der *Link*annotation (ebenfalls explizit), die Menge der bekannten *concepts* (implizit und explizit), eine Lernhistorie und die Ergebnisse der Tests. Das *Overlay Model* wird mit Booleschen Werten ausgefüllt, das heißt, dass ein *concept* entweder gelernt oder unbekannt ist. Diese Werte werden durch ein *log file*, das mitprotokolliert, welche Seiten die Benutzerin schon besucht hat (und auch wie lange), und durch Tests ermittelt.

Die Adaption an die Benutzerin findet durch *Link*-Annotation und *Link*-Verbergen statt. *Link*-Deaktivieren und eine *Guided Tour* sind möglich, aber nicht realisiert. Durch die *Link*-Annotation können durch Regeln (siehe Abschnitt 2.2.2.1, ab S. 20) erwünschte, unerwünschte, neutrale und externe Seiten unterschieden werden. Das *Link*-Verbergen findet durch Schwarz-Färbung der unerwünschten

---

6. Der unterste *Screenshot* der Abbildung 8 ist von der Verfasserin manipuliert: drei weitere *Link*-Farb-Wünsche sind herausgeschnitten, um die Liste der zu wählenden *concepts* zeigen zu können.

Links statt. Der *Link* ist noch aktiv, kann aber nicht mehr leicht als solcher erkannt werden (durch die Möglichkeit der Benutzerinnen, das Farbschema der Annotation zu ändern, ist es möglich, das *Link*-Verbergen zu umgehen, siehe Abbildung 8).

Um den Fortschritt des Lernens zu dokumentieren, wird am Anfang jeder Informationseinheit angezeigt, wieviele Einheiten die Lernende schon gelesen hat und wieviele noch ausstehen. In Abbildung 8 ist diese Information direkt unter dem Banner auf den beiden mittleren *Screenshots* zu sehen.

3.3.5 TANGOW

TANGOW ([22]) steht für *Task-based Adaptive learNer Guidance On the WWW*. Es wurde an der Universidad Autónoma de Madrid entwickelt und hat (spanische) Verkehrsregeln zum Inhalt.

3.3.5.1 Wissensbasis von TANGOW

Die Wissensbasis besteht aus Informationseinheiten, die hier *teaching tasks* heißen, und deren Beschreibungen, die den Namen, eine Inhaltsbeschreibung, Informationen darüber, ob der *teaching task* atomar oder zusammengesetzt ist, Abbruchkriterien und Medienart umfasst. Zusätzlich gibt es Regeln, die beschreiben, wie ein *teaching task* für die einzelnen Benutzerinnen zerlegt werden kann.

3.3.5.2 Benutzermodellierung, Adaption und Matching in TANGOW

Das System erfasst im Benutzerprofil drei Informationen, die die Benutzerin explizit angeben muss (siehe Abbildung 9, oben): Alter, Sprache und Lernstrategie (implementiert als „Theorie zuerst" oder „Beispiel zuerst", Abbildung 9 unten zeigt eine Lektion, die entsprechend der Lernstrategie „Theorie zuerst" konzipiert ist). Das Alter bestimmt den Schwierigkeitsgrad der Lektionen. Außerdem werden die

Lernhistorie und die Testergebnisse ausgewertet. Diese Angaben erfolgen implizit.

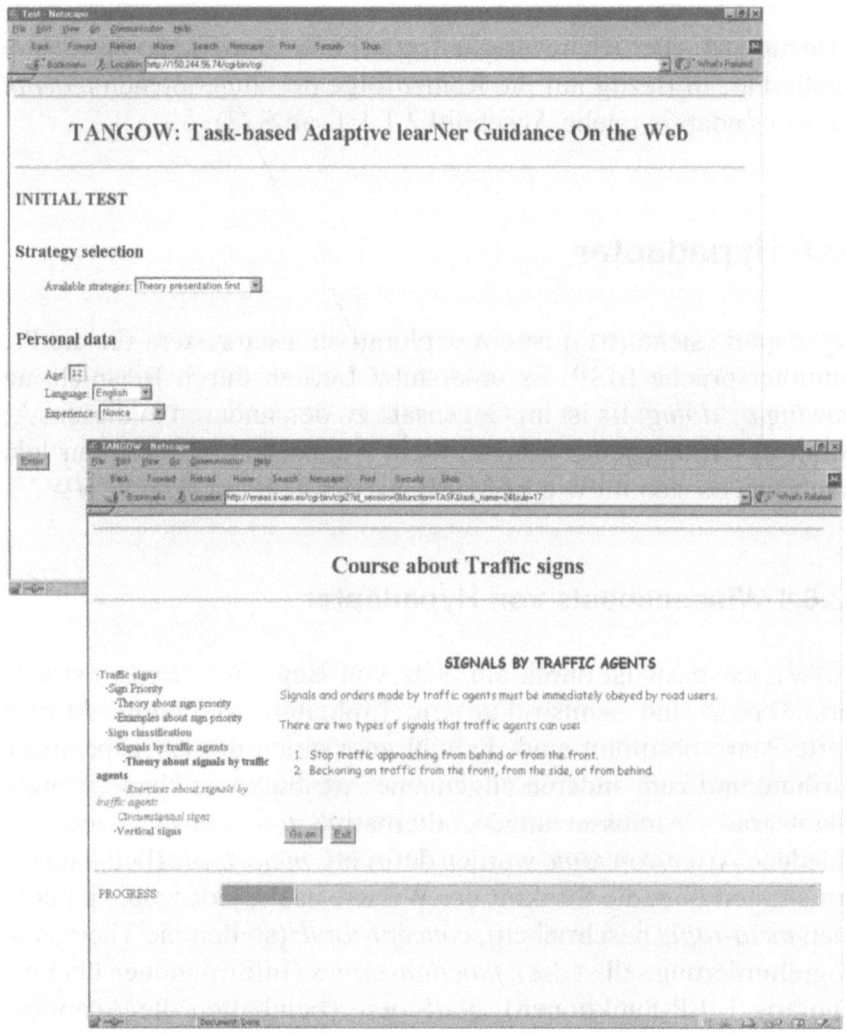

Abbildung 9: Zwei Screenshot von TANGOW

Wissen wird definiert durch die *teaching tasks*, die gelernt werden sollen. Mit Hilfe von Regeln (siehe Abschnitt 2.2.2.1, ab S. 20) wird auf Grund des Wissensstandes der Lernenden und ihrer gewählten Lernstrategie festgestellt, ob ein *teaching task* anwendbar ist.

Die zu empfehlenden Links werden in einem Menü angeboten; *teaching tasks*, deren Voraussetzungen noch nicht alle abgearbeitet sind, erscheinen im Menü, sind aber deaktiviert.

In Bezug auf Alter (Schwierigkeitsgrad) und Sprache ist das System adaptierbar, in Bezug auf die Reihenfolge der angebotenen *teaching task* ist es adaptiv (siehe Abschnitt 2.1.1.1, ab S. 8).

3.3.6 Hypadapter

Hypadapter (siehe [61]) ist ein exploratives Lehrsystem für die Programmiersprache LISP. Es unterstützt Lernen durch Beispiele und *learning by doing*. Es ist im Gegensatz zu den anderen in diesem Abschnitt beschriebenen Systemen nicht webbasiert, sondern nur lokal benutzbar. Es stammt wie ELM-PE aus der Zeit vor dem WWW.

3.3.6.1 Wissensbasis von Hypadapter

Die Wissensbasis ist durch ein Netz von Begriffen (*topics*) strukturiert. *Topics* sind semistrukturierte Einheiten, die durch Attribut-Werte-Paare bestimmt sind. Es gibt zum einen domänenspezifische Attribute und zum anderen allgemeine Attribute wie Name, Schwierigkeitsgrad, Voraussetzungen, alternative *topics* usw. Sechs verschiedene Arten von *topic* wurden definiert: *meta-topic* (beinhaltet Informationen über die Struktur der Wissensbasis, jeder *topic* ist durch einen *meta-topic* beschrieben), *concept-topic* (stellen die Themen der Programmierung selbst dar), *function-topics* (Informationen über mitgelieferte LISP-Funktionen), *goal-topic* (beinhalten die Adaptionsziele wie Programmier-Stil und Effizienz), *optimization-rule-topic* (beschreiben Tranformations-Regeln, um den Code an die Adaptionsziele anzupassen) und schließlich *error-topic*, die die Programmierfehler beschreiben, die automatisch gefunden werden können. Die Lernenden können auf den ersten drei navigieren, die anderen werden für die Adaption verwendet.

Semantische Relationen zwischen *topics* werden durch *Link*-Annotationen realisiert. Diese Annotationen zeigen an, welche *topics* beispielsweise Schwesterbegriffe sind, die zusammen gelernt werden sollten.

3.3.6.2 Benutzermodellierung, Adaption und Matching in Hypadapter

Das Benutzerprofil wird durch einen Fragebogen initiiert, der die Benutzerin einem Stereotyp (siehe Abschnitt 2.2.4.2, ab S. 26) zuordnet. Dieses wird gegebenenfalls im Laufe der Lernsitzungen überschrieben. Das Benutzerprofil umfasst Informationen über die Programmierfähigkeiten, den tatsächlichen Kenntnisstand, die Vorlieben für die Darstellung usw. Die Benutzerinnen selbst können auch direkt die Einträge verändern. Entsprechend sind auch die Adaptionsziele.

Welche Attribute angezeigt werden, berechnet das System an Hand der Einträge im Benutzerprofil, ebenso die Auswahl der *Links*.

3.3.7 Diskussion

3.3.7.1 Wissensdomänen

Die Systeme Hypadapter, KBS Hyperbook, TANGOW und ELM-ART II sind mit jeweils nur einem Thema implementiert. Die Trennung von System und Inhalt ist bei KBS Hyperbook und TANGOW möglich. Bei ELM-ART II hat diese Trennung zu der Entwicklung von InterBook geführt. Die Wissensbasis von Hypadapter ist ganz auf die Vermittlung der Programmiersprache LISP abgestimmt und zu eng mit dem System verbunden, als dass andere Inhalte mit geringem Aufwand eingebracht werden könnten.

Alle Systeme haben Themen der Informatik als Wissensdomäne. Eine Ausnahme bildet TANGOW, wobei das Vermitteln spanischer Verkehrsregeln sicherlich nicht die geplante Endanwendung darstellt. Die

Beschränkung auf computerwissenschaftliche Gebiete und insbesondere Prorammiersprachen hat ihre Ursache zum einen in der Tatsache,
dass die Entwicklerinnen der Lehrsysteme meistens Informatikerinnen sind und mit den Produkten ihre eigene Lehre verbessern wollen.
Zum anderen liegt sie an der leichten Strukturierbarkeit der Wissensdomäne: Für die Vermittlung von Programmiersprachen lassen sich
einfach Voraussetzungen, Ergebnisse, Fehlerursachen etc. definieren[7]. Domänen wie beispielsweise Kunstgeschichte oder natürliche
Sprachen, die sich nicht auf eine eindeutige oder unstreitige Weise
hierarchisieren lassen, sind schwieriger durch ein elektronisches
Lehrsystem vermittelbar, das eine enge Nutzerführung vorsieht. Für
diese Bereiche ist das System AHA am geeignetsten, da es am wenig-
sten Benutzerführung vorsieht und den Lernenden die meisten Möglichkeiten zur freien Exploration offenlässt. Die Domänen, die an der
Universität Eindhoven durch das System gelehrt werden (vor allem
Hypertext und Hypermedia) sind auch bei weitem weniger strukturiert als Programmiersprachen.

3.3.7.2 Adaption

Keines der Systeme sieht eine Anpassung des Inhalts vor, das bedeutet, dass es das Ziel der Systeme ist, dass jede Lernende die gesamte
Wissensbasis nach Abschluss der Arbeit mit dem System kennt und
gegebenfalls die entsprechenden Aufgaben lösen kann. Angepasst
wird die Reihenfolge. Außerdem können Teile weggelassen werden,
die sich die Lernende schon auf andere Weise angeeignet hat. Alle Systeme außer Hypadapter verwenden annotierte *Links*, die den Benutzerinnen Empfehlungen geben.

Keines der beschriebenen Systeme verwendet für die Benutzermodellierung Hintergrundinformationen über die Benutzerin als Informati-
onsquelle wie es beispielsweise im ANATOM-TUTOR ([6]) ge-

---

7. Wie in [34] diskutiert ist die Tatsache, dass Lehrsysteme vor allem für die
    Lehre von Programmiersprachen entwickelt werden, bei ITS noch auffälliger.
    Um wie in Abschnitt 2.1.1.3, ab S. 10 beschrieben den Lernprozess einer Ler-
    nenden genau verfolgen zu können, muss die Wissensdomäne sehr strukturiert
    modelliert sein.

schieht. Ebenfalls in keinem System ist eine Anpassung der Präsentation möglich, die Lernenden können nicht aus verschiedenen Medien auswählen oder eine Präsentation zugeschnitten auf ihre technische Ausstattung erwarten. Im KBS Hyperbook, Hypadapter und ELM-ART II werden die zu lösenden Aufgaben adaptiv ausgewählt.

3.3.7.3 Didaktische Aspekte

Das didaktische Prinzip von AHA ist die freie Navigation (siehe [31]). Die didaktische Idee, die dahinter steht, ist der Konstruktivismus[8]. Diese Lerntheorie geht davon aus, dass sich Lernende die zu verstehenden Phänomene ohne vorgegebenen Lernweg selbst erarbeiten müssen, da die reelle Welt nicht aus zu lösenden Problemen, sondern aus zu bewältigenden Situationen, die im ersten Schritt erkannt und für die im zweiten Schritt Problemdefinitionen erarbeitet werden müssen, besteht. Der Mikrokosmos eines Hypermedia-Systems wird oft als ideal angesehen, dieses didaktische Prinzip zu realisieren, indem die Lernenden sich die inhaltlichen Zusammenhänge zwischen den einzelnen Informationseinheiten selbst erarbeiten müssen und auf diese Weise kein vorgefertigtes Modell der Welt präsentiert bekommen, sondern sich ihr eigenes Modell mit den Zusammenhängen, die sie in ihrer Lern- und Lebenssituation herausgefunden haben, konstruieren (siehe dazu [52]). Im Falle des Kurses 2L690, *Hypermedia Structures and Systems,* dem Prototypen für das System AHA, funktioniert diese Annahme, da die Wissensdomäne identisch ist mit dem Medium, in dem die Exploration betrieben wird. Divergiert aber die Domäne vom Medium, wie es in einem weiteren Kurs (2R350, *Graphical User Interface Development*) geschieht, reicht die freie Navigation als Grundlage für exploratives Lernen nicht aus. Was hier erkundet wird, ist nicht die Domäne als Ausschnitt der Welt, sondern eine Abbildung der Welt (die schon in der Auswahl der verfügbaren Informationseinheiten ein echtes, freigestaltetes Explorieren verhindert). Die Wege, die von einer Informationseinheit zu einer anderen

---

8. In dieser Arbeit soll nicht vertieft auf die verschiedenen Lerntheorien eingegangen werden. Eine ausführliche Diskussion darüber findet sich beispielsweise in [81].

zurückzulegen sind – und beim explorativen Lernen das Ziel sind –, sind im allgemeinen Fall nicht die Abbildungen der Wege in der realen Welt.

In Hypadapter bezieht sich der Anspruch, ein exploratives System zu sein, nicht auf die eigentliche Wissensvermittlung, sondern auf die Art und Weise, wie Programmieren gelernt werden soll, hier sollen die Benutzerinnen beim frühzeitigen Programmieren und Ausprobieren auf ihre Grenzen stoßen und Wege finden, diese immer weiter zu stecken.

Auch das KBS Hyperbook unterstützt – wie Hypadapter – durch den starken Akzent auf Ausprobieren der gelernten Fakten durch Programmierprojekte einen konstruktivistischen Ansatz. Die Autorinnen vom KBS Hyperbook schwächen dafür die Theorie von Glasersfelds (siehe z. B. [146]) ab zugunsten einer eher pragmatischen kontext- und sozialorientierten Theorie des Konstruktivismus (siehe [52]), der sich darauf konzentriert, dass Wissen nicht durch passives Rezipieren erreicht werden kann, sondern nur von der Lernenden aktiv aufgebaut werden kann.

Auch in ELM-ART II besteht der explorative Charakter nicht in der Hypertext-Struktur, sondern in der Art, wie die Programmieraufgaben gelöst werden sollen.

TANGOW ist das einzige System, das innerhalb der Lerndokumente unterschiedliche Lehrmethoden realisieren kann. Das entspricht am ehesten zwei unterschiedlichen Büchern mit unterschiedlichen Herangehensweisen zu einem Thema. Es ist kein Paradigmenwechsel, wie beispielsweise eine konstruktivistische Lernumgebung.

3.3.7.4 Kohärenz der Lerndokumente

Keines der Systeme verwendet spezielle linguistische Verfahren, um die Kohärenzbildung (zum Begriff der Kohärenz siehe Abschnitt 5.1.1, ab S. 139) zu unterstützen. Die einzelnen Informationseinheiten bei allen Systemen mit Ausnahme von TANGOW sind relativ groß, umfassen mehr als eine Bildschirmseite. Die Größe der Seiten und damit einhergehend der enge inhaltliche und sprachliche Zusammenhang innerhalb der Informationseinheiten ist durch die geringen inhaltlichen Anpassungsmöglichkeiten realisierbar. Die annotierten *Links* der verschiedenen Systeme dienen in gewissem Rahmen auch der lokalen Kohärenz, weil ein empfohlener *Link* impliziert, dass die beiden miteinander verbundenen Informationseinheiten in einem logischen Zusammenhang stehen. Im KBS Hyperbook, ELM-ART II und InterBook wird jeweils ein Inhaltsverzeichnis als Überblick über das verfügbare Wissen geboten. Diese Inhaltsverzeichnisse sind allerdings nur insoweit adaptiv, dass sie den Lernenden signalisieren, welche Informationseinheiten sie schon gelesen und gegebenenfalls auch gelernt haben, aber sich nicht in Reihenfolge und Auswahl an das für die Benutzerin ausgewählte Dokument anpassen. In den beschriebenen Systemen kommt es aber dabei nicht zu großen Abweichungen, da wie in Abschnitt 3.3.7.2, ab S. 56 diskutiert, es jeweils eine Menge an Wissen und Fähigkeiten gibt, die erlernt werden muss, und nur die Reihenfolge variieren kann.

Keines der Systeme stellt eine visualisierte Version der Wissensbasis zur Orientierung zur Verfügung.

AHA bietet Kohärenzhilfen, indem es Informationen, die beispielsweise nur beim ersten Lesen von Interesse sind, beim zweiten Lesen zur Fußnote mutieren lässt.

Insgesamt bieten die Systeme alle eine befriedigende Lesbarkeit der Dokumente. Sie liefern aber keine Lösungen, wenn die Domäne weniger strukturierbar und der anvisierte Benutzerkreis weniger homogen ist.

3.3.7.5 Einsatzgebiete

ELM-ART II, InterBook, AHA und KBS Hyperbook werden in der täglichen Lehre an verschiedenen Universitäten eingesetzt. Die Kurse können entweder komplett oder in einer Demo-Version via das WWW angeschaut werden (siehe [161], [162], [163], [164]). Von TANGOW existiert eine Version, an Hand derer man sich über die Funktionsweise des Systems informieren kann ([165]). Zusätzlich ist die Autoren-Software zum Erstellen von Kursen für InterBook und AHA frei über das WWW erhältlich.

4 Modulare Wissensbasis

4.1 Module

Eine Adaptierung von Lektionen an die jeweilige Benutzerin in Bezug auf Inhalt, aber auch auf andere Aspekte, die in Abschnitt 2.1.2, S. 12 aufgeführt wurden, ist wünschenswert.

Besteht die Wissensbasis aus kleinen unabhängigen Modulen, die auf Anfrage zu einer größeren Einheit, beispielsweise einer Lektion zusammengestellt werden, hat das folgende weitere Vorteile:

- Wartbarkeit: In Themenbereichen, die einem schnellen Wandel unterliegen wie beispielsweise Multimedia-Technologie oder manche Gebiete der Medizin, lassen sich Module, die neue Ergebnisse beschreiben, leicht einfügen, ohne dass der Kontext geändert werden muss[1]. Umgekehrt können obsolet gewordene Module leicht als solche gekennzeichnet oder modifiziert werden.
  In Forschungsgebieten, die eine weniger rasante Entwicklung haben und deren Lehrinhalte sich nicht so rapide ändern, kann es sinnvoller sein, den Lernenden monolithische Lehrwerke (gedruckt oder elektronisch) zur Verfügung zu stellen.

- Redundanz: Die Aufspaltung des zu lernenden Wissens in Module ermöglicht es, dass mehrere Module das gleiche Thema erläutern, sich aber in Detaillierungsgrad, Darstellungsmedium etc. unterscheiden. Es können zu einem Thema unterschiedliche Erklärungen gleichzeitig zur Verfügung stehen. So kann nicht nur durch die Auswahl und Reihenfolge der Themen und die Reihenfolge der Module, sondern auch durch deren Auswahl die Lektion an die Benutzerin angepasst werden.

- Wiederverwendbarkeit: An sich kontext-freie Module sind in ihrer Verwendung nicht auf ein System beschränkt. Tschichritzis

---

1. Das gilt natürlich nur, wenn die einzelnen Module kontext-frei sind. Die Problematik, die damit zusammenhängt, wird in Abschnitt 5, S. 139 diskutiert.

beschreibt in [142] virtuelle Marktplätze als eine Vision für die
Zukunft. Setzt sich ein solches Modell durch, wird es auch finan-
ziell attraktiv, besonders die aufwändig erstellten multimedialen
Module in mehreren Umgebungen anzubieten.

4.1.1 Größe der Module

Eine wichtige Design-Entscheidung ist, wie groß die Module sein sollen, wieviel Information sie tragen sollen. Die mögliche Bandbreite
reicht hierbei von einem verfügbaren Vokabular mit Sprach- und inhaltlichen Regeln, um einzelne Sätze zu erzeugen, bis zu herkömmlichen unveränderlichen Büchern[2]. Beim letzteren Extrem wird ein Dokument erzeugt, das einer Benutzerin oder Benutzergruppe entspricht.
Es entsteht ein monolithisches Werk, an dem nichts mehr verändert
werden kann und das nicht leicht modifizierbar ist. Stellt die nächste
Benutzerin ähnliche, aber in einigen Punkten abweichende Anforderungen, muss sie sich entweder mit einem nicht genau auf sie zutref-
fenden Lerndokument zufrieden geben, oder es wird von Grund auf
ein neues Dokument für sie erzeugt – sie muss beispielsweise ein anderes Buch kaufen. Für die Benutzerin kann diese Methode sehr vor-
teilhaft sein, da sie ein lineares, das heißt gut lesbares Dokument erhält. Hat sie aber wider Erwarten vom Präsentierten abweichende
Bedürfnisse, etwa weil sie einen Abschnitt nicht versteht oder sie zu
einer Illustration zusätzliche Information bekommen möchte, kann ihr
das nicht innerhalb eines solchen Systems geboten werden. Für zusätzliches Material muss sie ihr Lerndokument verlassen und begibt
sich damit in Gefahr, im unstrukturierten Wissensraum des WWW
oder einer herkömmlichen Bibliothek die Orientierung zu verlieren.

Das andere Extrem ist eine äußerst flexible Methode, um die drei oben
beschriebenen Vorteile zu erreichen. Der Nachteil hierbei ist die
Komplexität beim Erstellen. Hierfür wird nicht nur Expertenwissen
für die jeweilige Wissensdomäne benötigt, es sind auch Kenntnisse

---

2. Die im Bereich der beruflichen Ausbildung verwendete Bedeutung des Begriffs
   Modul als eine „einzeln zertifizierbare Qualifikation" ([77]) wird in dieser
   Arbeit nicht berücksichtigt.

im Bereich der Verarbeitung natürlicher Sprachen erforderlich. Als eine zusätzliche Schwierigkeit kommt hinzu, dass sich diese Art Lehrwerke, zu schreiben, gänzlich von der heutigen Praxis unterscheidet (siehe Abschnitt 5.2, S. 149).

Welches Maß das richtige ist, hängt zum einem von der Wissensdomäne ab (siehe oben) und zum anderen von dem Einsatzgebiet. Für ein Informationssystem im engeren Sinne[3] müssen die Module kleiner sein, weil hier beispielsweise keine Kohärenz erwartet wird. Um Kohärenz und einen größeren Zusammenhang durch die in Abschnitt 5.1, S. 139 beschriebenen Maßnahmen zu gewährleisten, müssen die Module größer sein.

Um eine Faustregel für Texte zu formulieren, können die Erfahrungen mit traditionellen Büchern ausgewertet werden: ein Modul sollte die Größe eines Abschnittes haben. Für multimediale Module gibt es weniger Erfahrungen. Der Vorschlag von Hesse und Mandl in [59], „... eine Modulgröße anzustreben, die nur einmaliges *Scrollen* erfordert", hat den entschiedenen Nachteil, dass dafür Annahmen über die Bildschirmgröße und die Bildschirmauflösung getroffen werden müssen. Hier ist die Bandbreite aber so groß, dass ein Mittelwert für wenige befriedigend wäre. Das macht aber das Lesen am Bildschirm noch benutzerunfreundlicher.

Für die Projekte Multibook und MediBook (siehe Abschnitte 6.1, S. 162 und 6.2, S. 193) wurde die Modulgröße so gewählt, dass ein Modul so viel Information beinhaltet, dass mindestens ein und maximal zwei Begriffe des semantischen Netzes das Modul beschreiben, das heißt, die Module haben ein Thema.

4.1.2 Generierung der Module

Um Module zu erzeugen, gibt es zwei Herangehensweisen. Es können die Module direkt als Module erzeugt werden. Das ist im Falle von

---

3. Unter einem Informationssystem im engeren Sinne wird hier ein System verstanden, das auf konkrete Fragen Antworten bietet, aber kein größeres kohärentes Dokument erzeugt.

Animationen beispielsweise ein vertrauterer Vorgang als bei Texten. Animationen können durch unterschiedliche Startparametrisierung unterschiedliche Themen beleuchten und damit sich in mehrere (virtuelle) Module aufteilen.

Die andere Möglichkeit besteht darin, den Reichtum bestehender Texte auszunutzen und diese zu modularisieren. Kuhlen nennt in [79] vier Methoden, um lineare Texte zu Hypertextdokumenten zu konvertieren und mit den Hypertextknoten Module zu erzeugen.

- Die einfache Konversion, die den in einem beliebigen Textformat vorliegenden Text in ein HTML-Dokument umwandelt, löst die monolithische Struktur des linearen Dokumentes nicht auf.

- Durch die „Segmentierung und Relationierung über formale Texteigenschaften" entstehen einzelne Module.

- Die „Segmentierung und Relationierung nach Kohärenzkriterien" nutzt semantische und argumentative Eigenschaften von Texten aus, um auch inhaltlich bestimmte Module zu erzeugen.

- Durch „interkontextuelle Konversion", d.h. durch die Zusammenführung mehrerer Dokumente, kann eine redundante Menge von Modulen erreicht werden, um den verschiedenen Bedürfnisse der unterschiedlichen Benutzerinnen gerecht zu werden.

Für Kuhlen entstehen bei der Modularisierung die folgenden Probleme:

- In linearen Texten unterstützen die feste Reihenfolge und eine Gliederung die Kohärenzbildung bei den Leserinnen. Bei einer Wissensbasis, die aus Modulen besteht, sind diese Hilfsmittel nicht gegeben (siehe Abschnitt 5.1, S. 139).

- Für die Autorinnen entsteht dadurch, dass es bei einer unstrukturierten Menge von Modulen schwieriger ist, einen Gesamtüberblick zu erhalten, das Problem, dass Module entweder mehrfach eingebracht werden oder zwei Module sich nur gering unterscheiden (siehe Abschnitt 5.2, S. 149).

Ein Ansatz, diese Probleme zu beheben, ist es, eine Metaebene einzuführen. Die Metaebene enthält keine Lernressourcen, sondern beschreibt die vorhandenen Module. Es sind Informationen über die eigentlichen Informationen. Diese Metaebene ist in den Abschnitten 4.3.1 bis 4.3.3 beschrieben.

4.2 Lektionsproduktion und Struktur der Wissensbasis

Der Anspruch, eine auf die einzelne Benutzerin abgestimmte und zusätzlich gut lesbare Lektion zu erzeugen (das beinhaltet unter anderem Kohärenz- und Orientierungshilfen), erfordert Mechanismen, um aus einer Menge von Modulen einen Text zu erzeugen[4].

Chafe stellt in [24] ein dreistufiges Modell zur Sprachproduktion vor: Im ersten Schritt wird basierend auf dem Weltwissen (das ist allgemeines Wissen, von dem die Kommunikationspartnerinnen annehmen, dass sie es teilen) eine semantische Struktur erstellt. Danach wird die Struktur linearisiert und schließlich wird die so entstandene Oberflächenstruktur realisiert, bei Chafe heißt diese Struktur – basierend auf seinem Betrachtungsgegenstand Sprache – phonetische Struktur. Van Dijk und Kintsch in [144] entwickeln ebenfalls ein Textproduktionsmodell mit drei Stufen. Die erste Aufgabe, die eine Sprecherin zu erfüllen hat, ist die Erstellung eines Makroplans, der vergleichbar ist mit der semantischen Struktur von Chafe:

> The major task for a speaker is the construction of such a macrostructure as a semantic discourse plan, composed of elements from general knowledge and, especially, from elements of the situation model (including a model of the hearer – and his or her knowledge, motivation, past actions, and intentions – and of the communicative context). ([144]).

Diese Dreiteilung lässt sich auch bei der Erstellung von Lerndokumenten durch (menschliche) Lehrerinnen beobachten. Soll dieser zwischenmenschliche Kommunikationsprozess als Vorbild für einen Mensch-Maschine-Dialog in einer Lernsituation dienen, müssen die kognitiv-linguistischen Erkenntnisse in dem Lehrsystem umgesetzt

---

4. Mit Text ist hier nicht nur eine sinnhafte Ansammlung von Buchstaben gemeint, sondern auch ein multimediales Dokument, das ein Ganzes ergibt.

werden. Zusätzlich werden die linguistischen Theorien zur Textpro-
duktion und zum Diskurs auch auf multimediale Dokumente ange-
wendet. Die Wissensbasis muss so aufgebaut sein, dass die Generierung der Lektionen in drei Schritten erfolgen kann. Hierzu ist eine
Metaebene notwendig, die eine Beschreibung der Wissensbasis erlaubt.

1. Zuerst werden die relevanten Themen und Unterthemen identifiziert und damit eine Gliederung erstellt. Hierfür ist es notwendig,
   dass die Wissensdomäne strukturiert ist. Die Struktur ermöglicht
   es dem System, zu einem Thema Voraussetzungen, relevante
   Unterthemen, verwandte Themen etc. zu identifizieren. Diese
   Menge an Begriffen ist nicht statisch, sie hängt von den speziellen
   Anforderungen der Benutzerin und den verfügbaren Modulen der
   Wissensbasis ab.
2. Die Gliederung wird dann mit den tatsächlichen Inhalten (Modulen) gefüllt. Da es möglich (und wünschenswert) ist, dass mehrere
   Module zu einem Begriff verbunden sind, müssen die einzelnen
   Module beschrieben sein, um die geeignetsten der Lernenden
   anzubieten. Beschreibungen der Verbindungen zwischen zwei
   Modulen können dazu dienen, mehrere Module didaktisch zusammen zu fassen, zum Beispiel eine Formel mit einer Erklärung oder
   einem Beispiel.
3. Schließlich müssen die Module zu einem lesbaren, auf die Lernende abgestimmten Ganzen verbunden werden. Hierzu ist es notwendig, einmal die inhaltliche Strukturierung auszunutzen, um
   Gliederungsebenen zu erstellen (siehe oben), zum anderen sind
   rhetorische Verbindungen der Module zueinander erforderlich.

Damit so gut wie möglich ein Dialog zwischen Lernenden und dem
Lehrwerkzeug simuliert werden kann, muss es für die Lernenden die
Möglichkeit der Interaktion geben. Für die Auswahl des zusätzlichen
Materials, das dann von dem System angeboten wird, ist ebenfalls die
eben genannte Metaebene notwendig.

Die Metaebene besteht aus den folgenden Komponenten:
- Formale Repräsentation der Wissensdomäne

- Beschreibungen der Module

- Beziehungen zwischen den Modulen.

In den folgenden drei Abschnitten (4.3.1 bis 4.3.3) werden diese drei Komponenten detailliert diskutiert. In den Abschnitten 6.1, S. 162 und 6.2, S. 193 wird an Hand der Anwendungen Multibook und Medi-Book beschrieben, welche Möglichkeiten eine auf diese Weise beschriebene Menge von Lernressourcen bietet.

4.3 Beschreibung der modularen Wissensbasis

4.3.1 Einordnung der Module in Domänenwissen

Die erste Ebene der Beschreibung der Module bildet eine formale Repräsentation der Wissensdomäne. Die formale Repräsentation ermöglicht die Auswahl von Themen und Unterthemen, indem die Schlüsselbegriffe der Wissensdomäne in einen inhaltlichen Zusammenhang gestellt werden. Anhand der inhaltlichen (semantischen) Relationen kann das System, das die Lehrdokumente automatisch zusammenstellt, die relevanten Unterthemen identifizieren. Auch die (menschliche) Lehrende, die ein Lehrdokument zusammenstellen will, kann durch diese Repräsentation eine Auswahl aus der Menge der möglichen Themen und Unterthemen treffen. Wenn die Begriffe in eine Reihenfolge und Hierarchie gebracht wurden, können sie als eine Gliederung und ein Inhaltsverzeichnis dienen.

Die folgenden Abschnitte definieren zunächst allgemein formale Repräsentationen (4.3.1.1) und definieren ihre Elemente (4.3.1.2). Zwei Beispiele für große semantische Netze werden in Abschnitt 4.3.1.3 beschrieben. In Abschnitt 4.3.1.4 werden Aspekte genannt, die die maschinelle Bearbeitung der semantischen Netze ermöglichen. Zum Abschluss wird der Nutzen eines semantischen Netzes für ein Lehrsystem mit modularer Wissensbasis näher untersucht (4.3.1.5).

4.3.1.1 Formale Ordnungssysteme der Wissensrepräsentation

Es gibt verschiedene Ansätze, Objekte der Welt und das Wissen um sie zu ordnen. Im folgenden werden Klassifikationen und Thesauri kurz eingeführt, auf semantische Netze wird tiefer eingegangen. Semantische Netze werden in dieser Arbeit von einem pragmatischen Standpunkt aus betrachtet. Es soll nicht detailliert auf die unterschiedlichen Schulen und Definitionen eingegangen werden. Dazu sei auf die Arbeiten von Sowa ([129]), Guarino ([55]) und Gangemi et al. ([49]) verwiesen. Vielmehr soll der Nutzen als Navigations- und Orientierungshilfe in modularen Wissensbasen und ihre Handhabung herausgearbeitet werden.

Klassifikation. In Klassifikationen werden Objekte hierarchisch geordnet und nach Ober- und Unterbegriffen sortiert. Klassifikationen werden oft als Bäume dargestellt. Die Wurzel ist der allgemeinste Begriff, die Blätter sind Themen, die entweder keine Unterthemen mehr haben oder die nicht weiter differenziert werden sollen.

Die Einteilung des Wissensgebietes in verschiedene Klassen lässt sich auch mathematisch als eine vollständige Überdeckung (Partition) des Wissensgebietes darstellen:

Sei W eine Menge von Objekten.

Eine vollständige Zerlegung von $W = K_1 \cup K_2 \cup \ldots \cup K_n$

$$mit \ K_j \cap K_i = \emptyset$$

$$\forall(i,j) \in \{1, \ldots n\} \ und \quad i \neq j$$

in Klassen heißt Klassifikation der Objekte aus W.

Ein streng hierarchisches Klassifikationssystem entsteht durch die Zerlegung der Klassen wiederum in Klassen.

Abbildung 10 zeigt eine alte, bekannte und noch immer weitgehend gültige Klassifikation: Carl von Linné hat 1753 zum ersten Mal eine Arbeit vorgelegt, die eine Beschreibung von über 6000 Pflanzenspezien liefert, die er später auch auf die Tierwelt ausgeweitet hat. In dieser Arbeit, die immer noch als Grundlage für die Klassifikation der Pflanzen gilt, führt Linné die binominale Nomenklatur ein.

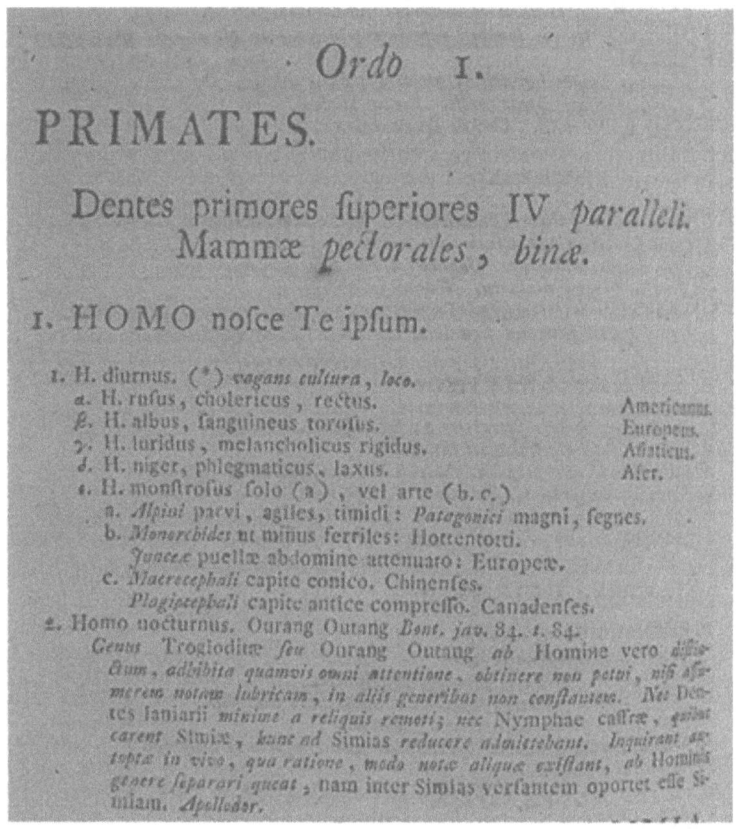

Abbildung 10: Linnés Klassifikation der Tiere

Klassifikationen ermöglichen eine eindeutige Zuordnung jedes Objektes oder dessen Bezeichnung in ein Ordnungssystem. Der Nachteil dieser eindeutigen und hierarchischen Ordnung ist, dass Objekte nur an einer Stelle aufgeführt sein können, obwohl sie an mehreren Stellen gesucht werden könnten. Das wird durch die mathematische Formulierung der disjunkten Klassen deutlich. Es ist jeweils nur ein Klassifikationskriterium realisierbar.

The ACM Computing Classification System (1991)
   A. General Literature
      A.0 GENERAL
         Biographies/autobiographies
         Conference proceedings
         General literary works (e.g., fiction, plays)
      A.1 INTRODUCTORY AND SURVEY
      A.2 REFERENCE (e.g., dictionaries, encyclopedias, glossaries)
      A.m MISCELLANEOUS
   B. Hardware
      B.0 GENERAL
         ...
      B.2 ARITHMETIC AND LOGIC STRUCTURES
         B.2.0 General
         B.2.1 Design Styles (C.1.1, C.1.2)
            Calculator
            Parallel
            Pipeline
         B.2.2 Performance Analysis and Design Aids
            Simulation
            Verification
            Worst-case analysis
         B.2.3 Reliability, Testing, and Fault-Tolerance
            ...
         B.2.m Miscellaneous
      B.3 MEMORY STRUCTURES
         B.3.0 General
         B.3.1 Unassigned
         B.3.2 Design Styles (D.4.2)
            ...
         B.3.4 Reliability, Testing, and Fault-Tolerance
            Diagnostics
            Error-checking
            Redundant design
            Test generation
         B.3.m Miscellaneous
...

Das Beispiel zeigt den Versuch der ACM, die Welt der Informatik zu ordnen ([1]).

In Klassifikationen gibt es nur eine Art von Beziehungen zwischen den Begriffen, nämlich „gehört_zu". Diese Beziehung reicht nicht aus, um die jeweils relevanten Unterthemen zu einem Thema (im Kontext Lernen) zu identifizieren. Es ist beispielsweise ein Zusammenhang zwischen Hunden und Säugetieren feststellbar, aber keiner von Hunden zu Hundehütten, der andeutet, dass Hunde manchmal in Hundehütten leben.

Thesaurus. Neben einem allgemeinen Thesaurus, der zu jedem Wort die Definition und verwandte Wörter wie Synonyme und Oberbegriffe aufführt, gibt es Thesauri im Bereich der Information und Dokumentation. Die Merkmale sind in der DIN-Norm 1463 festgelegt: Begriffe und Bezeichnungen werden eindeutig aufeinander bezogen („terminologische Kontrolle"), indem Synonyme möglichst vollständig erfasst und Homonyme und Polyseme besonders gekennzeichnet werden und für jeden Begriff eine Bezeichnung festgelegt wird, die den Begriff eindeutig vertritt. Die Beziehungen zwischen Begriffen werden durch die Bezeichnungen der Beziehungen definiert. Man unterscheidet drei Typen von Beziehungen (Relationen):

* Äquivalenzrelation: Bezeichnungen, die bedeutungsähnlich sind, werden demselben Begriff zugeordnet

* Hierarchierelation: Über- und Unterordnungsverhältnis der Begriffe

* Assoziationsrelation: Relationen, die weder in hierarchischer noch in äquivalenter Beziehung zueinander stehen.

Die Vorteile von Thesauri sind, dass sie ein Vokabular festlegen und Beziehungen zwischen den Begriffen erlauben, die über die hierarchische Ordnung einer Klassifikation hinausgehen. Sie bieten aber kein eindeutiges Ordnungsprinzip, da ein Begriff mehreren Oberbegriffen zugeordnet werden kann.

Thesauri bieten mehr Relationen als Klassifizierungen, aber auch nicht ausreichend viele und differenzierte, um die Aufgabe zu erfüllen, Lehrenden oder Computersystemen das Auffinden relevanter Begriffsmengen zu ermöglichen.

Semantisches Netz. Die Definitionen von semantischen Netzen sind vielfältig und uneinheitlich. Sowa gibt in dem Eintrag „*Semantic Networks*" in der *Encyclopedia of Artificial Intelligence* ([126]) eine Menge von Eigenschaften an, die semantische Netze übereinstimmend haben:

A semantic network or net is a structure for representing knowledge
as a pattern of interconnected nodes and arcs. [...]
Nodes in the net represent concepts of entities, attributes, events, and
states;
different nodes of the same concept type refer to different individuals
of that type, unless they are marked with a name, identifiers or coref-
erence link to indicate the same individual;
arcs in the net, called conceptual relations, represent relationships that
hold between the concept nodes (labels in the arc specify the relation
types);
some conceptual relations represent linguistic cases, such as agent,
object, recipient, and instrument (others represent spatial, temporal,
logical, and intersentential connectives);
concept types are organized in a hierarchy according to levels of gen-
erality, such as ENTITY, LIVING-THING, ANIMAL, CARNI-
VORE, FELINE, CAT; and
relationships that hold for all concepts of a given type are inherited
through the hierarchy of all subtypes.

Semantische Netze sind also eine Verallgemeinerung von Klassifikationen. Die Relationen, durch die die Begriffe miteinander verbunden
werden, sind nicht auf hierarchische Beziehungen beschränkt. Nach
Woods ([152]) unterscheidet sich ein semantisches Netz von anderen
semantischen Darstellungen dadurch, dass es in der Lage ist, durch
Relationen (Woods nennt sie *Links*) die Begriffe in Strukturen einzubinden. Sie repräsentieren nicht nur Wissen, sondern sie verbinden
Begriffe assoziativ, so dass eine Suche, die der Methodik des Menschen gleicht, auf ihnen möglich ist. Auch wenn die automatische
Suche auf semantischen Netzen noch nicht so funktioniert, wie man
es sich 1975 vielleicht erhofft hat, sind sie doch ein gutes Hilfsmittel
für eine menschliche Suchende, um in einer großen unstrukturierten
Wissensmenge schnell zu den relevanten Themen zu gelangen und
gegebenenfalls verwandte Themen „in der Nähe" zu finden.

Sowa unterscheidet in [128] (zitiert nach [47]) zwischen axiomati-
schen Ontologien[5] und terminologischen Ontologien. In axiomati-

---

5. Es gibt – wie oben erwähnt – keine einheitlichen Bezeichnungen für Wissensre-
   präsentationen. Eine zur Zeit viel verwendete ist die der Ontologie. Da diese
   Arbeit sich nicht theoretisch mit Wissensrepräsentation auseinandersetzt, soll
   hier auf genauere Differenzierung verzichtet werden. Der Begriff Ontologie
   wird unter dem Begriff semantisches Netz subsumiert.

schen Ontologien sind die Begriffe und Relationen Axiomen und Definitionen zugeordnet, die mit der Sprache der Logik ausgedrückt und
dann damit auch bearbeitet werden können. In terminologischen Ontologien sind die Elemente nicht vollständig durch Axiome beschrieben. Im Abschnitt "WordNet" ab Seite 75 ist eine terminologische
und im Abschnitt "Cyc" ab Seite 81 eine axiomatische Ontologie beschrieben (siehe hierzu [47]). Für die Anwendung von semantischen
Netzen in modularen Wissensbasen zur Orientierung und Navigation
ist eine terminologische Ontologie ausreichend, da beispielsweise lo-
gische Schlussfolgerungen in dieser Anwendung nicht erforderlich
sind.

Es muss eine Unterscheidung zwischen der konzeptionellen Struktur
mit Festlegungen, welche Elemente das semantische Netz enthält und
welche Axiome gelten, und dem eigentlichen Inhalt, den Begriffen,
Relationen und konkreten Regeln, gemacht werden. In dieser Arbeit
wird die Struktur Schema genannt, mit semantischem Netz ist der Inhalt gemeint.

4.3.1.2 Bestandteile eines semantischen Netzes

Ein semantisches Netz besteht aus drei Komponenten[6]:

- **Begriffe** sind Konzeptualisierungen von Entitäten aus der Welt.
  Das umfasst konkrete wie abstrakte (Schokolade und Glück), real
  existierende und phantastische (Joschka Fischer und Pooh, der
  Bär), Oberbegriffe und Instanzen (Wal und Moby Dick). In manchen Realisierungen semantischer Netze werden nur die Oberbegriffe als Begriffe bezeichnet.
  Werden die semantischen Netze graphisch dargestellt, entsprechen
  den Begriffen Knoten.

- **Relationen** sind semantische Beziehungen, die zwischen den
  Begriffen bestehen. Neben den klassischen Relationen *is_a* und
  has_part können beliebige andere verwendet werden, eine

---

6. *Topic-Maps*, wie sie in [173] definiert sind, stellen eine besondere Art von
   semantischen Netzen dar. Sie bestehen aus Knoten und Kanten, haben aber
   keine Axiome. Dadurch verringert sich die Aussagekraft des Netzes.

Beschränkung auf hierarchische oder Vererbungsrelationen ist
nicht gegeben. Es gibt symmetrische und nicht symmetrische
(ist_assoziiert_mit und wird_benötigt_von), transitive und nicht
transitive (*is_a* und wird_gefressen_von) und reflexive und nicht
reflexive (kennt und ist_Nachfolger) Relationen.
Relationen werden in graphischen Repräsentationen durch gerichtete, benannte Kanten des Graphen dargestellt.

• **Axiome** legen fest, wie die Relationen zu interpretieren sind und
welche Schlüsse daraus gezogen werden können. In den Axiomen
wird beispielsweise festgelegt, welche Relationen Vererbungsrelationen sind.

In Abbildung 11 ist ein Beispiel für ein semantisches Netz gezeigt mit
Begriffen als Knoten, Relationen als Kanten und einem Axiom.

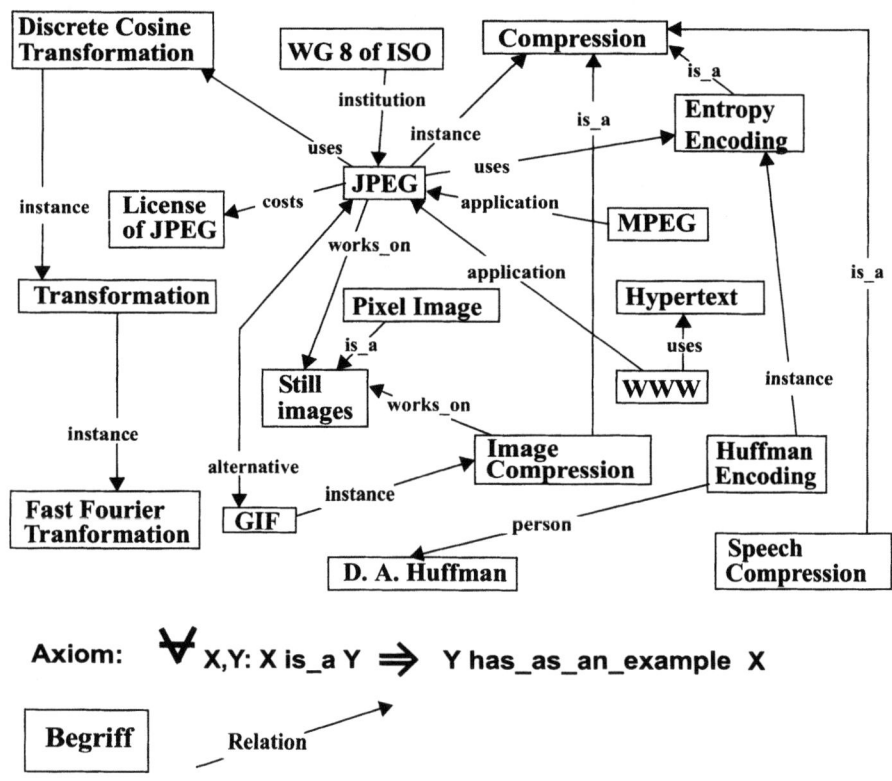

Abbildung 11: Semantisches Netz in graphischer Darstellung: Begriffe als
Knoten, Relationen als gerichtete Kanten. Angabe eines Axioms

4.3.1.3 WordNet und Cyc

WordNet. WordNet ([174]) ist ein lexikalisch-semantisches Netz, dessen Konzeption auf den gegenwärtigen psycholinguistischen Theorien zum menschlichen lexikalischen Gedächtnis beruht[7]. Englische Verben, Nomen, Adjektive und Adverben sind in Mengen von Synonymen eingeordnet; jede Menge repräsentiert einen zu Grunde liegenden Begriff. Einzelne Lexeme werden zu syntaktischen Kategorien, den sogenannten Synsets (*synonym sets*)[8] zusammengefasst. Insgesamt enthält WordNet 118.000 Wortformen und 90.000 Synsets. Für Verben, Nomen, Adjektive und Adverben gibt es folgende Relationen:

- **Verben:**
  Synonym (X und Y sind Synonyme, falls sie im gleichen Synset sind). Die Relation Synonym ist symmetrisch, reflexiv und transitiv.
  Troponym[9] (X ist ein Troponym von Y, falls X zu tun irgendeine Art des Tuns von Y ist). Das entspricht der *is_a*-Relation. Diese Relationen sind transitiv.

- **Nomen:**
  Synonym (X und Y sind Synonyme, falls sie im gleichen Synset sind)
  Hyponym (X ist ein Hyponym von Y, falls X eine Art von Y ist) und **Hypernym** (Y ist ein Hypernym von X, falls X eine Art von Y ist)
  Schwesterrelationen (X und Y sind Schwesterbegriffe, Hypernym von X = Hypernym von Y). Diese Relation ist reflexiv und symmetrisch.

---

7. Beispielsweise liefern Untersuchungen mit Patientinnen, die nach einem Schlaganfall eine Schädigung der linken Gehirnhälfte erlitten haben, Hinweise dafür, dass im menschlichen Hirn Nomen als ein Vererbungssystem gespeichert werden (siehe hierzu [20]). Zur Umsetzung dieser Theorie in WordNet siehe [92].
8. Beispiele für Synsets sind {*board, plank*} und {*board, commitee*}. Diese Beispiele sind [91] entnommen.
9. Die Relation Troponym für Verben entspricht der Relation Hyponym bei Nomen.

Meronym (X ist ein Meronym von Y, falls X Teil von Y ist) und
Holonym (Y ist ein Holonym von X, falls X ein Teil von Y ist).
Das entspricht der *hasPart*-Relation. Diese Relationen sind (ein-
geschränkt) transitiv[10].

*   **Adjektive und Adverben:**
    Synonym (X und Y sind Synonyme, falls sie im gleichen Synset
    sind) und **Antonym** (X und Y sind Antonyme, wenn sie gegentei-
    lige Bedeutungen haben). Die Relation Antonym ist symmetrisch.

Unten ist ein Beispiel für das Nomen „*Cow*" gegeben, Der erste Absatz zeigt die drei Synsets des Wortes mit ihren jeweiligen Synonymen. Der zweite listet die Hyponyme auf, der dritte Absatz führt die
hierarchische Relation Hypernym ausgehend von der ersten Bedeutung bis zum allgemeinen Begriff „*entity, something -- (anything ha-
ving existence (living or nonliving))*". Im vierten Absatz sind die Begriffe, die mit *cow* im ersten Wortsinn durch die Schwesternrelation
verbunden sind, aufgeführt, der fünfte Absatz zeigt die Begriffe, die
Bestandteile einer Kuh (im ersten Sinn) sind, das heißt die Begriffe,
die mit *cow* durch die Relation Meronym verbunden sind. In Abbildung 12 ist ein Teil der Relationen und Begriffe graphisch dargestellt.

3 senses of cow
Sense 1 Synonym
cow, moo-cow -- (female of domestic cattle: "`moo-cow'" is a child's term")
    => cattle, cows, kine, oxen, Bos taurus -- (domesticated bovine animals as a
        group regardless of sex or age: "so many head of cattle"; "wait till the
        cows come home"; "seven thin and ill-favored kine"- Bible; "a team of
        oxen")

---

10. Sicherlich ist es eine dem Sprachgebrauch entsprechende Schlussfolgerung zu
    sagen, dass eine Blume Teil eines Parks ist, weil sie Teil einer Blumenrabatte
    ist, die wiederum Teil des Parks ist. Es klingt aber merkwürdig zu sagen, dass
    ein Blütenblatt Teil des Parks ist, weil es Teil der Blume ist. Miller et al. geben
    in [91] eine Grenze für die Transitivität an: „For commonsense purposes, the
    dissection of an object terminates at the point where the parts no longer serve to
    distinguish this object from others with which it might be confused. Knowing
    where to stop requires commonsense knowledge of the contrasts that need to be
    drawn."

Sense 2

cow -- (mature female of mammals of which the male is called `bull')

    => placental, placental mammal, eutherian, eutherian mammal -- (mammals having a placenta; all mammals except monotremes and marsupials)

Sense 3

cow -- (a large unpleasant woman)

    => unpleasant woman, disagreeable woman -- (a woman who is an unpleasant person)

Sense 1 Hyponym

cow, moo-cow -- (female of domestic cattle: "`moo-cow'" is a child's term")

    => springer, springing cow -- (a cow about to give birth)

    => heifer -- (young cow)

Sense 1 Hypernym

cow, moo-cow -- (female of domestic cattle: "`moo-cow'" is a child's term")

    => cattle, cows, kine, oxen, Bos taurus -- (domesticated bovine animals as a group regardless of sex or age: "so many head of cattle"; "wait till the cows come home"; "seven thin and ill-favored kine"- Bible; "a team of oxen")

      => bovine -- (any of various members of the genus Bos)

        => bovid -- (hollow-horned ruminants)

          => ruminant -- (any of various cud-chewing hoofed mammals having a stomach divided into four (occasionally three) compartments)

            => even-toed ungulate, artiodactyl, artiodactyl mammal -- (placental mammal having hooves with an even number of functional toes on each foot)

            => ungulate, hoofed mammal -- (any of a number of hoofed mammals superficially similar but not necessarily closely related taxonomically)

              => placental, placental mammal, eutherian, eutherian mammal -- (mammals having a placenta; all mammals except monotremes and marsupials)

                => mammal -- (any warm-blooded vertebrate having the skin more or less covered with hair; young are born alive except for the small subclass of monotremes and nourished with milk)

              => vertebrate, craniate -- (animals having a bony or cartilaginous skeleton with a segmented spinal column and a large brain enclosed in a skull or cranium)

                => chordate -- (any animal of the phylum Chordata having a notochord or spinal column)

> => animal, animate being, beast, brute, creature, fauna
> -- (a living organism characterized by voluntary
> movement)
> => life form, organism, being, living thing -- (any
> living entity)
> => entity, something -- (anything having existence
> living or nonliving))

Sense 1 Schwesternrelation
cow, moo-cow -- (female of domestic cattle: "`moo-cow'" is a child's term")
-> cattle, cows, kine, oxen, Bos taurus -- (domesticated bovine animals as a group
regardless of sex or age: "so many head of cattle"; "wait till the cows come
home"; "seven thin and ill-favored kine"- Bible; "a team of oxen")
=> ox -- (an adult castrated bull of the genus Bos; especially Bos taurus)
=> stirk -- (yearling heifer or bullock)
=> bullock, steer -- (castrated bull)
=> bull -- (uncastrated adult male of domestic cattle)
=> cow, moo-cow -- (female of domestic cattle: "`moo-cow'" is a child's term")
=> beef, beef cattle -- (cattle that are reared for their meat)
=> Welsh, Welsh Black -- (Welsh breed of dual-purpose cattle)
=> red poll -- (hornless short-haired breed of beef and dairy cattle)
=> Africander -- (tall large-horned humped south African cattle for meat or draft)
=> dairy cattle, dairy cow, milch cow, milk cow, milcher, milker -- (cattle that are
reared for their milk)
=> Devon -- (red dual-purpose cattle of English origin)

Sense 1 Meronym mit Vererbung
cow, moo-cow -- (female of domestic cattle: "`moo-cow'" is a child's term")
HAS PART: udder, bag -- (mammary gland of bovids (cows and sheep and
goats))
HAS PART: poll -- (the part of the head between the ears)
=> cattle, cows, kine, oxen, Bos taurus -- (domesticated bovine animals as a group
regardless of sex or age: "so many head of cattle"; "wait till the cows come
home"; "seven thin and ill-favored kine"- Bible; "a team of oxen")
HAS MEMBER: calf -- (young of domestic cattle)
HAS PART: beef, boeuf -- (meat from an adult domestic bovine)
HAS PART: cut of beef -- (piece of beef)
HAS PART: beef loin -- (meat from a loin of beef)
HAS PART: sirloin -- (the portion of the loin (especially of beef) just in
front of the rump)
HAS PART: wedge bone -- (part of the sirloin nearest the rump)
HAS PART: flat bone -- (part of the sirloin next to the wedge bone)
HAS PART: pin bone -- (part of the sirloin between the flat bone and
the porterhouse)
HAS PART: sirloin tip -- (a cut of beef from the upper end of the sirloin)
HAS PART: sirloin steak -- (a cut of beef from the sirloin)

HAS PART: porterhouse, porterhouse steak -- (large steak from the thick end of the short loin containing a T-shaped bone and large piece of tenderloin)
=> bovine -- (any of various members of the genus Bos)
  => bovid -- (hollow-horned ruminants)
    => ruminant -- (any of various cud-chewing hoofed mammals having a stomach divided into four (occasionally three) compartments)
    HAS PART: rumen, first stomach -- (the first compartment of the stomach of a ruminant; here food is collected and returned to the mouth as cud for chewing)
    HAS PART: reticulum, second stomach -- (the second compartment of the stomach of a ruminant)

...

    HAS PART: hoof -- (the horny end of the foot in hoofed animals)

...

      => mammal -- (any warm-blooded vertebrate having the skin more or less covered with hair; young are born alive except for the small subclass of monotremes and nourished with milk)
      HAS PART: coat -- (growth of hair or wool or fur covering the body of an animal)
        HAS PART: hair -- (any of the cylindrical filaments characteristically growing from the epidermis of a mammal and covering the body or parts of it)
        HAS PART: hairline[11] -- (the natural margin formed by hair on the head)
          HAS PART: widow's peak -- (a V-shaped point in the hairline in the middle of the forehead)

...

---

11. Anmerkung der Verfasserin: Dass der Haaransatz Bestandteil des Haars ist und dass Tiere einen Haaransatz haben, scheint inhaltlich zweifelhaft und lässt auf einen Fehler in der Modellierung schließen.

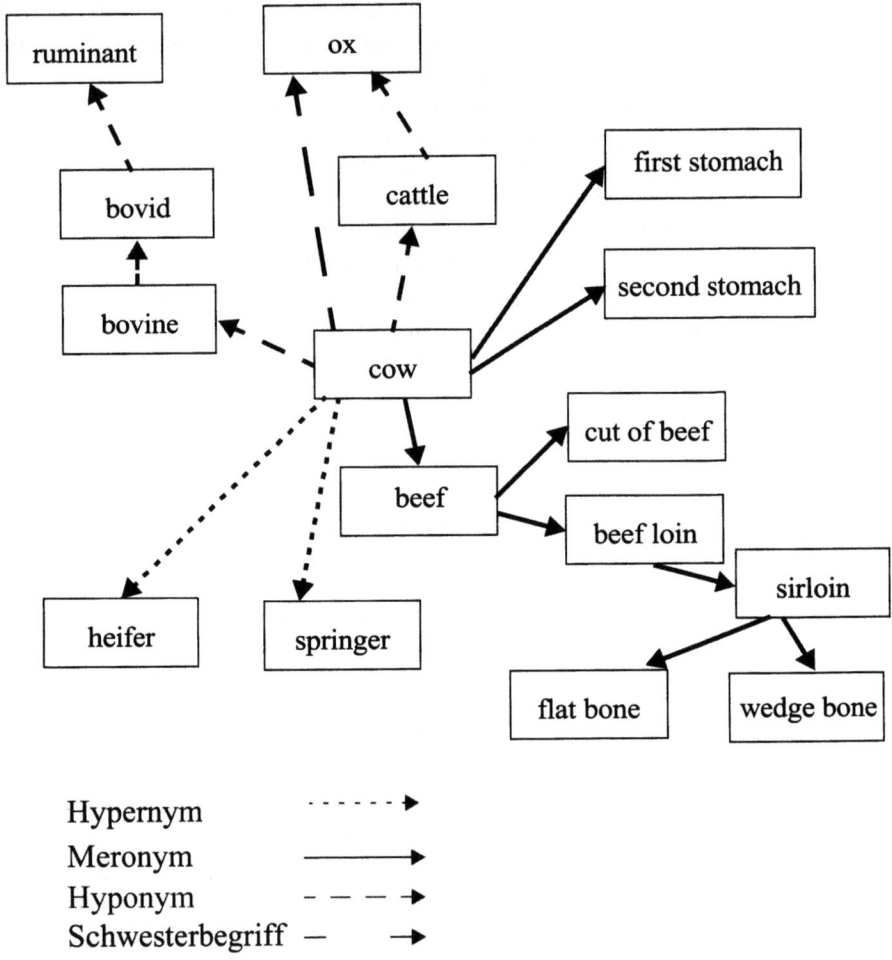

Abbildung 12: Ausschnitt des obigen Beispiels aus WordNet in einer graphischen Darstellung

Die Relationspaare Hyponym und Hypernym und Meronym und Holonym sind im Gegensatz zu dem Relationspaar Synonym/Antonym semantische Relationen, die Verwandschaft bezieht sich auf die semantische Bedeutung der Begriffe. Im Gegensatz dazu ist die Relation Antonym eine lexikalische Relation. Auch wenn die Bedeutung zweier Begriffe einen Gegensatz bilden, sind oft die Wörter selbst keine Antonyme (siehe dazu auch [91]).

WordNet stellt mit seinem Vokabular und seiner Struktur ein lexikalisch-semantisches Netz dar. Es dient als Datenbasis für Forschungen
im Bereich der lexikalischen Semantik, bietet aber auch eine linguistische Grundlage für Anwendungen wie *Information Retrieval*, Wort-
sinn-Disambiguierung und maschinelles Übersetzen (siehe hierzu
[45]).

Cyc. Die Aufgabe von Cyc ([175]) unterscheidet sich von der von
WordNet. Cyc soll über linguistisches Wissen hinaus das Weltwissen
liefern, das notwendig ist, um natürlichsprachliche Anfragen bearbeiten zu können. Es ist explizit als Grundlage für wissensbasierte Systeme wie Programme zum maschinellen Übersetzen oder *Information
Retrieval* konzipiert. Lenat beschreibt diese Aufgabe in [82] als ersten
Schritt, wenn man einen intelligenten Roboter herstellen wollte:

> Prime the pump with millions of everyday terms, concepts, facts, and
> rules of thumb that comprise human consensus reality – that is, com-
> mon sense.

Zu diesem Weltwissen gehören die für den Menschen so selbstver-
ständlichen Tatsachen, dass man wach sein muss, um zu essen, dass
man sich nicht an Dinge erinnern kann, die noch nicht passiert sind,
oder:

> If you cut a lump of peanut butter in half, each half is also a lump of
> peanut butter; but if you cut a table in half, neither half is a table.
> ([83])

Zu diesem Zweck wird die sogenannte *Upper Cyc Ontology*[12] entwikkelt, in der ungefähr 3000 grundlegende Begriffe enthalten sind. Zusätzlich entstehen hunderte von *microtheories*, die mit einer Vielzahl
von Relationen das Basiswissen einer bestimmten Domäne darstellen
sollen. Diese *microtheories* sind in sich und der *Upper Cyc Ontology*
konsistent, verschiedene *microtheories* müssen nicht untereinander
stimmig sein. Cyc enthält mehr als 100 000 Begriffe. 1 000 000 Regeln sind per Hand eingegeben worden, und ein Vielfaches davon
wurde innerhalb des Systems geschlossen.

---

12. Diese 3000 Begriffe der *Upper Cyc Ontology* sind der Teil der Ontologie, der
    öffentlich verfügbar ist.

Jeder Begriff der Cyc-Wissensbasis ist durch eine Konstante dargestellt. Diese Konstanten sind unter anderem:

- *Collections* repräsentieren eine Menge oder Klasse von Dingen, die gewisse Eigenschaften gemeinsam haben. Jeder Eintrag zu einer *collection* kann die folgenden Informationen liefern:

  - eine kurze natürlichsprachliche Erklärung des Begriffes,

  - Relationen zu anderen Konstanten, wie *genls* (verweist an einige der Oberbegriffe), *isa* (verweist an *collections*, die den Begriff als Element enthalten), eigene Element und Unterbegriffe.

- *Individual Object* ist z. B. eine bestimmte Person.

- *Relations* umfassen Prädikate und Funktionen. Prädikate sind Funktionen, die als Rückgabewert entweder wahr oder falsch ausgeben. Sie werden verwendet, um Aussagen zu konstruieren. Funktionen können Werte aller Art zurückliefern.

Mit Hilfe der Relationen können Aussagen formuliert und verifiziert werden, die nicht explizit aufgeführt sind.

Das Beispiel unten zeigt einen Ausschnitt aus Cyc. Die *Upper Cyc Ontology* enthält nicht genügend Einträge, um eine Kuh so detailliert zu beschreiben, wie es mit WordNet geschieht. Vielleicht würde die *microtheory* „Bauernhof" mehr Aufschluss geben, die ist aber nicht verfügbar.

#$Animal
The collection of all animals; this large class of organisms is one instance of #$BiologicalKingdom. Animals are typically motile, living, whole organisms;
they are elements of #$Heterotroph, incapable of performing instances of #$Photosynthesis. Animal cells contain cholesterol and lack cell walls made of cellulose.
#$Person is a subset of #$Animal; see also #$NonPersonAnimal.
isa: #$BiologicalKingdom #$OrganismClassificationType
genls: #$Person #$SolidTangibleThing #$AnimalBLO #$PerceptualAgent #$Organism-Whole
some subsets: #$MaleAnimal #$FemaleAnimal #$HumanOccupationConstructResident #$HerdAnimal #$CaptiveAnimal #$AdultAnimal #$JuvenileAnimal #$MedicalPatient #$MigratoryAnimal #$NonPersonAnimal #$Herbivore #$MalePerson #$FemalePerson #$DomesticPet #$Person
(plus 69 more public subsets, 1573 unpublished subsets)

#$FemaleAnimal
The collection of all female animals.
isa: #$ExistingObjectType #$OrganismClassificationType
genls: #$Animal
some subsets: #$FemalePerson #$AdultFemalePerson (plus 18 unpublished subsets)

#$HerdAnimal
A subset of #$Animal; the collection of all large plant-eating animals that travel and graze in social groups. Elements of #$HerdAnimal also belong to #$Herbivore; they include most instances of #$Ruminant and may also include Triceretops.
isa: #$Collection #$ExistingObjectType
genls: #$Animal
some subsets: (38 unpublished subsets)

#$Herbivore
The collection of animals that do not eat other animals, or parts of animals, but instead eat plants or plant parts. #$Ruminant and its subsets #$Deer and #$Sheep are subsets of #$Herbivore.
isa: #$ExistingObjectType
genls: #$Animal
some subsets: (52 unpublished subsets)

Nach diesem kurzen Überblick über semantische Netze im Allgemeinen wird im nächsten Abschnitt skizziert, welche Aspekte berücksichtigt werden müssen, wenn semantische Netze maschinell erstellt, elektronisch bearbeitet oder ausgetauscht werden sollen.

4.3.1.4 Enwicklungssprachen und Austauschbarkeit

Die Theorien um semantische Netze wurden entwickelt, um Sprache, Weltwissen, Textstrukturen etc. für die Verarbeitung mit dem Computer zugänglich zu machen. Das bedeutet, dass neben dem konzeptionellen Aufbau mit Festlegungen, welche Elemente das semantische Netz enthält und welche Axiome gelten, auch verschiedene Formalismen entwickelt werden müssen, um die semantischen Netze auf einem Rechner zu speichern und zu verwalten:

- Zur Entwicklung eines Schemas für semantische Netze muss die Struktur des Netzes entweder direkt in den Programmcode

geschrieben (wie es zum Beispiel beim *Smalltalk Frame Kit*
(SFK) unter anderem realisiert ist (siehe [120])) oder getrennt in
einer Beschreibungssprache wie *Resource Description Framework* (RDF) Schema ([156])[13] beschrieben sein und dann von
dem ausführenden Programm eingelesen werden.

- Um den Inhalt, die konkreten Begriffe und Relationen, einzubrin-
  gen, muss ein Programm entwickelt werden. Das ermöglicht in
  einem gewissen Rahmen eine Konsistenzkontrolle, indem es beispielsweise die transitive Hülle von Begriffen berechnen und auf
  diese Weise *short cuts* und Zirkelschlüsse entdecken kann. Das
  SFK (siehe [120]) erfüllt zum Beispiel solche Aufgaben.

- Wenn die Inhalte oder die Schemata der semantischen Netze auch
  in anderen Systemen verwendet werden sollen, müssen Austauschformate verabredet werden. Hierzu wurde beispielsweise
  das *Knowledge Interchange Format* (KIF), siehe [170], entwickelt.

- Schließlich gibt es Anwendungsprogramme, die auf den semantischen Netzen operieren. Ein Beispiel dafür ist die Repräsentati-
  onssprache CyCL von Cyc (siehe [84]).

Da diese Aspekte über die Funktionalitäten Navigation und Orientierung in einer kontrollierten modularen Wissensbasis hinausgehen,
soll in dieser Arbeit nicht weiter auf die verschiedenen Formalismen
eingegangen werden.

Die Initiative *Semantic Web* ([176]) schlägt als eine Erweiterung des
World Wide Web vor, eine zusätzliche Ebene zur Beschreibung der
Webseiten einzuführen. Diese Beschreibungen bestehen aus Verbindungen zu einer oder mehreren Ontologien, die nebeneinander existieren sollen, und Metadaten. Sowohl die Ontologien als auch die
Metadatenschemata sollen in RDF ([155]) bzw. RDF Schema ([156])
repräsentiert werden. Von diesem vereinheitlichten Zugriff erhofft
sich das *World Wide Web Consortium* (W3C) eine bessere Interoperabilität (siehe dazu [33]).

---

13. Unter dem Aspekt der Metadaten wird in den Abschnitten "Extensible Markup
    Language" auf Seite 108 und "Resource Description Framework" auf Seite 110
    auf XML und RDF ausführlicher eingegangen.

Die Wissensbasis eines Lehrsystems unterliegt in der Regel einer stärkeren Kontrolle als das World Wide Web. Während jeder Module in das World Wide Web einbringen kann, ohne Beschränkungen zu unterliegen, gibt es bei Lehrsystemen in der Regel eine Autorin oder eine Gruppe von Autorinnen, die bestimmen, welche Module in die Wissensbasis aufgenommen werden, in welchem Datenformat sie abgelegt werden und auf welche Weise sie beschrieben werden. Die Funktion eines zu Grunde liegenden semantischen Netzes ist bei dieser Anwendung beschränkter, eine Austauschmöglichkeit mit anderen Systemen ist wünschenswert, aber nicht unmittelbar notwendig.

4.3.1.5 Wissensrepräsentation in Lehrsystemen mit modularer Wissensbasis

In einem Lehrsystem, das auf einer modular strukturierten Wissensbasis aufbaut, dient ein semantisches Netz in erster Linie dazu, der Lernenden das geeignete Material zugänglich zu machen und ihr einen Überblick über die Wissensdomäne zu liefern, über die sie etwas lernen will. Beide Aufgaben können unterschiedlich realisiert werden.

Navigation. In einem System, in dem eine Lehrerin das Zusammenstellen einer Lektion übernimmt oder die Lernende selbst auf der Wissensbasis navigiert, kann das semantische Netz in einer graphischen oder in einer listenartigen Darstellung[14] dafür verwendet werden, die Anwenderin schnell zu dem gewünschten Thema zu führen. Die Lernende, von der nicht erwartet werden kann, dass sie von sich aus das Thema in einen Zusammenhang zu verwandten, Unter- oder Oberthemen stellen kann, bekommt durch die semantischen Relationen einen Hinweis auf den Kontext.

---

14. Oft sind semantische Netze für menschliche Benutzerinnen nicht leicht zu interpretieren. Deshalb muss hierbei auf eine unterstützende Benutzeroberfläche und eine geeignete Abstraktion geachtet werden.

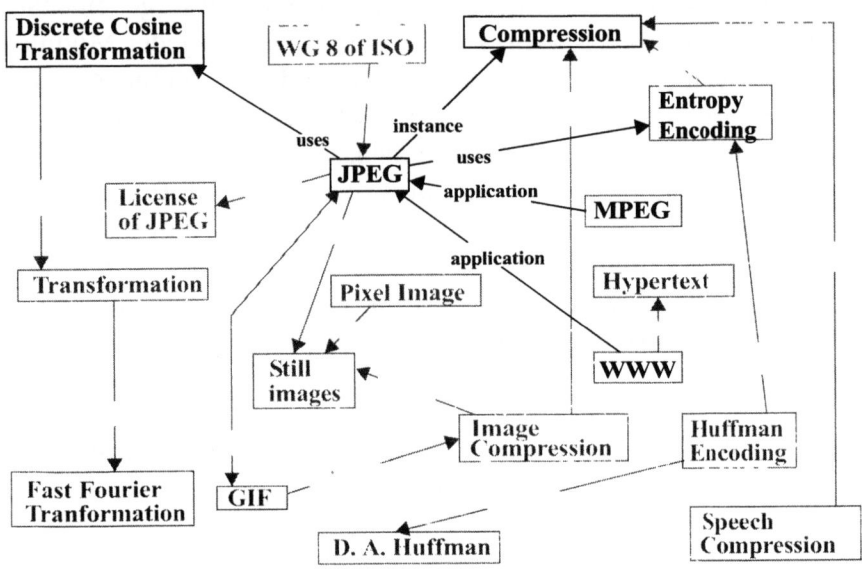

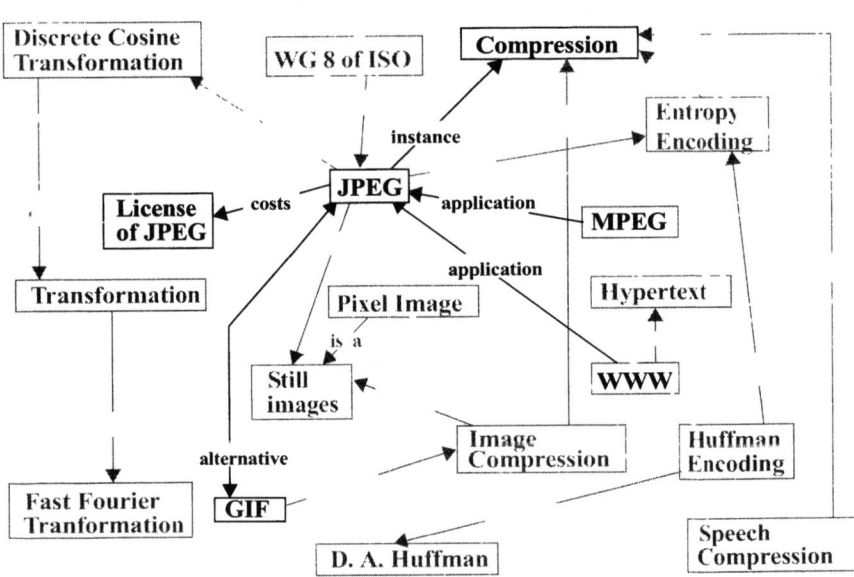

Abbildung 13: Anwendung eines semantischen Netzes in einem Lehrsystem:
Anhand der Relationen werden die jeweils relevanten Themen identifiziert

In einem System, das automatisch Lektionen für Lernende zusammenstellt, kann das System auf Grund von Regeln, die das Benutzer-

profil mit den semantischen Relationen abgleicht, die relevanten
Aspekte des gewählten Themas identifizieren. Abbildung 13 setzt Abbildung 11 fort. Es wird veranschaulicht, wie auf Grund der Regeln,
dass die Studierende über ein technisches Verfahren außer der Definition des Begriffes selbst etwas über den Oberbegriff (instance), die
Komponenten (uses) und die Anwendungen (application) lernen sollen, die entsprechenden Themen gefunden werden. Eine Entschei-
dungsträgerin einer Firma ist hingegen zum gleichen Thema an anderen Aspekten, nämlich „andere mögliche Verfahren" (alternative) und
Kosten (costs) neben dem Oberbegriff (instance) und den Anwendungen (application), interessiert.

Wenn ein semantisches Netz vorhanden ist[15], hat die Navigation auf
Begriffen und nicht auf den Modulen selbst mehrere Vorteile:

- Durch ein semantisches Netz ist ein einheitliches Vokabular vorgegeben. Wenn die Begriffe als *key words* verwendet werden,
  wird die Willkür der Bezeichnungen reduziert. Indem die Begriffe
  in einen semantischen Kontext gestellt werden, können sie disam-
  biguiert werden. Wenn die Bank als Unterbegriff eines Sitzmöbels
  gekennzeichnet ist, kann davon ausgegangen werden, dass die
  Module, die mit ihr in Verbindung stehen, nicht von Valuta und
  Zinssätzen handeln.

- Eine modulare Wissensbasis kann Redundanzen enthalten, das
  heißt, dass es zu einem Thema mehrere Erklärungen gibt, die sich
  beispielsweise in der Medienart oder in der Sprache unterscheiden. Für die Festlegung des Themas und einer Gliederung sind die
  Darstellungsdetails unbedeutend, die Suche nach den geeigneten
  Modulen kann weniger komplex gemacht werden.

- Die Module selbst müssen gegebenenfalls häufiger ausgetauscht
  werden, weil sie Fehler enthalten, veraltet sind oder bessere
  erstellt wurden. Die formale Darstellung ist konstanter. Daher bietet sie einer (menschlichen) Benutzerin einen besseren Wiederer-
  kennungswert und einem Algorithmus, der automatisch Lektionen
  generiert, ein konstantes Operationsgebiet für die Regeln.

---

15. Der Nachteil der Suche auf den Begriffen ist der Aufwand, der in die Erstellung
    der semantischen Netze investiert werden muss.

Orientierung. Wie wichtig es ist, in einem Lehrsystem, in dem der lineare Textfluss nicht existiert, der Lernenden in einem traditionellen Lehrbuch eine Orientierungshilfe geben kann, eine andere Art der Orientierung zu geben, wird in Abschnitt 5.1.4, S. 145 diskutiert. Hier kann eine graphische Darstellung der Domäne mit Markierungen, wo sich die Lesende befindet und was sie schon gesehen hat, von großer Hilfe sein. Das gilt sowohl, wenn sie direkt auf diesem Graphen navigiert als auch, wenn sie durch *Links* zwischen den einzelnen Modulen sich fortbewegt. Wird eine Lektion für die Lernende zusammengestellt, sei es durch eine menschliche Lehrerin oder automatisch durch das System, kann aus den Wörtern des semantischen Netzes ein individuelles Inhaltsverzeichnis gewonnen werden, das der Lernenden durch eine sinnvolle Lesereihenfolge zusätzliche Orientierungsinformationen bieten kann.

Ein semantisches Netz ist ein Hilfsmittel, relevante Themen und Aspekte von Themen zu identifizieren und eine Gliederung der Lektion vorzunehmen. Für die Auswahl der einzelnen Module müssen weitere Beschreibungsmethoden, die in den Abschnitten 4.3.2 und 4.3.3 beschrieben werden, herangezogen werden.

4.3.2 Metadaten

Wenn aus dem semantischen Netz die Menge der wichtigen Begriffe für die entsprechende Benutzerin oder Benutzergruppe festgelegt und diese geordnet und hierarchisiert wurde, kann die Auswahl der eigentlichen Module stattfinden. Entscheidungskriterien dafür sind die Eigenschaften der Module selbst, beispielsweise welcher Sprache sie sich bedienen oder mit welchem Medium sie dargestellt sind. Um die Auswahl der richtigen Module zu gewährleisten, müssen also Informationen über die einzelnen Module vorliegen, die die Entscheidungskriterien erfassen. Informationen über Daten werden oft als Metadaten bezeichnet.

Die folgenden Abschnitte geben einen Überblick über den Begriff und die Klassifikation von Metadaten (Abschnitt 4.3.2.2). Anschließend werden verschiedene Standardisierungsvorschläge und Austauschformate (Abschnitte 4.3.2.3 bis 4.3.2.5) vorgestellt, und zum Schluss wird in Abschnitt 4.3.2.6 das Potential von Metadaten für die Beschreibung der Module diskutiert.

Entsprechend der *International Organization for Standardization* sind Metadaten Daten, die andere Daten definieren und beschreiben (siehe [66]). Sie sollen die beschriebenen Daten verstehbar und damit korrekt interpretierbar machen. Auf diese Weise soll es ermöglicht werden, die Daten einheitlich zu verwalten und gemeinsam zu nutzen.

Es gab schon lange vor dem *Internet*-Zeitalter Metadaten, wenn auch nicht unter diesem Namen. Fast immer sind Titel und Autorin eines Buches, eines Dokuments Bestandteil des Dokumentes, um es identifizieren und auffinden zu können. Das Alphabet als Ordnungsstruktur wurde seit dem 12. Jahrhundert in Bibliotheken verwendet. Aus dem Bibliothekswesen kommen auch die ersten Klassifikationsversuche des in den Büchern der Bibliothek vertretenen Weltwissens. Den einzelnen Dokumenten werden als zusätzliche Metadaten zu Titel, Autorin, Erscheinungsjahr etc. Schlagwörter zugeordnet, mit deren Hilfe die Dokumente auffindbar sind, wenn beispielsweise der genaue Titel oder die Autorin nicht bekannt sind. Unten ist als ein Beispiel der Anfang der Bibliothekssystematik der Bibliothek des Max-Planck-Instituts für Gesellschaftsforschung abgebildet. Die Zuordnung der Begriffe zu den einzelnen in der Bibliothek vorhandenen Dokumenten ist ein Attribuieren der Dokumente mit Schlagwörtern.

A Allgemeines

AA Bibliographien

AB Lexika, Enzyklopädien, Handbücher des Wissens (Weltalmanach)

AC Wörterbücher
    ACA deutsche einsprachige Wörterbücher und Stilhilfen
    ACB fremdsprachige einsprachige Wörterbücher und Stilhilfen
    ACE englisch/deutsche deutsch/englische Wörterbücher
    ACF französisch/deutsche deutsch/französische Wörterbücher
 ACM sonstige Sprachen: zweisprachige Wörterbücher, mehrsprachige Wörterbücher
    ACX Abkürzungsverzeichnisse

AD Adreßbücher (hier: Allgemeine Adreßbücher wie Oeckl)
ADB Wissenschaftliche Einrichtungen
ADC Firmen, Verbände, Organisationen
ADD Staatliche Einrichtungen: Deutschland
ADE Staatliche Einrichtungen: Europa
ADF Staatliche Einrichtungen: sonstige Länder und länderübergreifend
ADP Presse-, Bibliotheks- und Verlagswesen

AE Atlanten, Karten, Reise- und Kunstführer
AER Rheinland und Köln

AF Gesetzestexte und Kommentare
(fächerübergreifend, Gesetze zu einzelnen Gebieten siehe dort)
AFB Betriebsrecht, Tarifrecht
Betriebsratshandbücher...)

AG Amtliche Nachschlagewerke (Verhandlungen des Bundestages, Handbuch des Bundestages)

AH Personenbezogene Nachschlagewerke

AM Nachschlagewerke verschiedener Disziplinen
AMF Philosophie
AMM Medien, Kommunikation, Verlagswesen, Bibliotheken, Büroorganisation
AMN Naturwissenschaften und Technik
AMP Politik
AMR Recht
AMS Soziologie
AMW Wirtschaft

AN Amtliche Statistiken
ANB Deutschland
...

(Aufstellungssystematik der Bibliothek des Max-Planck-Instituts für Gesellschaftsforschung ([171])

Da aber viele Bibliothek sich ihr eigenes System erarbeitet hat, sind diese Systematiken oft nur lokal gültig. Mehr zu Klassifikationen findet sich in Abschnitt 4.3.1.

Ebenfalls aus dem Bibliotheksbereich stammen die ersten Versuche, die Beschreibungen der Dokumente zu vereinheitlichen. Der daraus resultierende Entwurf zur Standardisierung, *Dublin Core* (DC), ist in Abschnitt "Dublin Core" auf Seite 92 zu finden.

4.3.2.1 Allgemeine Funktionen der Metadaten

Metadaten sind Hilfsmittel und Voraussetzung für verschiedene Aufgaben. Sie dienen zur eindeutigen Identifizierung und Lokalisierung der Ressourcen. Sie können Aufschluss geben, ob die Ressource aus inhaltlichen, technischen oder administrativen Gründen relevant für die Interessentin ist. Boll et al. machen in [10] darauf aufmerksam, dass insbesondere bei nicht-textuellen Ressourcen für *Information Retrieval*-Aufgaben eine Beschreibung durch Metadaten essentiell ist, da die herkömmlichen Methoden wie *string matching* bei einer Volltextsuche hierbei nicht funktionieren. Sie liefern gegebenfalls Informationen, welche zusätzlichen Module nötig sind, die Ressource verwenden zu können. Um Ressourcen verschiedener Quellen integrieren zu können, sind (standardisierte) Metadaten notwendig (siehe dazu [11]).

Zusätzlich gibt es Metadaten, die Aufgaben im Bereich der Datenverwaltung und des Datenzugriffs erfüllen.

In einem Lehrsystem, das Datenhaltung und -übertragung, Rechteverwaltung und Abrechnungswesen usw. umfasst, spielen Metadaten aller Art in vielen Bereichen eine Rolle. In dieser Arbeit sind vor allem die Metadaten von Bedeutung, die inhaltliche Relevanz und Präsentationseigenschaften der Ressource beschreiben.

4.3.2.2 Klassifizierung von Metadaten

Die zur Beschreibung einer Ressource verwendeten Metadaten lassen sich gemäß ihrer Abhängigkeit vom entsprechenden Datenmaterial in verschiedene Bereiche einteilen. Kashypa und Sheth in [72] unterscheiden in diesem Zusammenhang zwischen inhaltsabhängigen und inhaltsunabhängigen Metadaten.

Inhaltsunabhängige Metadaten. Inhaltsunabhängige Metadaten beschreiben Daten mit Informationen, die nicht in direkter Abhängigkeit zum eigentlichen Inhalt der Daten stehen. Sie können unterschieden werden in Informationen, die dazu dienen, die Ressource eindeutig zu identifizieren (z.B. Autorin, Entstehungsdatum, Versionsnummer, Stand- bzw. Speicherungsort), und Informationen, die der Verwaltung der Ressource dienen (z.B. Rechte). Diese Daten liefern zwar keine inhaltlichen Auskünfte über die Ressourcen, sind aber gegebenenfalls hilfreich, um eine Ressource zu finden und vor dem Erhalt die Relevanz einschätzen zu können.

Inhaltsabhängige Metadaten. Diese Metadaten liefern Informationen, die sich auf den Inhalt der Ressourcen beziehen. Kashypa und Sheth in [72] differenzieren diese Kategorie in Metadaten, die direkt auf den Inhalten basieren (z.B. Volltext-Indizes basierend auf dem Text der Ressource) und Metadaten, die den Inhalt beschreiben. Diese inhaltsbeschreibenden Metadaten beschreiben den Inhalt der Ressource, ohne notwendigerweise auf den Inhalt selbst zurückzugreifen. Ein Beispiel dafür ist die textuelle Beschreibung einer graphischen Ressource.

4.3.2.3 Metadaten-Standards

Um den Austausch und die Wiederverwendbarkeit von Metadaten gewährleisten zu können, sind system- und programmübergreifende Standards notwendig. Erste Ansätze für Metadatenstandards für elektronische Daten wurden Mitte der neunziger Jahre ausgearbeitet und seither zum Teil parallel weiterentwickelt. Die folgenden Abschnitte sollen einen kurzen Überblick über die Entstehung und die möglichen Einsatzbereiche gängiger Metadatenstandards liefern. Neben den unten aufgeführten Standards existieren noch weitere Realisierungsansätze, die aber meist nur eine Erweiterung oder Anpassung existierender Standards an individuelle Bedürfnisse darstellen und demzufolge nicht gesondert behandelt werden.

Dublin Core. Das ursprüngliche Ziel der Bemühungen von Bibliothekarinnen, Informationswissenschaftlerinnen, Informatikerinnen

und Systemspezialistinnen war es, einen Minimalsatz von Erschlie-
ßungselementen zu definieren, die zur verbesserten Präzision und Re-
trievalfähigkeit digitaler Dokumente bei Recherchen im Internet ver-
helfen sollten (siehe [114]).

Die Grundlagen für den heutigen Dublin Core Standard wurden 1995
auf dem durch das *Online Computer Library Center* (OCLC) und das
National Center for Supercomputing Applications (NCSA) initiierten
OCLC/NCSA *Metadata Workshop* ([150]) geliefert. Ergebnis dieses
Workshops war die semantische Definition eines Kernsatzes von 13
formalbibliographischen und inhaltlichen Elementen, die zur Beschreibung digitaler und digitalisierter Gegenstände angewandt werden können (siehe [114]). Als Folge einer Ende 1996 aufgekommenen
Diskussion über die Struktur und Unterteilung der einzelnen Dublin
Core Elemente wurde der ursprüngliche Kernsatz um zwei Elemente
erweitert. Die Standardisierungsbemühungen laufen allerdings nicht
darauf hinaus, einen möglichst vollständigen und universell einsetz-
baren Metadatensatz zu definieren. Vielmehr soll eine Grundfunktio-
nalität zur Verfügung gestellt werden, die von einzelnen Benutzergruppen nach ihren individuellen Bedürfnissen erweitert werden
kann. In der aktuellen Version ([36]) umfasst der Standard die folgenden 15 Elemente (siehe Tabelle 2).

Tabelle 2: Die Felder von Dublin Core

Dublin Core Element	Beschreibung
DC.TITLE	Titel der Quelle, bzw. der vom Verfasser, Urheber oder Verleger vergebene Name der Ressource
DC.CREATOR	Die Person(en) oder Organisation(en), die den intellektuellen Inhalt verantworten
DC.SUBJECT	Thema, Schlagwort, Stichwort. Das Thema der Ressource bzw. Stichwörter, die das Thema oder den Inhalt beschrei-ben

Tabelle 2: Die Felder von Dublin Core

Dublin Core Element	Beschreibung
DC.DESCRIPTION	Eine textliche Beschreibung des Ressourceninhalts inklusive einer Zusammenfassung bei dokumentähnlichen Ressourcen oder Inhaltsbeschreibungen bei graphischen Ressourcen
DC.PUBLISHER	Die Einrichtung, die verantwortet, dass diese Ressource in dieser Form zur Verfügung steht, wie z. B. ein Verleger, ein Herausgeber, eine Universität oder ein Unternehmen
DC.CONTRIBUTORS	Zusätzliche Person(en) und Organisation(en) zu jenen, die im Element 2 (DC.CREATOR) genannt wurden, die einen bedeutsamen, intellektuellen Beitrag zur Ressource geleistet haben
DC.DATE	Das Datum, an dem die Ressource in der gegenwärtigen Form zugänglich gemacht wurde
DC.TYPE	Die Art der Ressource, z. B. Homepage, Roman, Gedicht, Arbeitsbericht, technischer Bericht, Essay, Wörterbuch
DC.FORMAT	Datentechnisches Format der Ressource, z. B. Text/HTML, ASCII, Postscript Datei, ausführbare Anwendung, JPEG-Bilddatei etc.
DC.IDENTIFIER	Zeichenkette oder Zahl, die diese Ressource eindeutig identifiziert, z. B. *Uniform Resource Locator* (URL) und *Uniform Resource Identifier* (URI)

Tabelle 2: Die Felder von Dublin Core

Dublin Core Element	Beschreibung
DC.SOURCE	Gedrucktes oder elektronisches Werk, aus dem diese Ressource stammt
DC.LANGUAGE	Sprache(n) des intellektuellen Inhalts dieser Ressource
DC.RELATION	Verbindungen zwischen verschiedenen Ressourcen, die einen formalen Bezug zu dieser Ressource haben, aber als eigenständige Ressource existieren
DC.COVERAGE	Angaben zur räumlichen Bestimmung (z. B. geographische Koordinaten) und zeitlichen Gültigkeit, die die Ressource charakterisieren
DC.RIGHTS	*Link* zu einem Urhebervermerk, ein "*Rights-Management*"-Vermerk über die rechtlichen Bedingungen oder gegebenenfalls zu einem *Server*, der solche Informationen dynamisch erzeugt

Das *Dublin Core Schema* findet hauptsächlich bei der Beschreibung von HTML-Dokumenten Verwendung. Eine Möglichkeit besteht darin, die Metainformationen mittels des HTML-Metatags (ab Version 3.2, siehe [153]) direkt in das Dokument einzubetten. Abbildung 14 stellt einen *Screenshot* mit dem HTML-*Source Code* einer Web-Seite dar, die in das HTML-Dokument *Dublin Core*-Beschreibungen eingebettet haben.

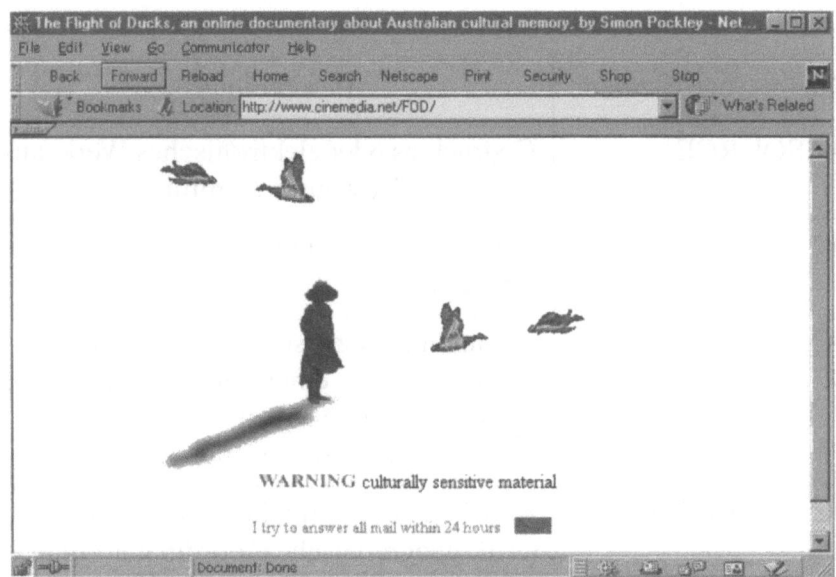

Abbildung 14: Screenshot der mit Dublin Core beschriebenen Web-Seite [172]

```
<!DOCTYPE HTML PUBLIC "-//W3C//DTD HTML 4.0 Transitio-
nal//EN"
 "http://www.w3.org/TR/REC-html40/loose.dtd">
<html>
  <head>
   <title>The Flight of Ducks, an online documentary
about Australian
          cultural memory, by Simon Pockley
   </title>
   <link rel="Start" href="index.html">
   <link rel=schema.dc href="http://purl.org//DC/ele-
ments/1.0/">
   <meta name="DC.Identifier" scheme="uri" content="ht-
tp://www.cine-
     media.net/FOD/index.html">
   <meta name="DC.Title" content="The Flight of Ducks,
an online do-
    cumentary about Australian cultural memory, by Simon
Pockley">
   <meta name="DC.Type" content="homepage">
   <meta name="DC.Type" content="interactive documenta-
ry">
   <meta name="DC.Relation.HasPart" scheme="uri" con-
tent="FOD0077.html">
```

```
   <meta name="DC.Relation.IsReferencedBy" scheme="uri"
content
    ="FOD0055.html">
   …
   <meta name="DC.Relation.IsBasedOn" scheme="uri" con-
tent
    ="FOD0870.html">
   <meta name="DC.Rights" scheme="uri" con-
tent="FOD0310.html">
   <meta name="DC.Creator" content="Pockley, Simon">
   <meta name="DC.Format" content="text/xhtml">
   <meta name="DC.Format" content="image/gif">
   <meta name="DC.Format" content="animation/animated
gif">
   <meta name="DC.Language" content="en">
   <meta name="DC.Date.Available" scheme="WTN8601" con-
tent
    ="1995-05-05">
   <meta name="DC.Description" lang="en" content="Con-
stantly evolving
   … representation.">
   <meta name="DC.Subject" content="Documentary, Austra-
lian history,
   …, intercultural contact">
   <meta name="DC.Subject.Keywords" content="
   Flight of Ducks, Australia, Australian, documentary,
Simon
     Pockley, …, camel, train, interactive, on-line do-
cumentary,">
    <link rel=schema.FOD href="FOD0002.html">
   <meta name="x-Truth" lang="en" content="
   Lamplit I work in the shoals of the night … as the
wisdom of hind-
    sight contaminates truth.">
   <meta name="x-Updates" scheme="uri" con-
tent="FOD0767.html">
   <meta name="x-Sequence" content="1">
    <link rel=schema.AC href="http://metadata.net/ac/
2.0/">
   <meta name="AC.name" content="Pockley, Simon">
   <meta name="AC.email" content="simonp@cinemedia.net">
   <meta name="AC.activity" content="modified">
   <meta name="AC.date" content="2000-02-28">
   <meta name="AC.rights" content="FOD0310.html">
   </head>
```

```
<body
  ...
</body>
</html>
```

Durch die Integration der Metainformationen in das eigentliche HTML-Dokument besteht nicht die Notwendigkeit, existierende Browser und Suchmaschinen zu ändern. Gleichzeitig ist allerdings auch eine beliebige Kombination von Attributwerten zur Beschreibung der Ressource möglich.

Für komplexere Metadatensätze wird eine ungeordnete Aneinanderreihung von Metatags allerdings nicht mehr ausreichend sein. In [18] wird deshalb ein Verweis innerhalb des HTML-Kopfes auf ein externes Metadaten-Dokument vorgeschlagen. Durch die getrennte Archivierung der Metadaten sind die generierten DC-Metainformationen gleichzeitig auch unabhängig vom Format der eigentlichen Ressource. Die Metadaten behalten damit auch ihre Gültigkeit, falls die Ressource in einem anderen Format gespeichert werden sollte. Es ist somit möglich, inhaltlich identische Dokumente mittels eines einzigen Metadatensatzes zu verwalten. Das folgende Beispiel zeigt die Beschreibung einer Ressource mit einem *Dublin Core*-Metadatensatz (siehe Abschnitt 4.3.2.5, S. 107), der durch eine *Standard Generalized Markup Language* (SGML)-DTD realisiert ist. Eine DTD (*Document Type Definition*) beschreibt die Struktur einer Klasse von SGML- oder XML-Dokumenten, also einer SGML- oder XML-Applikation, mit Hilfe einer Text-Datei, die alle Syntaxregeln in einem von SGML vorgeschriebenen Format enthält.

```
<!DOCTYPE dublinCore PUBLIC'-//OCLC//DTD Dublin core
v.1//EN'>
<dublinCore>
 <title>
Life Long Learning - Modulare Wissensbasen für elektro-
nische Lernumgebungen
 </title>
 <author>
   Cornelia Seeberg
 </author>
 <publisher>
  TU Darmstadt
```

```
</publisher>
<date name='created' scheme='ISO'>
 2000-12-31
</date>
<objectType>
 thesis
</objectType>
<form>
 1 ASCII file
</form>
<form scheme='IMT'>
 text/ASCII
</form>
<language name='ISO 639'>
 de
</language>
</dublinCore>
```

Bei Nutzung vordefinierter DTDs stehen die Vorteile einer eindeutigen Strukturierung der Metainformationen den Einschränkungen hinsichtlich einer individuellen Anpassung der Attribute an eine spezifische Ressource gegenüber.

4.3.2.4 Metadaten-Standards für Lehrsysteme

Mit der zunehmenden Integration von Informations- und Kommuni-
kationstechnologien im Bereich von Aus- und Weiterbildung wird die
Notwendigkeit einer offenen und systemunabhängigen Infrastruktur
immer deutlicher.

Um die Interoperabilität zwischen Systemen mit vergleichbarer Funktionalität zu gewährleisten, ist es wichtig, auf ein ähnliches konzeptio-
nelles Modell zurückgreifen zu können. Voraussetzung hierfür ist die
weitgehend einheitliche Nutzung bestimmter Attribute sowie feste
Relationen zwischen einzelnen Elementen. Die Entwicklung eines
konzeptionellen Standards bildet die Grundlage für eine Schnittstelle
zwischen Systemen, die Informationen in unterschiedlicher Form verarbeiten und speichern.

Die Standardisierungsbemühungen in diesem Bereich werden vor
allem durch die folgenden Konsortien vorangetrieben ([37]):

- *Aviation Industry CBT Committee* (AICC)

- *EDUCAUSE Instructional Management Systems Project* (IMS)

- *Advanced Distributed Learning Initiative* (ADL)

- *Alliance of Remote Instructional Authoring and Distribution Networks of Europe* (ARIADNE)

- *IEEE Learning Technology Standards Committee* (LTSC).

Eine weiteres Forum, das sich um eine Standardisierung bemüht, ist der „*Workshop on Learning Technologies*" des *Information Society Standardization System* (ISSS). Ziel ist aber nicht die Etablierung eines komplett neuen Standards, sondern eine Anpassung des IEEE LTSC Metadaten-Standards an europäische Bedürfnisse, insbesondere hinsichtlich kultureller und sprachlicher Diversifikation ([65]).

Die folgenden Abschnitte geben einen kurzen Überblick über die im Zusammenhang mit dem Bereich Lernen relevanten Metadaten-Standards.

ARIADNE. ARIADNE (siehe [166]) ist ein 1996 durch die EU ins Leben gerufenes Forschungs- und Entwicklungsprojekt. Das Ziel dieses Projektes ist die Entwicklung von Werkzeugen und Methodologien zur Erstellung, Verwaltung und Wiederverwendung von digitalen Lernressourcen und Telematik-gestützten Unterrichtsplänen. Die Grundlage für dieses Konzept bildet das *Knowledge Pools System* (KPS), eine europaweit verteilte Ansammlung an Lernressourcen mit dazugehöriger Indizierung und Suchmechanismen. Eines der grundlegenden Merkmale des KPS ist die zugrundeliegende Metadaten-Spezifikation, die durch die ARIADNE *Educational Metadata Recommendation* ([4]) definiert ist. Diese Empfehlung bezieht sich ausschließlich auf die Beschreibung der Lernressource, ohne auf *User-Tracking* oder das Datenformat einzugehen.

Eine erste Version dieser Spezifikation wurde im April 1998 durch ARIADNE bei der *Learning Object Metadata (LOM) Working Group* des IEEE LTSC eingereicht. Die aktuelle ARIADNE *Educational Metadata Recommendation* basiert auf der LOM-Spezifikation in der Version 3.8, unter Berücksichtigung spezieller Anforderungen des

ARIADNE Projekts (siehe Abschnitt "Learning Object Metadata" auf Seite 103).

Instructional Management Systems. Das IMS (siehe [167]) entstand 1997 als Teil der *National Learning Infrastructuture Initiative* des EDUCAUSE-Konsortiums. Ziel war die Entwicklung eines offenen, anwendungsorientierten *Online-Learning*-Standards, inklusive einer Metadaten-Spezifikation für Lernressourcen.

In Zusammenarbeit mit ARIADNE wurde 1998 ein gemeinsamer Vorschlag für eine Metadaten-Spezifikation beim IEEE eingereicht, der die Basis des heutigen LOM *Base Documents* bildet und als Grundlage für die Klassifikation der IEEE-Spezifikation herangezogen wird. Das IMS *Learning Resource Metadata Information Model* basiert auf dem LOM Metadaten-Schema der Version 3.5, das durch Änderungen des IMS *Technical Boards* ergänzt wurde. Zur Vereinfachung des eigentlichen Implementierungsaufwandes wird vom IMS-Konsortium eine Reduktion des LOM-Metadatensatzes auf Kern-Elemente angestrebt.

Der IMS *Metadata Best Practice and Implementation Guide* ([64]) definiert einen minimalen LOM-Metadatensatz, den sogenannten „IMS-*Core*" (siehe Abbildung 15). Die verbleibenden, nicht im IMS-Core enthaltenen LOM-Metadaten-Elemente bilden die „IMS *Standard Extension Library*"(SEL). Die Beschränkung auf einen reduzierten LOM-Metadatensatz soll die Grundlage für eine erhöhte Akzeptanz und eine einfache Implementierung in bereits existierende Software liefern.

IMS Core Elements

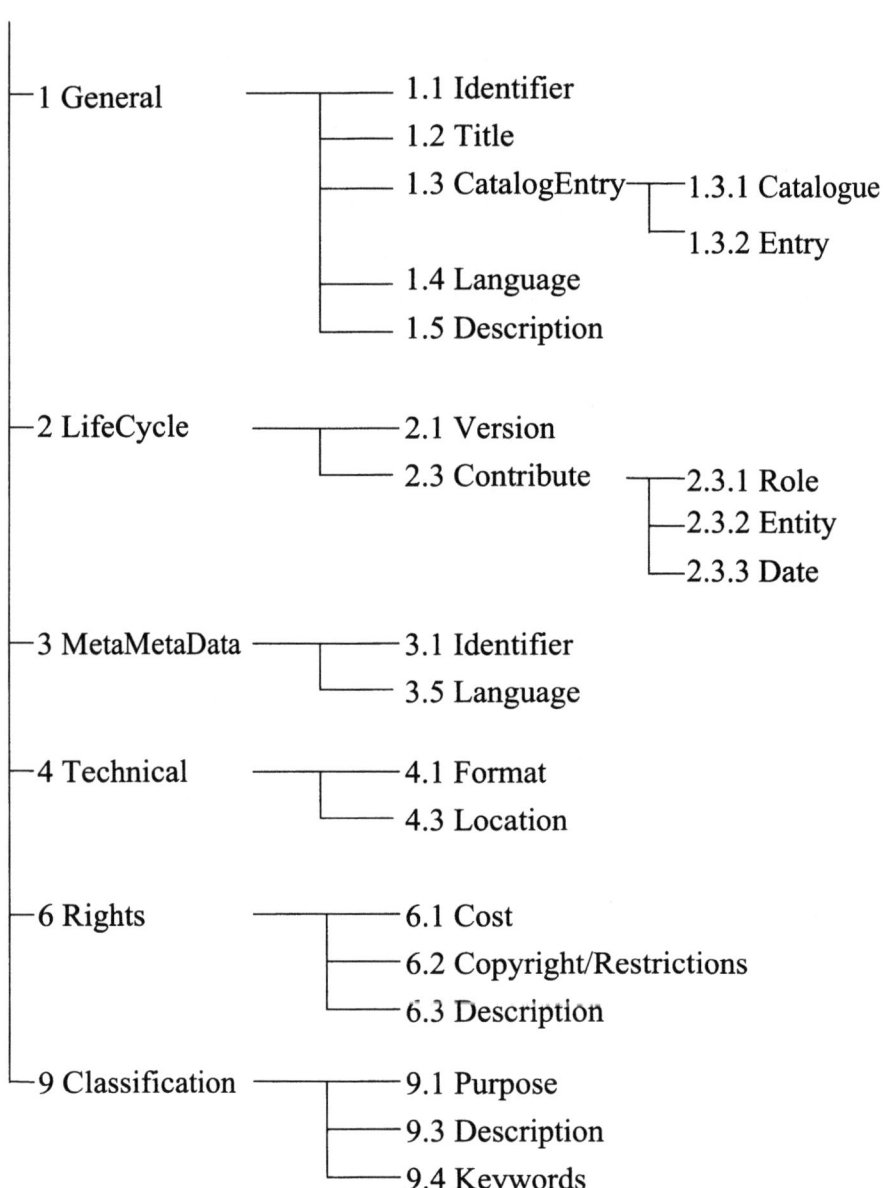

Abbildung 15: Hierarchische Darstellung der Felder von IMS

Learning Object Metadata. Das IEEE LTSC befasst sich unter der Schirmherrschaft der IEEE *Computer Society* in verschiedenen Arbeitsgruppen mit der Entwicklung technischer Standards und Empfehlungen für den Bereich computergestützter Lehrsysteme.

Das Ziel der IEEE P1484.12 *Learning Objects Metadata Working Group* ([168]) liegt hierbei in der Ausarbeitung eines Metadaten-Standards für Lernobjekte. Ein Lernobjekt wird in diesem Kontext als digitale oder nicht-digitale Einheit definiert, die während eines computer-unterstützten Lernprozesses erzeugt, wiederverwendet oder referenziert wird (siehe hierzu [80]). Die Grundlagen für das derzeitige IEEE *Learning Object Metadata Base Document* wurden 1998 durch ARIADNE und IMS geliefert.

Die auf Lernobjekte bezogenen Metadaten werden durch den LOM-Standard bezüglich Syntax und Semantik eindeutig spezifiziert. Sie werden in Form von Attributen definiert, die einer vollständigen und adäquaten Beschreibung des Lernmaterials genügen. Hierbei wird die Entwicklung einer möglichst kleinen Menge an Eigenschaften angestrebt, mit der das Auffinden, Verwalten und Bewerten von Lernressourcen möglich ist. Gleichzeitig beinhaltet der Standard aber auch die Möglichkeit der lokalen Erweiterbarkeit einzelner Kategorien, Datenelemente oder -typen.

Der grundlegende Aufbau dieses Metadaten-Schemas basiert auf einer dreistufigen Hierarchie mit einzelnen Stufen in Form von Kategorien, Datenelementen und abstrakten Datentypen. Diese Strukturierung der LOM-Metadaten beinhaltet die Gliederung inhaltlich korrespondierender Datenelemente in Kategorien. In der endgültigen Version IEEE 1484.12.1 - 2002 ([80]) umfasst das LTSC *Draft Document* 9 Kategorien mit insgesamt 60 Datenelementen, die zusammen das LOM *Base Scheme* bilden (für die 9 Kategorien siehe Tabelle 3). Allerdings sind die Eintragungen nicht verpflichtend, die Elemente sind optional oder wiederum von anderen Eintragungen abhängig.

Tabelle 3: Die neun Hauptkategorien von LOM

LOM Kategorie	Beschreibung
General	Allgemeine Informationen, die die Lernressource insgesamt beschreiben
LifeCycle	Gegenwärtige Stand und Entwicklungsgang der Lernressource
MetaMetaData	Metadaten über den Metadatensatz
Technical	Technische Anforderungen und Charakteristiken
Educational	Pädagogische Eigenschaften
Rights	Urheber- und Nutzungsrechte
Relation	Beziehung zu anderen Lernressourcen
Annotation	Anmerkungen zur Lernressource
Classification	Einordnung in eine gegebene Klassifikation

Die Kategorien enthalten die eigentlichen Datenelemente, die neben dem Elementnamen und der Elementbeschreibung auch noch durch Struktur, Format, Typ, Erklärung oder durch ein Beispiel charakterisiert werden können. Enthält ein Datenelement seinerseits Unterelemente, findet eine Charakterisierung nur auf der Ebene dieser Unterelemente statt, das Datenelement an sich enthält keine Eintragungen. Zur Beschreibung der Datenelemente sind atomare Elementwerte oder Listeneinträge in geordneter und ungeordneter Form zulässig. Für manche Datenelemente ist ein Vokabular in Form von zulässigen Elementwerten definiert. In diesem Fall ist zwischen einem beschränkten Vokabular, das nur fest vorgegebene Eintragungen zulässt, und einem *Best Practice*-Vokabular, in der Form von Empfehlungen, zu unterscheiden.

Abbildung 16 zeigt eine Lernressource[16] (eine interaktive Multime-
dia-Lehreinheit über *Ethernet*) und die XML-Datei mit einer LOM-
Beschreibung dieser Ressource.

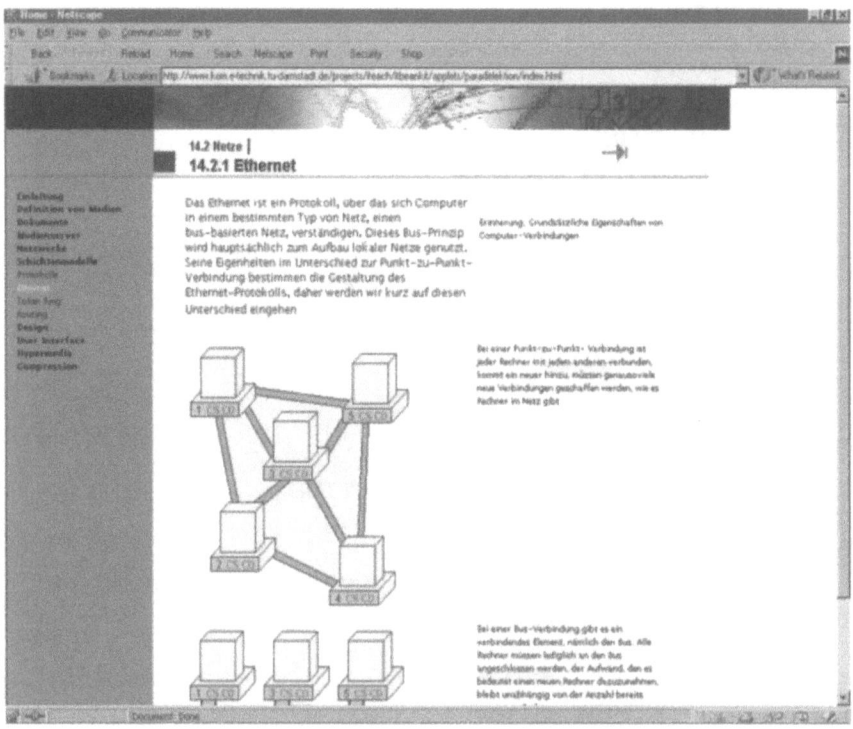

Abbildung 16: Eine multimediale Lernressource

```
<?xml version="1.0" encoding="ISO-8859-1"?>
<!DOCTYPE RECORD SYSTEM "http://www.multibook.de/xml/
lom.dtd"><RECORD xmlns="http://www.multibook.de/metada-
ta/">
 <METAMETADATA>
  <CATALOGENTRY>
   <CATALOGUE>IMS-Test</CATALOGUE>
    <ENTRY>
     <LANGSTRING LANG="de">1999.000002</LANGSTRING>
    </ENTRY>
   </CATALOGENTRY>
```

---

16. Diese Lernressource ist in [43] beschrieben.

```
<CONTRIBUTE>
 <ROLE>
  <VOCABULARY>
   <VOCENTRY>3</VOCENTRY>
  </VOCABULARY>
 </ROLE>
 <CENTITY>
  <VCARD>
    BEGIN:VCARD
     FN:Cornelia Seeberg
     ORG:
     ADR:
     TEL:
     EMAIL;INTERNET:
     LABEL
    END:VCARD
  </VCARD>
 </CENTITY>
 <DATE>
  <DATETIME>970778518547</DATETIME>
 </DATE>
</CONTRIBUTE>
<METADATASCHEME>IEEELOM:1.0</METADATASCHEME>
<LANGUAGE>de</LANGUAGE>
</METAMETADATA>
<GENERAL>
 <TITLE>
  <LANGSTRING LANG="de">Ethernet Kurs</LANGSTRING>
  <LANGSTRING LANG="en">Ethernet Course</LANGSTRING>
 </TITLE>
 <CATALOGENTRY>
  <CATALOGUE>ISBN</CATALOGUE>
   <ENTRY>
    <LANGSTRING LANG="de">0-534-26702-5</LANGSTRING>
   </ENTRY>
 </CATALOGENTRY>
 <LANGUAGE>de</LANGUAGE>
 <DESCRIPTION>
  <LANGSTRING LANG="de">Der Kurs zeigt mit Hilfe eines
         Java-Applets die Funktionsweise des CSMA/CD-
         Verfahrens beim Ethernet. Probleme wie Kolli-
         sionen oder zu kurze Rahmen werden jeweils vi-
         sualisiert. Zusaetzlich kann die Lernende am
         Ende des Kurses selbst mit dem Applet experimen
```

```
        tieren
      </LANGSTRING>
   </DESCRIPTION>
   <KEYWORDS>
    <LANGSTRING LANG="de">Ethernet</LANGSTRING>
   </KEYWORDS>
   <KEYWORDS>
    <LANGSTRING LANG="de"> CSMACD</LANGSTRING>
   </KEYWORDS>
   <KEYWORDS>
    <LANGSTRING LANG="de"> Kollision</LANGSTRING>
   </KEYWORDS>
   <KEYWORDS>
    <LANGSTRING LANG="de"> Short Frame Problem</LANGSTRING>
   </KEYWORDS>
   <KEYWORDS>
    <LANGSTRING LANG="de"> padding</LANGSTRING>
   </KEYWORDS>
...
```

LOM ist seit Juni 2002 ein internationaler Standard. Der Vorschlag wurde von den beiden führenden Institutionen auf dem Gebiet der Metadaten im Lernbereich, ARIADNE und IMS, initiiert und formuliert. Eine standardisierte Beschreibung von Lernressourcen wird ihren Austausch erleichtern.

Nicht nur der Inhalt der Metadaten muss dafür standardisiert sein, sondern auch deren Formate. Im nächsten Abschnitt werden deshalb XML und das auf XML basierende RDF vorgestellt.

4.3.2.5 Austausch von Metadaten

Durch das IEEE LOM *Base Document* ist ein Metadatensatz definiert, der zur Beschreibung von Lernressourcen genutzt werden kann. Die Spezifikation beinhaltet Elementnamen, Definitionen, Datentypen, Feldlängen und die konzeptionelle Struktur der Metadaten. Es werden folglich nur Aussagen über die IEEE-Konformität bezüglich des Aufbaus von Metadaten-Dokumenten und der Funktionsweise von Anwendungen gemacht. Ziel des IEEE LOM *Base Documents* ist eine anwendungsunabhängige, konsistente Definition von Metadaten-Elementen, ohne die für den Datenaustausch notwendige Spezifikation eines Datenformates. Zum Austausch von Metadaten zwischen verschiedenen Systemen muss deshalb auf andere Standards zurückgegriffen werden.

Ein sehr vielversprechender Realisierungsvorschlag wird durch das IMS *Global Learning Consortium* in IMS *Learning Resource Metadata XML Binding Specification* ([64]) geliefert. Als Standard-Austauschformat wird auf XML zurückgegriffen, das sich durch die Möglichkeit der hierarchischen Strukturierung der Dokumente als sehr sinnvoll erweist. Eine weitere Möglichkeit des Datenaustausches stellt das durch das W3C definierte RDF dar.

Extensible Markup Language. XML beschreibt eine Klasse von Datenobjekten, sogenannten XML-Dokumenten, und das Verhalten von Programmen, die solche Dokumente verarbeiten (siehe [13])[17]. XML ist ein Anwendungsprofil (*application profile*) oder eine eingeschränkte Form von SGML ([51]). Durch ihre Konstruktion sind XML-Dokumente konforme SGML-Dokumente.

So wie HTML ([154]) durch eine SGML-DTD definiert ist, so kann man durch eine XML-DTD eine eigene *Markup*-Sprache mit individuellen Tags für bestimmte Elemente mit bestimmten logischen Bedeutungen definieren. Die mit XML definierten *Markup*-Sprachen werden als XML-Anwendung bezeichnet.

Das Format und die Struktur der XML-Dateien sowie die Eigenschaften und die Schachtelung der darin vorkommenden Elemente (XML-Befehle, *Tags, Entities*) werden für eine XML-Anwendung mit einer DTD oder einem Schema definiert. Eine Alternative zu DTDs ist die Definition mit Hilfe eines Schemas. Ein Schema beschreibt, ähnlich wie die DTD, die Struktur einer Klasse von XML-Dokumenten, jedoch nicht in der DTD-Syntax, sondern in einer eigenen XML-spezifischen Syntax (siehe dazu [105]).

Im Folgenden wird die Definition einer *Markup*-Sprache anhand eines Beispiels erläutert. Die Vorlage für das Beispiel ist durch den Aufbau dieser Arbeit gegeben. Als erstes lässt sich eine grundlegende

---

17. In dieser Arbeit soll nicht weiter auf XML eingegangen werden. Ein sehr guter einführender Artikel mit weiterführender Literatur ist [138].

Unterteilung in allgemeine Informationen (Autorin, Titel etc.) und den eigentlichen Inhalt der Arbeit, der in der Form einzelner Abschnitte vorliegt, vornehmen. Jedes dieser Kapitel besteht wiederum aus mehreren Unterkapiteln, die ihrerseits eine Überschrift und den dazugehörigen Text enthalten.

```
<?xml version="1.0" encoding="UTF -8" standalone="yes"?>
<!DOCTYPE BUCH SYSTEM "BUCH.DTD">
<BUCH>
 <INFO>
  <THEMA>
   Lifelong Learning - Modulare Wissensbasis für elek-
tronische Lernumgebungen
  </THEMA>
  <AUTOR>
   Cornelia Seeberg
  </AUTOR>
  <EMAIL>
   cornelia.seeberg@kom.tu-darmstadt.de
  </EMAIL>
  <VERSION>
   1.0
  </VERSION>
  <DATUM>
   31.März 2002
  </DATUM>
 </INFO>
 <KAPITEL NR="1">
  <UNTERKAPITEL NR="1">
   <UEBERSCHRIFT>
    Einleitung
   </UEBERSCHRIFT>
   <TEXT>
    ...
   </TEXT>
  </UNTERKAPITEL>
  <UNTERKAPITEL NR="2">
   <UEBERSCHRIFT>
    ...
   </UEBERSCHRIFT>
   <TEXT>
    ...
   </TEXT>
  </UNTERKAPITEL>
```

```
</KAPITEL>
</BUCH>
```

Die Struktur dieses XML-Dokumentes ist wiederum in der nachfolgenden DTD beschrieben.

```
<!ELEMENT BUCH (INFO, KAPITEL+)>
<!ELEMENT INFO (TITEL, AUTOR, EMAIL?, VERSION?, DATUM?)>
<!ELEMENT THEMA (#PCDATA)>
<!ELEMENT AUTOR (#PCDATA)>
<!ELEMENT EMAIL (#PCDATA)>
<!ELEMENT VERSION (#PCDATA)>
<!ELEMENT DATUM (#PCDATA)>
<!ELEMENT KAPITEL (UNTERKAPITEL+)>
<!ELEMENT UNTERKAPITEL (UEBERSCHRIFT, TEXT)>
<!ELEMENT UEBERSCHRIFT (#PCDATA)>
<!ELEMENT TEXT (#PCDATA)>
<!ATTLIST KAPITEL NR CDATA #IMPLIED TITEL CDATA #IMPLIED>
<!ATTLIST UNTERKAPITEL NR CDATA #IMPLIED>
```

Durch <ELEMENT> werden XML-Elemente in der Form <!ELEMENT NAME CONTENT> definiert. Während „Name" den Elementnamen festlegt, erfolgt durch „Content" eine Beschreibung der Elemente, die sich innerhalb des gerade Definierten befinden dürfen. Die Kennzeichnung eines Elementes mit „?" erlaubt das Weglassen, „+" das mehrmalige Verwenden und ein mit „*" gekennzeichnetes Element kann ausgelassen oder ein- bzw. mehrmals verwendet werden. Der terminale Elementtyp #PCDATA beschreibt „normalen" Text, der nicht durch Tags gekennzeichnet wurde. Mittels <!ATTLIST> werden die Attribute eines Elementes definiert.

Durch das durch die DTD gegebene Standardformat für objektbezogene Informationen kann eine deutliche Vereinfachung beim Informationsaustausch zwischen unterschiedlichen Quellen erzielt werden. Die Nutzung von Standard-DTDs ermöglicht den Austausch von Informationen zwischen Systemen unabhängig vom internen Format.

Resource Description Framework. Mit RDF ([169]) stellt das W3C eine Infrastruktur zur Verfügung, die Kodierung, Austausch und Wiederverwendung von strukturierten Metadaten – ähnlich wie RDF Schema für semantische Netze (siehe Abschnitt 4.3.1.4, S. 83) – erlaubt. Die durch diese Infrastruktur bereitgestellte Interoperabilität von Metadaten beruht auf einer einheitlichen Konvention bezüglich Semantik, Syntax und Struktur. Als eine auf XML basierende Anwendung gibt RDF die für eine eindeutige Semantik relevanten, strukturellen Einschränkungen vor. RDF setzt hierbei aber keine feste Semantik für Metadatensätze voraus, sondern ermöglicht den einzelnen Benutzergruppen, die Metadaten-Elemente nach ihren speziellen Anforderungen zu definieren. RDF stellt ein Datenmodell zur Verfügung, um Ressourcen und deren Eigenschaften zu beschreiben. Eine Ressource wird hierbei als beliebiges Objekt definiert, das durch einen URI eindeutig identifiziert werden kann. Jede dieser Ressourcen lässt sich durch eine oder mehrere Eigenschaften beschreiben, wobei der Typ einer Eigenschaft jedes Mal durch einen bestimmten Wert charakterisiert wird (siehe Abbildung 17). Die Werte können hierbei entweder in atomarer Form vorliegen oder eine Ressource sein, die ihrerseits wiederum Eigenschaften besitzt.

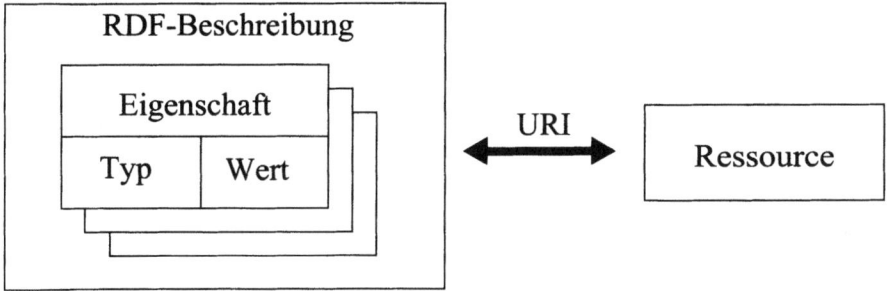

Abbildung 17: Zuordnung einer RDF-Beschreibung zu einer Ressource

RDF stellt hiermit ein Datenmodell zur Verfügung, das es ermöglicht, bestimmte Eigenschaften mit einer Ressource zu verknüpfen. Bevor allerdings Aussagen über ein Dokument getroffen werden können, muss eine Ressource deklariert werden, die dieses spezifische Dokument repräsentiert. Das in Abbildung 18 gezeigte Dokument „Buch" besitzt eine einzelne Ressource mit dem Eigenschaftstyp „Autor" und dem hierzu korrespondierenden Namen der Autorin. Um die einzelnen Charakteristika des Datenmodells zu unterscheiden, sind in der vom W3C verfassten Modell- und Syntaxspezifikation (siehe [154]) die Beziehungen zwischen Ressource, Eigenschaftstyp und -wert in einem gerichteten Graphen zusammengefasst. Alle Objekte, die durch RDF beschrieben werden, sind hier unter dem Begriff einer Ressource zusammengefasst. Eine Ressource kann beispielsweise eine vollständige Web-Seite oder ein spezielles HTML- oder XML-Element innerhalb dieser Seite sein. Auch Objekte, auf die nicht direkt zugegriffen werden kann, oder solche, die in nicht-digitaler Form vorliegen wie beispielsweise Bücher, können als Ressource in RDF beschrieben werden.

Abbildung 18: Die zu einem Dokument dazugehörige Ressource „Autor"

Unter einer Eigenschaft versteht man einen spezifischen Aspekt, eine Charakteristik, ein Attribut oder eine Relation, die zur Beschreibung einer Ressource benutzt werden. Jede Eigenschaft hat eine spezielle Bedeutung, sie definiert die zulässigen Eigenschaftswerte, die zu beschreibenden Ressourcentypen und ihre Relation zu anderen Eigenschaften. Eine spezifische Ressource bildet zusammen mit dem Eigenschaftstyp und dem dazugehörigen Wert für diese Ressource eine RDF-Beschreibung. Im RDF-Datenmodell werden Ressourcen als Knoten und Eigenschaftstypen als Pfeile dargestellt, atomare Eigenschaftswerte sind durch Anführungszeichen zu kennzeichnen. Wie oben beschrieben, müssen die Eigenschaftswerte nicht immer in atomarer Form vorliegen, sie können auch die Form einer Ressource besitzen, die ihrerseits wieder Eigenschaftstypen und –werte besitzt. Ein Beispiel hierfür ist in Abbildung 19 dargestellt, in dem die Ressource „Buch" als Eigenschaftswert eine weitere Ressource der Form „Person" enthält, die wiederum durch drei Eigenschaftswerte in atomarer Form charakterisiert wird. Ähnlich wie die Ressource „Person" ließen sich auch die atomaren Werte der Eigenschaftstypen „Name" oder „Institution" in Form einer eigenen Ressource darstellen. Eine weitere Verfeinerung macht dann Sinn, wenn eine Ressource Eigenschaftswert unterschiedlicher Eigenschaftstypen ist. In diesem Beispiel ist eine bestimmte Person nicht nur Autorin eines Dokumentes, sondern auch Teil einer Abteilung oder Mitglied eines Projektes. Die eindeutige Identifikation eines Objektes bildet somit die Grundlage zur mehrfachen Verwendung dieser Ressource.

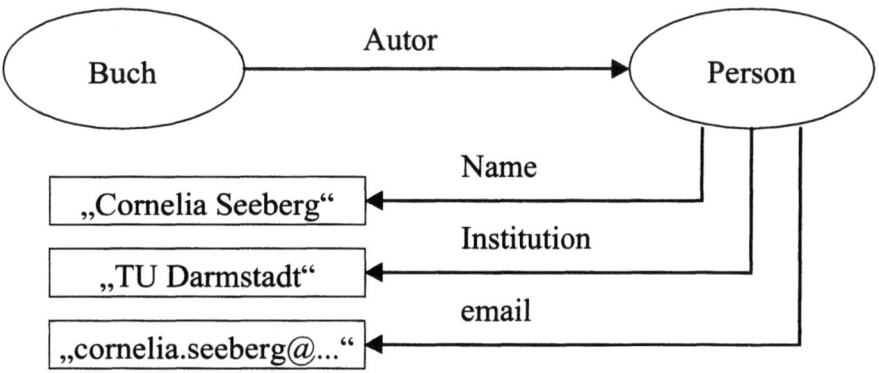

Abbildung 19: Verschachtelung von RDF-Ressourcen

Um Instanzen des RDF-Datenmodells speichern zu können und den Austausch dieser Instanzen zwischen den einzelnen Anwendungen zu ermöglichen, ist eine eindeutige Syntax notwendig. Diese Syntax wird durch XML zur Verfügung gestellt. RDF ermöglicht hiermit einzelnen Benutzergruppen, ihre eigene Semantik zu definieren. Wichtig hierbei ist es aber, eine spezifische Semantik ihrer Benutzergruppe wieder eindeutig zuordnen zu können. Probleme treten beispielsweise auf, wenn mehrere Benutzergruppen ein und dieselben Eigenschaftstypen definieren, die aber inhaltlich nicht miteinander übereinstimmen. Um diese Missverständnisse zu verhindern, nutzt RDF den XML-*Namespace*-Mechanismus. Damit wird jeder Eigenschaftstyp eindeutig identifiziert (siehe [90]). Unten ist ein Datenmodell repräsentiert, das das *Dublin Core*-RDF-Datenmodell benutzt, um die Autorin eines Dokumentes zu beschreiben. Nachfolgend wird dieses Datenmodell unter Nutzung des XML-*Namespaces*, der auf das Dublin-Core-Schema verweist, syntaktisch dargestellt.

```
<?xml:namespace ns = "http://purl.oclc.org/DC/"prefix =
"DC" ?>
<RDF:RDF>
 <RDF:Description RDF:HREF = "http://uri -of-Buch">
  <DC:Creator>Cornelia Seeberg</DC:Creator>
```

```
</RDF:Description>
</RDF:RDF>
```

In diesem Fall wird sowohl das RDF- als auch das Dublin-Core-Schema deklariert und jeweils durch „RDF" bzw. „DC" abgekürzt. Die Deklaration des RDF-Schemas ist Voraussetzung, um das für die Beschreibung des Datenmodells notwendige Vokabular nutzen zu können. Durch das Element <RDF:RDF> wird der Bereich des XML-Dokumentes gekennzeichnet, dessen Inhalt sich explizit auf Instanzen des RDF-Datenmodells abbilden lässt. Das Element <RDF:Description> dient der Instanziierung der korrespondierenden Ressource mit dem URL „http://url-of-Buch". Der Eigenschaftstyp DC:Creator wird zusammen mit dessen Wert durch das Element <DC:Creator> im Kontext von <RDF:Description> repräsentiert.

Mit dem RDF-Datenmodell wird zwar ein Mechanismus zur Verfügung gestellt, Relationen zwischen Ressourcen zu beschreiben. Eine Möglichkeit, diese Eigenschaften zu deklarieren oder die Beziehungen zwischen den Ressourcen zu definieren, wird hiermit allerdings nicht gegeben.

Diese Funktionalität wird vom RDF-Schema zur Verfügung gestellt ([155]). Unter einem RDF-Schema versteht man die Deklaration von Eigenschaften und der korrespondierenden Semantik in Bezug auf RDF. Ein Schema definiert nicht nur die Eigenschaft einer Ressource (z.B. Titel, Autorin, Größe etc.), sondern kann gleichzeitig zu deren Klassifizierung (z.B. Buch, Webseite etc.) herangezogen werden. Die Definition des RDF-Schemas sieht kein spezifisches Vokabular zur Beschreibung der Elemente vor. Stattdessen spezifiziert es die Mechanismen, die notwendig sind, um Elemente und Ressourcen-Klassen zu definieren. Gleichzeitig werden der Einsatzbereich von Elementen und Relationen abgegrenzt und Erkennungsmechanismen für Restriktionsverletzungen bereitgestellt.

4.3.2.6 Funktionen von Metadaten in einer modularen Wissensbasis

Metadaten, die auch didaktische Eigenschaften von Ressourcen beschreiben wie beispielsweise LOM (siehe Abschnitt "Learning Object Metadata" ab Seite 103), sind für die Suche nach einzelnen Ressourcen (*Information Retrieval*) von großer Bedeutung. Aus einer unübersichtlichen Menge von Ressourcen können die herausgesucht werden, die in Thema, Autorin, Sprache, Aggregationsgrad etc. dem Gesuchten entsprechen. Diese Auswahl kann nur durch die Beschreibung der einzelnen Module unterstützt werden. Die Metadaten ermöglichen es also, Module auszuwählen, die den Bedürfnissen und Wünschen der Benutzerinnen entsprechen. Ist beispielsweise im Benutzerprofil vermerkt, dass die Benutzerin keine Videos sehen kann oder will, brauchen die Module, die durch die Metadaten als Videodateien beschrieben sind, nicht berücksichtigt werden.

Sollen aber computergestützt mehrere Ressourcen zu einer Lerneinheit zusammengestellt werden, reichen Metadaten alleine nicht aus: Das Problem mit dieser Art der Beschreibung ist zum einen, dass die Autorinnen oder Verfasserinnen der Metadaten unterschiedliche Definitionen für die Werte der Attribute haben, auch, wenn ein festgeschriebenes Vokabular gegeben ist. Computerbasierte Agenten haben aber keinen Interpretationsspielraum bei der Auswertung, wenn sie den Auftrag haben, Ressourcen beispielsweise auf Grund ihrer didaktischen Eigenschaften auszuwählen. Wenn die Metadatenautorinnen beispielsweise bei dem Attribut "*context*" unterschiedliche Vorstellungen haben, kann die generierte Lerneinheit kein flüssig zu lesendes Dokument sein und wird im ungünstigsten Fall durch Verunsicherung der Lernenden den Lernerfolg mindern. Zum anderen unterstützt LOM nur sehr eingeschränkt, dass einzelne Ressourcen miteinander in Beziehung gesetzt werden. Die hierfür vorgeschlagenen Werte stammen aus dem *Dublin Core*-Schema (siehe Abschnitt "Dublin Core" ab Seite 92), und die Herkunft aus dem bibliothekarischen Bereich ist nicht zu verkennen. Die Werte sind: *isPartOf, HasPart, IsVersionOf, HasVersion, IsFormatOf, HasFormat, References, IsReferencedBy, IsBasedOn, IsBasisFor, Requires, IsRequiredBy.*

Mit Ausnahme von „*Requires*" und „*IsRequiredBy*" bezeichnen diese Relationen physikalische Zusammenhänge, keine inhaltlichen oder didaktischen[18]. Keine der verfügbaren Relationen kann ausdrücken, dass eine Ressource eine erklärende Ergänzung, eine Gegenmeinung etc. zu einer anderen ist.

Die Metadaten müssen also ergänzt werden, damit bei der Zusammenstellung der einzelnen Module zu zusammenhängenden Lehrdokumenten der Zusammenhang zwischen Modulen explizit gemacht werden kann. Es müssen Beziehungen zwischen den Modulen beschrieben sein.

4.3.3 Beziehungen zwischen Modulen

Um die sprachlichen und didaktischen Zusammenhänge zwischen den Modulen auszudrücken, müssen andere Relationen als die von LOM vorgesehenen eingeführt werden. Diese dienen dann zum einen dazu, eine weitere didaktische Auswahl unter den Modulen zu treffen, beispielsweise, dass zu einem Modul ein erklärendes hinzugefügt werden soll. Zum anderen können die Relationen verwendet werden, um ein kohärentes Dokument zu erzeugen.

Realisiert werden können die Relationen als eine Erweiterung der LOM.

In diesem Abschnitt wird zuerst in 4.3.3.1 eine Klassifikation von *Links* vorgestellt und ausgeführt, warum Relationen auf Hypertextdokumentebene nicht ausreichen. In 4.3.3.2 wird eine linguistische Theorie zur Diskursanalyse und -generierung vorgestellt, die die Grundlage zur Definition einer Menge von Relationen ist, die nötig sind, um die Module für ein Lehrsystem in einen Kontext zu stellen. Diese Menge wird in 4.3.3.3 vorgestellt.

---

18. Gerade diese physikalischen Relationen widersprechen dem Prinzip, dass die Module unabhängige Wissenseinheiten sein sollen.

4.3.3.1 Getypte Links

Im Rahmen seiner Doktorarbeit hat Trigg in [139] eine umfangreiche Klassifikation der *Links* in dem Hypertextsystem Textnet vorgenommen. Er motiviert die Notwendigkeit der Einteilung in 81 unterschiedliche *Links* nicht aus linguistischen Gründen, sondern empirisch aus der Sicht der Benutzerinnen. Er schlägt eine feste Menge von annotierten *Links* vor, um folgende Missstände zu beheben: Explosion von *Link*-Typen, Konfusion bei den Leserinnen und Konfusion im System.

Die *Links* werden in zwei Gruppen aufgeteilt:

- Normale *Links*, verbinden zwei gleichwertige Knoten

- Kommentar-*Links*, verbinden einen Knoten mit einem Kommentar.

> Every work[19] in the Textnet system is enclosed in a 'commentary cloud'. The nodes making up this cloud consist of comments by both the work's author and others.

Es werden 29 normale und 52 Kommentar-*Links* unterschieden. Diese orientieren sich an verschiedenen Teilen einer wissenschaftlichen Arbeit: *related work*, Darstellung des Problems, Aufstellung einer Theorie, Diskussion der Theorie, Belege. So können z.B. alle Knoten, die mit *Citation-Links* verbunden sind, als Bibliographie zusammengefasst werden.

Auch wenn nicht jedes Hypertextsystem diesen starken kooperativen Charakter hat, den Textnet durch die an den Talmud erinnernde Kommentarstruktur bekommt, hat die Klassifikation über den Rahmen von Textnet in Bezug auf die normalen *Links* Allgemeingültigkeit. Das Folgende ist eine Auflistung der 29 normalen *Links*:

---

19. Mit *work* wird hier ein Dokument bezeichnet.

- *Citation*
  - *C-source*
  - *C-pioneer*
  - *C-credit*
  - *C-leads*
  - *C-epon*
- *Background*
- *Future*
- *Refutation*
- *Support*
- *Methodology*
- *Data*
- *Generalization/Specification*
- *Abstraction/Example*
- *Formalization/Application*
- *Argument*
  - *A-deduction*
  - *A-induction*
  - *A-analogy*
  - *A-intuition*
- *Solution*
- *Summarization/Detail*
- *Alternatice-view*
- *Rewrite*
- *Simplification/Complication*
- *Explanation*
- *Correction*
- *Update*
- *Continuation*

Die Grundlage dieser Klassifikation ist eine empirische Beobachtung eines Hypertextsystems. Das birgt zwei Nachteile in sich. Zum einen verbinden *Links* zwei Hypertextseiten oder zwei Abschnitte einer Seite. Sie bieten aber nur ein unzureichendes Werkzeug, wenn sie dazu dienen sollen, dynamisch ein Dokument aus einzelnen Modulen zu generieren. Dazu es muss nämlich möglich sein, aus einem Netz von multidirektionalen Relationen ein lineares Dokument zu erzeugen. In diesem Dokument soll die Leserin sich nicht mehr zwischen verschiedenen *Links* entscheiden müssen. Das bedeutet, dass es eine Unterscheidung geben muss zwischen einer zu Grunde liegenden Struktur mit den multidirektionalen Relationen, die den getypten *Links* entsprechen können, und der Präsentation, in der die Relationen nicht mehr als *Links* im laufenden Dokument, sondern eventuell als deutlich zusätzliche Verweise (siehe *Link*menü in Multibook, Abschnitt 6.1.4, S. 175) oder zur Kohärenzbildung eingesetzt werden (siehe Abschnitt 5.1.3.2, S. 144). Zum anderen reicht eine empirische Analyse eines Hypertextsystems nicht aus, um alle Ausprägungen eines Diskurses zu beschreiben. Im folgenden Abschnitt wird eine linguistische Theorie vorgestellt, die als Grundlage für die Menge der Relationen zwischen den einzelnen Modulen in den in Abschnitten 6.1, S. 162 und 6.2, S. 193 beschriebenen Systemen dient.

4.3.3.2 Rhetorical Structure Theory

Moore und Paris stellen in [95] detailliert dar, warum für ein System, das auf eventuelle Nachfragen der Benutzerin auf gegebene Informationen antworten soll, der Ansatz rhetorischer Relationen im Gegensatz zu Ansätzen, die auf Sprechakten und auf Schemata basieren, am geeignetsten sind. In der vorliegenden Arbeit wird gezeigt, wie zusätzlich im Vorhinein auf noch nicht gestellte Fragen der Lernenden Antworten zur Verfügung gestellt werden können.

William C. Mann und Sandra A. Thompson haben in [89] die sogenannte *Rhetorical Structure Theory* als eine Theorie zur Textorganisation entwickelt, die in den folgenden Abschnitten vorgestellt und kurz diskutiert werden soll.

Grundidee ist zunächst eine Theorie zur Identifizierung und Beschreibung von hierarchischen Strukturen in Text. Dabei werden Sätze bzw. Satzteile mit Hilfe bestimmter Relationen in Bezug zueinander gesetzt. Anwendungsgebiete in Form bereits durchgeführter Studien sind ausnahmslos linguistische Fragestellungen im Rahmen von Textanalysen. Dazu zählt unter anderem die Analyse von Semantik und Grammatik von Textelementen wie Konjunktionen und Teilsatzgefügen, die Charakterisierung von speziellen Textarten (z.B. Zeitungsmeldungen), Untersuchungen über länderspezifische grammatikalische und rhetorische Eigenarten (z.B. gesprochener Text italienisch vs. japanisch). Gegenstand kann sowohl geschriebener als auch gesprochener Text sein. Grundsätzlich wird die *Rhetorical Structure Theory* als Analyse- und Beschreibungsinstrument zur Identifizierung, methodischen Erfassung und Dokumentation von Textstrukturen eingesetzt. Damit bietet sie ein Hilfsmittel, auf unterschiedlichen Ebenen sprachliche Ausdrücke zu vergleichen. Sie dient ebenfalls – und das ist im Rahmen dieser Arbeit im Fokus – für die Texterzeugung.

Elemente und Definitionen. Die *Rhetorical Structure Theory* unterscheidet zunächst zwischen drei menschlichen Rollen, die im direkten Bezug zu einem zu analysierenden Text stehen: die Rolle der Schreibenden, die der Lesenden und der Analysierenden. Die *Rhetorical Structure Theory* beschreibt vier definierte Objekte: Relationen, Schemata, Schema-Anwendungen und Strukturen (*Structures*). Daneben wird noch der Begriff der Textspanne (*text spans*) als „*uninterrupted linear interval of text*" ([89]) definiert. Die *Rhetorical Structure Theory* unterscheidet zwischen zwei Arten von Textspannen: dem Kern (*nucleus*) und dem Satelliten.

Kern/Satellit. Betrachtet man Texte als in Beziehung zueinander gesetzte Textspannen, so lassen sich bei der Untersuchung der Beziehungspaare die einzelnen Textspannen in zwei Grundkategorien ordnen, die in einer asymmetrischen Beziehung zueinander stehen: der Kern und der Satellit. Die *Rhetorical Structure Theory* nennt drei Merkmale zur Unterscheidung von Kern und Satellit:

- der Kern ist in Bezug auf Inhalt und Verständlichkeit (des Inhalts) unabhängig vom Satelliten und nicht umgekehrt,

- der Satellit ist geeigneter für eine Textsubstitution, ohne die angenommene Intention und Semantik des Textes als Ganzes zu verändern; der Austausch der Kernaussage (*nuclear claim*) hat eine deutliche Wirkung auf die ursprüngliche Funktion des Textes,

- der Kern ist im Sinne der Schreibenden essentiell wertvoller als der Satellit.

Die Existenz der Kerne wird als ein zentrales Organisationsprinzip von Textstrukturen angesehen, z.B. lässt sich englischer Text als Relationen von Kern/Satelliten-Einheiten strukturieren. Die wichtige funktionale Differenz von Kern- und Satelliten-Teilen wird durch weitere Experimente und Aussagen belegt:

- Das Weglassen des Kern-Teils in Beispieltexten bewirkt, dass die Signifikanz der Satelliten-Teile für die Lesende nicht mehr ersichtlich ist.

- Das Weglassen der Satelliten-Teile in Beispieltexten verhindert nicht, dass die Leserin durch die Kernspannen noch eine genügende Vorstellung über die eigentliche Aussage des Textes erhält.

- Die Existenz der Kerne beeinflusst die Art und Weise, wie nicht zusammenhängende Textteile zueinander in Beziehung stehen.

In Bezug auf die spezifischen *Rhetorical Structure Theory*-Relationen lassen sich zwei funktionale Rollen des Kerns unterscheiden: Der Kern beinhaltet die Aussage (Intention der Schreibenden), der Satellit unterstützt sie, ist aber nicht Teil der Aussage (z. B. *evidence relation*, siehe Abschnitt unten). Kern und Satellit beinhalten Aussage (Intention der Schreibenden), dabei stellen die Kerne eine Ordnung her. Die Teilaussage des Satelliten erhält ihre erkennbare Signifikanz erst durch den Kern-Teil des Textes (z.B. in *condition* oder *elaboration relation*). Neben den hauptsächlich einfach-nuklearen Beziehungen identifiziert die *Rhetorical Structure Theory* auch multinukleare Relationen wie *sequence* und *contrast*.

Relationen. Eine Relation wird mit Hilfe von vier Feldern definiert:

- Bedingungen an den Kern
- Bedingungen an den Satelliten

- Bedingungen an die Kombination von Kern und Satellit

- Die Wirkung (mit Ort der Wirkung)

Beispiel:

Name der Relation: *evidence*

Bedingungen an Kern: Lesende glaubt Kern in einem für die Schreibende noch unbefriedigenden Maß.

Bedingungen an Satellit: Lesende glaubt Satellit oder findet ihn plausibel.

Bedingungen an die Kombination von Kern und Satellit: Nachvollziehen des Satelliten durch die Lesende verstärkt die Glaubwürdigkeit des Kerns bei der Lesenden.

Die Wirkung: Der Glaube der Lesenden an den Kern ist gestärkt.

Ort der Wirkung: im Kern.

Mann und Thompson veranschaulichen in [89] diese Relation an einem konkreten Beispiel:

> This extract from a letter to the editor of BYTE magazine has an example of the Evidence relation. The writer is praising a federal income tax program published in a previous issue:
>
> 1. The program as published for calendar year 1980 really works.
>
> 2. In only a few minutes, I entered all the figures from my 1980 tax return and got a result which agreed with my hand calculations to the penny.

Die erste Phrase ist hierbei der Kern, die zweite der Satellit.

Rhetorical Structure Theory nennt und definiert folgende Relationen, die z. T. zu Gruppen geordnet sind, wobei eine Gruppe Relationen zusammenfasst, die sich nur in einen oder wenigen Attributen unterscheiden:

- *Circumstances*

- *Solutionhood*

- *Elaboration*

- *Background*
- *Enablement and Motivation*
  - *Enablement*
  - *Motivation*
- *Evidence and Justify*
  - *Evidence*
  - *Justify*
- *Relations of Cause*
  - *Volitional Cause*
  - *Non-Volitional Cause*
  - *Volitional Result*
  - *Non-Volitional Result*
  - *Purpose*
- *Antithesis and Concession*
  - *Antithesis*
  - *Concession*
- *Condition and Otherwise*
  - *Condition*
  - *Otherwise*
- *Interpretation and Evaluation*
  - *Interpretation*
  - *Evaluation*
- *Restatement and Summary*
  - *Restatement*
  - *Summary*
- *Other Relations*
  - *Sequence*
  - *Contrast*
  - *Joint*

Auch diese Menge an Relationen wurde empirisch identifiziert (siehe Abschnitt 4.3.3.1, S. 117). Im Gegensatz zu Triggs Untersuchungen wurden hierfür mehrere Textkorpora ausgewertet. Walker und Moore begründen außerdem in [147], warum gerade im Bereich der Diskurs-

Untersuchungen Empirie einen wichtigen und legitimen Nachweis darstellt.

Es werden in der *Rhetorical Structure Theory* die folgenden Annahmen getroffen: Das Anwenden von Relationen in der Textanalyse setzt zunächst die Differenzierung der Textteile in Kern und Satellit voraus. Die *Rhetorical Structure Theory* setzt die angenommenen Intentionen der Schreibenden in Bezug zu den spezifischen Relationsdefinitionen. Damit wird die Zuordnung einer Textteilbeziehung zu einer definierten Relation abhängig vom Einschätzungsvermögen der Analysierenden, die Intention der Schreibenden (Textgestaltenden), die sich als Aussagen in den zu betrachtenden Textteilen wiederfindet, mit den Definitionsfeldern einer spezifischen Relation in Übereinstimmung zu bringen. Die *Rhetorical Structure Theory* geht explizit in der gesamten Textanalyse von nicht-objektiven, sondern plausiblen Urteilen aus. Dieses Plausibilitätskonzept basiert darauf, dass die Analysierende den Text und Textkontext kennt und die kulturellen Konventionen der Schreibenden und der adressierten Lesenden teilt. Ein direkter Zugriff auf die Schreibende und die Lesende ist nicht gegeben. Damit reduziert sich die objektive Zuordnungsfähigkeit einer definierten Relation auf einen vorliegenden Text auf ein notwendiges einziges Plausibilitätskriterium: die Definition ist nur dann anwendbar, wenn es der Analysierenden plausibel erscheint, dass die Schreibende genau die speziellen Textspannen verwendet hat, um die zu der Relation deklarierte Wirkung zu erzielen. Grundsätzlich ist die Reihenfolge der Textspannen unabhängig von der Definition einer Relation und unterliegt einzig der Kontrolle der Schreibenden. Trotzdem stellt die *Rhetorical Structure Theory* für einige Relationen starke Tendenzen für ein bestimmtes Reihenfolgemuster (Kern vor Satellit oder Satellit vor Kern) fest. So lassen sich zwei Muster feststellen: „Satellit vor Kern" bei den Relationen *Antithesis, Background, Concessive, Conditional, Justify* und *Solutionhood*; „Kern vor Satellit" bei *Elaboration, Enablement, Evidence, Purpose* und *Restatement*.

Die vorgestellten Relationen lassen sich zum Zweck der besseren Unterscheidung auch nach anderen Kriterien gruppieren, z. B. ob die Lesende beteiligt ist, oder nach dem Ort der Wirkung oder nach den Kriterien *subject matter* (Relationen mit stark semantischer und deklarativer Intention, z.B. *Solutionhood* oder *Condition*) und *presentational* (Relationen mit explorativer und vertiefender Intention, z.B. *Motivation* oder *Background*).

Schemata. Schemata definieren, wie ein Text in kleinere Einheiten aufgeteilt werden kann. Jedes Schema enthält einen Kern und beliebig viele Satelliten. Schemata sind strukturelle Übereinstimmungen in Textgefügen. Schemata sind definiert als abstrakte Muster, die aus einer kleinen Anzahl übereinstimmender Textspannen, der Spezifikation von Relationen zwischen diesen Textspannen und einer Spezifikation, wie die Kerne in Beziehung zu der Gesamtmenge der Textspannen stehen, bestehen. Die *Rhetorical Structure Theory* identifiziert fünf Schema-Typen (siehe Abbildung 20). Sie sind dargestellt durch horizontale Linien (Textspannen), Bögen zwischen den Textspannen (Relationen) und vertikale Linien auf den Textspannen (Kern). Mit den Relationen *circumstances, contrast, joint, motivation/enablement* und *sequence* sind beispielhaft alle fünf Schema-Typen dargestellt. Alle nicht erwähnten Relationen entsprechen dem mit *circumstances* beschriebenen einfachen Muster. *Contrast, joint* und *sequence* sind multinukleare Schemata.

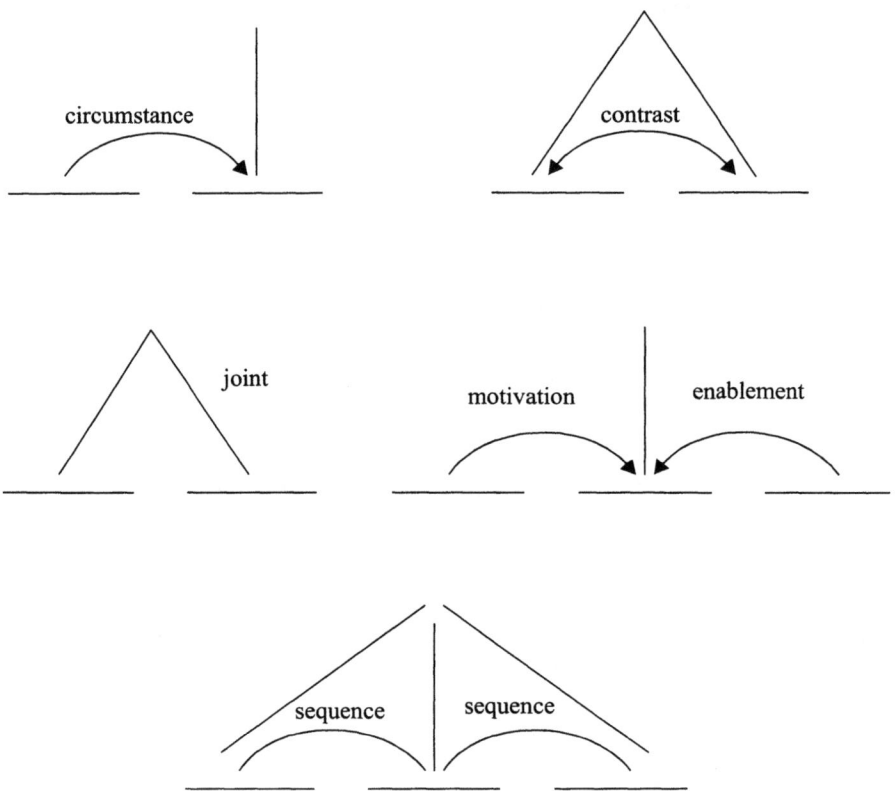

Abbildung 20: Die fünf Schema-Typen der Rhetorical Structure Theory

In der Abbildung 21 wird das Beispiel vom obigen Abschnitt aufgegriffen. Sie zeigt die Einheit 2 („*In only a few minutes, I entered all
the figures from my 1980 tax return and got a result which agreed
with my hand calculations to the penny.*" in einer *evidence*-Relation
mit Einheit 1 („*The program as published for calendar year 1980 re-
ally works.*").

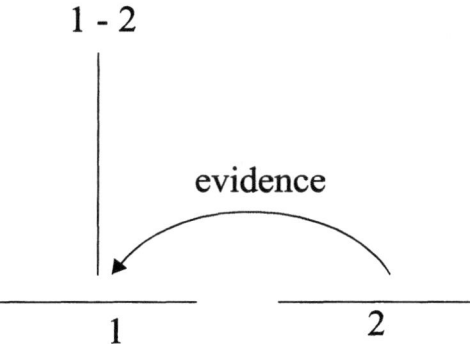

Abbildung 21: Rhetorical Structure Theory-Schema für das auf Seite 122
aufgeführte Textbeispiel

Schema-Anwendungen. Eine Schema-Anwendung stellt eine
Variante zu einem Schema-Typ dar, nicht immer stimmen die Textstrukturen mit den Schemata überein. Drei Konventionen beschreiben
eine mögliche Anwendung eines Schemas:

- Ungeordnete Textspannen: die Reihenfolge von Kern und Satellit
  des Schemas stimmt nicht überein mit der der Textspanne.

- Optionale Relationen: bei Schemata mit multinuklearen Relationen sind alle einzelnen Relationen optional, aber mindestens eine
  muss gelten

- Wiederholte Relationen: eine Relation des Schemas kommt in der
  Anwendung mehrmals vor.

Strukturen. Nach der *Rhetorical Structure Theory* wird ein Text
zum Analysieren in kleinere Einheiten zerlegt, deren Größe nicht wesentlich ist. Die Einheiten haben aber unabhängige Funktionen. Die
strukturelle Analyse eines Textes ist definiert als eine Menge von
Schema-Anwendungen, so dass die folgenden Bedingungen erfüllt
sind:

- Vollständigkeit: Die Menge enthält eine Schema-Anwendung, die
  eine Menge von Textspannen umfasst, die den gesamten Text darstellen.

- Verbundenheit: Ausgenommen des Gesamttextes als Textspanne ist jede Textspanne der Analyse entweder eine minimale Texteinheit oder Bestandteil einer Schema-Anwendung der Analyse.

- Eindeutigkeit: Jede Schema-Anwendung besitzt eine eigene Menge unterschiedlicher Textspannen, und innerhalb einer multirelationalen Anwendung bezieht sich jede Relation auf eine unterschiedliche und spezifische Menge von Textspannen.

- Abgeschlossenheit: Die Textspannen jeder Schema-Anwendung ergeben zusammen wieder eine Textspanne.

In Zusammenhang mit der Strukturellen Analyse der *Rhetorical Structure Theory* werden die folgenden Aussagen gemacht: Als ein Resultat zahlreicher Untersuchungen lässt sich feststellen, dass nahezu jeder Text eine *Rhetorical Structure Theory* Struktur besitzt. Ausnahmen sind nur spezielle Textformen wie Gesetze, Verträge und ähnliches. Es ist eine typische Eigenschaft von Texten, hierarchisch strukturiert und funktional organisiert zu sein. Die *Rhetorical Structure Theory* verdeutlicht das Phänomen der sogenannte *relational propositions* (siehe [87] und [88]). Es ist üblich, dass ein Text mehrere und unterschiedliche *Rhetorical Structure Theory*-Analysen hat. Die häufigsten Gründe für mehrfache und unterschiedliche Analysen sind: Zweideutigkeit von Textinhalten, simultane oder gleichwertige Analysemöglichkeiten (meistens begründet in einer gleichwertigen Zuordbarkeit von mehreren Relationen zu bestimmten Satzgefügen) und analytische Fehler.

Diskussion. Die *Rhetorical Structure Theory* ist eine hilfreiche Methode, um unterschiedliche Diskurs-Arten zu analysieren. Sie definiert eine hierarchische Struktur auf den Texten und beschreibt die unterschiedlichen Beziehungen, die zwischen den einzelnen Textabschnitten bestehen. Die Unterscheidung in Kern und Satellit ermöglicht es, Kombinationen von Textabschnitten zu beschreiben und damit die Kohärenz (siehe Abschnitt 5.1, S. 139) innerhalb des Textes zu identifizieren. Die *Rhetorical Structure Theory* dient umgekehrt auch dazu, natürlichsprachliche Texte zu generieren (siehe zum Beispiel [29]). Die Relationen werden verwendet, um sprachliche Verbindungen zwischen einzelnen Text- oder Sprachabschnitten, deren Funktion gegeben ist, zu erzeugen. Für die Situation eines Lehrsystems muss die Menge der Relationen um die didaktische Komponente erweitert werden.

4.3.3.3 Rhetorisch-didaktische Relationen in einer modularen Wissensbasis

Die oben aufgeführten 23 Relationen[20]

- Umstand: Setzt ein zeitliches oder räumliches Rahmenwerk

- Lösung: Gibt eine Lösung zu dem Problem

- detailliertere Darstellung: Liefert vertiefende Einzelheiten und Erklärungen

- Hintergrund: Bringt Hintergrundinformation zum besseren Verständnis

- Ermöglichen: Gibt Hinweise zur Realisation

- Motivation: Beschreibt die Motivation

- Nachweis: Bringt einen Beleg in Form eines Beispiels

- Rechtfertigung: Liefert eine Rechtfertigung

- Grund: Nennt Begründungen

- Ergebnis: Führt Folgen aus

- Absicht: Beschreibt den Zweck

- Einschränkung: Nennt Fälle, die von der Norm abweichen

- Bedingung: Liefert Bedingungen

- Andernfalls: Benennt andere Möglichkeiten

- Deutung: Gibt eine Interpretation

- Bewertung: Nimmt eine Bewertung vor

---

20. *Antithesis* ist eine Unterkategorie von *Contrast* und wird hier nicht differenziert, *non-volitional Cause* und *volitional Cause*, und *non-volitional Result* und *volitional Result* sind jeweils zusammengefasst.

- Neuformulierung: Liefert das Gleiche in einer anderen (gleich-wertigen) Formulierung mit einem anderen Darstellungsmedium (Alternative)

- Zusammenfassung: Bietet eine verkürzte Form

- Serie: Legt eine Reihenfolge ansonsten unverbundener Module fest

- Gegenüberstellung: Beschreibt ein Gegenteil

- Aneinanderreihung: Beschreibt einen nur assoziativen Zusam-menhang

müssen um didaktische Relationen ergänzt werden, die es ermögli-chen, die besonderen Erfordernisse eines multimedialen Lehrwerks zu erfüllen. Folgende zusätzlichen Relationen wurden im Rahmen dieser Arbeit als notwendig identifiziert:

- Fortführung: Diese Relation verbindet zwei Module, die nicht not-wendigerweise in einem rhetorischen oder engen semantischen Verhältnis zueinander stehen, aber inhaltliche Übereinstimmun-gen haben. Um einen roten Faden in einer Lektion anzudeuten, können diese Module ausgewählt werden, wenn beide relevant sind. Sie müssen in der Lektion nicht aufeinanderfolgen. Ein Bei-spiel: Abbildung 22 zeigt ein Bild, das das Prinzip eines Pixelbil-des (im Gegensatz zu einer Vektorgraphik beispielsweise) verdeutlichen soll.

Abbildung 22: Modul, das das Prinzip eines Pixelbildes verdeutlicht und mit Abbildung durch die Relation „Fortführung" verbunden ist

Das Bild in Abbildung 23 ist entropiecodiert. Die Abbildung verdeutlicht, dass eine Entropiecodierung eine erhebliche Verminderung der Datenmenge bewirkt, ohne einen Qualitätsverlust zu verursachen. Inhaltlich stehen diese beiden Bilder nicht in unmittelbarer Verbindung, es ist aber sinnvoll, auch wenn andere Beispiele für lauflängencodierte Bilder zur Verfügung stehen, das in der Abbildung gezeigte zu verwenden (siehe 5.1.3.2, S. 144).

Bildgröße: 226 KB

Abbildung 23: Modul, das das Prinzip von Entropiecodierung veranschaulicht. Es ist mit dem Modul der Abbildung 22 mit der Relation „Fortführung" verbunden

- Aufgabe: Diese Relation verbindet Aufgaben zu den entsprechenden Modulen.

Die rhetorischen Relationen zusammen mit den hier beschriebenen Erweiterungen „Aufgabe" und „Fortführung" ergeben die Menge der rhetorisch-didaktischen Relationen. Mit ihrer Hilfe kann auf die Anforderungen der Lernenden in Bezug auf Lernmethode, Schwierigkeitsgrad, Detaillierungsgrad eingegangen werden.

4.4 Vorteile einer derartig beschriebenen Wissensbasis

4.4.1 Zusammenfassung der Beschreibungsmethodik

In den vorherigen Abschnitten wurde eine Beschreibungsmethodik vorgestellt, die sich in drei Komponenten aufteilt:

- ein semantisches Netz, das durch vielfältige und auf die jeweilige Wissensdomäne abgestimmte semantische Relationen es Lehrenden oder einem System ermöglicht, relevante Themen und Unterthemen zu identifizieren,

- eine Beschreibung der einzelnen Module durch LOM, die die Auswahl der Module unterstützt und

- rhetorisch-didaktische Relationen, die zusätzlich über den didaktischen Zusammenhang zwischen Modulen Aufschluss geben und daher ebenfalls zur Auswahl der Module verwendet werden. Zusätzlich kann durch das Explizitmachen der Relationen die Kohärenzbildung unterstützt werden.

4.4.2 Vorteile im System

Wird eine Wissensbasis eines Lehrsystems modular gestaltet und werden die Module auf die oben diskutierte Weise beschrieben, ermöglicht das die individuelle Generierung von Lektionen zu einem Thema für eine heterogene Zielgruppe. Voraussetzung dafür ist die Zusammenführung der unterschiedlichen Beschreibungsmethoden, wie sie oben beschrieben ist. Die Auswahl der Themen und der für die individuelle Lesende oder Lesergruppe interessanten Aspekte findet auf einer abstrakten Ebene durch ein semantisches Netz statt. Hiermit können unterschiedliche Zielgruppen (im medizinischen Bereich beispielsweise Pflegepersonal, Angehörige, Patientinnen und Ärztinnen) zu einem Thema mit unterschiedlichen Lektionen bedient werden. Es wird eine individuelle Gliederung erstellt. Dabei wird auch berücksichtigt, welche Themen der Lernenden schon bekannt sind. Auch die

Lernmethode wirkt sich unter Umständen auf die Auswahl der Themen aus. Wünscht eine Leserin eine Lektion, die mit einer Motivation startet, muss die Problematik, die beispielsweise durch das zu lernende Verfahren gelöst wird, vorgestellt werden, und es müssen vielleicht intuitive, aber nicht ausreichende Verfahren diskutiert werden. Bei einer hierarchischen Herangehensweise sind diese „Abweichungen" nicht notwendig.

Auf individuelle Wünsche und Bedürfnisse in Bezug auf Medien kann durch die Beschreibung der einzelnen Module durch einen Metadatensatz eingegangen werden. Hierbei spielt es keine Rolle, ob die Lernenden aus lerntechnischen Gründen (die unterschiedlichen Bedürfnisse von *visualizer* und *verbalizer* beschreiben Plass et al. in [108]), technischen Gründen (schlechte Internetanbindung, kleiner Bildschirm etc.) oder weil sie eine Behinderung an einem oder mehreren Sinnesorganen haben, bestimmte Medien präferieren. Wenn es das Benutzerprofil vorsieht, können diese Präferenzen auch nur unter gewissen Bedingungen gelten, wenn beispielsweise ausnahmsweise nur eine Modemverbindung zur Verfügung steht. Durch die Auswahl der Module an Hand der Metadaten kann eine einheitliche und passende Sprache gewählt werden. Auch der Schwierigkeitsgrad der einzelnen Module ist mit Metadaten beschreibbar[21]. Mit Hilfe der rhetorisch-didaktischen Relationen kann eine Lektion zusammengestellt werden, die in ihrer Gesamtheit eine angemessene Annäherung an das gewünschte Schwierigkeitsniveau darstellt. Die rhetorisch-didaktischen Relationen legen im Zusammenspiel mit der Auswahl der geeigneten Themen eine Lernmethode fest. Mit ihrer Hilfe kann bestimmt werden, ob und wieviele Beispiele an welchen Stellen angeboten werden sollen, wieviele Aufgaben zu lösen sind etc. Zusätzlich sorgen die Relationen dafür, dass das modular aufgebaute Dokument besser zu lesen ist (siehe Abschnitt 5.1.3.2, S. 144).

Ein Lehrsystem, das eine so beschriebene Wissensbasis hat, hat also die Voraussetzungen für folgende Vorteile:

• Anpassung an die individuellen Bedürfnisse der Benutzerinnen

---

21. Dass die Zuordnung eines Schwierigkeitsgrades zu einem Modul nicht optimal ist, wird in Abschnitt "Schwierigkeitsgrad" ab Seite 181 diskutiert.

- Bruchlose Integration multimedialer und interaktiver Lernressourcen

- Kohärenzmechanismen, um das *Lost in Hyperspace*-Syndrom abzumindern

4.4.2.1 Interaktion mit dem System

Ein weiterer Vorteil ist die Möglichkeit des Interagierens mit dem System[22]. Der Versuch, den Lehrerin-Schülerin-Dialog mit einem elektronischen System nachzuahmen, kann zwar nicht das Niveau zwischenmenschlicher Kommunikation erreichen, da

- das *Parsen* natürlicher Sprache noch nicht weit genug entwickelt ist, um die Spracheingaben der Lernenden befriedigend verarbeiten zu können

- das Benutzerprofil nur einen kleinen Ausschnitt der Persönlichkeit der Lernenden beschreibt (eine Lehrerin kann beispielsweise die familiären Umstände einer Schülerin miteinbeziehen, um ein geeignetes Beispiel zu konstruieren)

- das System nur die Informationen der Lernenden auswerten kann, die durch die Tastatur oder die Maus eingegeben werden, nicht aber den Gesichtsausdruck, die Körperhaltung etc.

- zwischenmenschliche Kommunikation nicht immer nach Regeln, logisch oder statistisch vorhersehbar abläuft, sondern Elemente von Emotion und Intuition beinhaltet, die oft wichtig sind, um das Anliegen der Lernenden zu verstehen und auf eine geeignete Weise darauf antworten zu können.

Weil aber auch die Qualität, Erfahrung und Hingabe von Lehrerinnen unterschiedlich sind, stehen dem zwei Vorteile gegenüber, die Graesser et al. in [53] näher beschreiben: Wenn es eine Trennung der In-

---

22. Interaktion mit dem Lehrsystem kann auf verschiedenen Ebenen geschehen, beispielsweise, um die Fontgröße der Anzeige zu verändern, oder bei der Nutzung interaktiver Module. An dieser Stelle soll die Interaktion diskutiert werden, die dazu beiträgt, dass die Lernenden die Möglichkeit haben, in eine Art von inhaltlich-didaktischem Dialog mit dem System einzutreten.

stanz, die Fragen beantwortet und Fragen zur Kontrolle des Wissensstandes der Lernenden stellt, und der Instanz, die den Lernfortschritt beurteilt und mit einer Note bewertet, gibt, können die Hemmungen der Lernenden, in den Dialog einzutreten, gemindert werden. Außerdem hat die Emotionslosigkeit des Systems den Vorteil, dass es nicht die Geduld verliert, den gleichen Sachverhalt mehrmals zu erklären, und dass es das eventuelle Versagen der Lernenden nicht persönlich nimmt. Schulmeister nennt diese Eigenschaft von Computern oder Programmen in [116] die „Sanktionsfreiheit der Interaktion" und vermutet in der Eigenschaft von Computern, ständiges *Feedback* ohne Bewertung zu geben, einen der Gründe für die Attraktivität von Computern bei Jugendlichen. Ob diese Gründe allerdings ausreichen, den tutoriellen Unterricht eines elektronischen Systems als besser einzuschätzen als den Klassenraum-Unterricht, ist zweifelhaft.

Auch wenn der Dialog eines elektronischen Lehrsystems nicht die Qualität eines zwischenmenschlichen Gesprächs haben kann, ist es dennoch sinnvoll, die Möglichkeiten, die eine modulare Wissensbasis bieten, die mit Meta-Informationen beschrieben ist, auszunutzen. Dieser Dialog kann auf unterschiedliche Weisen geführt werden:

- Die Lernenden können jederzeit explizite Angaben für ihr Benutzerprofil machen. In manchen Systemen kann das Profil lokal modifiziert werden (beispielsweise in Multibook: siehe Abschnitt 6.1.3.3, S. 173); das entspricht der Mitteilung einer Lernenden, dass sie bei diesem Thema bessere oder schlechtere Vorkenntnis hat als bei den übrigen oder dass ihre technische Umgebung abweicht von der allgemeinen Konstellation (siehe oben).

- Die Lernenden können zusätzliches Material anfordern (siehe Multibook, Abschnitt 6.1.5, S. 192).

- Die Lernenden können selbst auf der Wissensbasis navigieren, um herauszufinden, welches Material zur Verfügung steht.

4.4.3 Vorteile über das System hinaus

Unabhängige Module, die mit standardisierten Metadaten beschrieben sind und in einem austauschbaren Format vorliegen, können auch außerhalb eines expliziten Lehrsystems verwendet werden. Die Möglichkeiten zum kollegialen Austausch oder zur kommerziellen Verwertung von Lernressourcen machen es attraktiv, auch aufwändige multimediale Ressourcen zu erzeugen.

5 Probleme der Modularität und deren Kompensation

Die Eigenschaften einer modularen Wissensbasis (Nicht-Linearität, ggf. unterschiedliche Autorinnen etc.) und ihre Vorteile (individuelle Anpassung an die Benutzerinnen) sind oben beschrieben worden. Im Folgenden soll auf einige Nachteile eingegangen werden. In Kapitel 5.1 wird das schwerwiegendste Problem diskutiert, wie nämlich aus einzelnen Modulen ein kohärentes Dokument erstellt werden kann. Kapitel 5.2 beschäftigt sich mit den Umstellungen, die auf Seiten der Autorinnen nötig sind, Kapitel 5.3 mit den – wahrscheinlich – zeitlich beschränkten Umgewöhnungsproblemen der Lernenden.

5.1 Kohärenz

Im Folgenden ist in Kürze beschrieben, was unter dem linguistischen Begriff Kohärenz zu verstehen ist und welche Möglichkeiten es gibt, die in modular zusammengesetzten Texten fehlende Kohärenz wenigstens teilweise wieder zu erreichen.

5.1.1 Begiffsbildung Kohärenz

Mit Kohärenz wird der Zusammenhang eines Textes bezeichnet. Was das detaillierter meint, wird von Linguistinnen je nach ihren Zielen unterschiedlich definiert. Ist das Ziel Textanalyse, so ist Kohärenz eine Eigenschaft eines Textes, die ihm innewohnt und mit dessen Hilfe Text sich von anderen sprachlichen Konstrukten wie beispielsweise Bulletlisten auf einer Folie oder Werbeslogans abgrenzen lässt. Wenn das Ziel Textgenerierung ist, dann ist Kohärenz etwas, was sich im Laufe des Kommunikationsprozesses auf Grund der persönlichen

Zusammenhänge der Textproduzentin und Textrezipientin entwikkelt. In Hypertexten kann man nicht von *einem* Text sprechen, da durch das Verfolgen eines Pfades von jeder Benutzerin ein individueller Text erzeugt wird. Kohärenz kann also nur in der Interpretation der Textgenerierung verstanden werden. In diesem Sinn bemerkt auch Kuhlen [79],

> ... dass es wenig Sinn macht, von der *Gesamtkohärenz* einer Hypertextbasis zu sprechen. Die eine Hypertextkohärenz kann es nicht geben. Dennoch sollte die jeweilige aktuelle Nutzung von Hypertexten zu einer insgesamt kohärenten individuellen Wissensrezeption führen. Hypertexte sind in hohem Grad rezipientenabhängige Informationssysteme. Zwar ist Kohärenz ... auch in traditionellen Texten nicht nur eine Leistung des Autors, sondern beruht auch auf der Rezeptionskompetenz des Lesers, in Hypertext wird dies aber zum generellen Prinzip gemacht. ... Hypertext radikalisiert das in Texten angelegte rezipientenabhängige Kohärenzprinzip.

Eine weitere wichtige Unterscheidung ist die in lokale und globale Kohärenz[1]. Unter lokaler Kohärenz wird in dieser Arbeit die Verbindung räumlich benachbarter Textabschnitte verstanden. Diese Verbindung muss nicht durch äußere Erscheinungen, z.B. die Verwendung bestimmter sprachlicher Mittel ausgedrückt werden. Globale Kohärenz hält in einem Text die einzelnen Textabschnitte zusammen, stellt den Gesamtzusammenhang her.

In traditionellen Texten wird lokale Kohärenz hergestellt durch pragmatische Verbindung der Textabschnitte, zum Beispiel in expliziten oder impliziten Fragen und ihren Antworten. Realisiert werden kann das in monologischen Texten durch rhetorische Fragen oder das Eingehen auf situative Notwendigkeiten (ein schwieriger Sachverhalt wird für eine Laienzielgruppe erst im Überblick erklärt. Das erfordert eine detailliertere Erklärung im Anschluss). Globale Kohärenz kann durch textabschnittübergreifende Formulierungen unterstützt werden ("In Kapitel 3 haben wir die grundlegenden Verfahren erklärt, jetzt gehen wir auf die Weiterentwicklung ein"). Die Reihenfolge der Textabschnitte spielt auch eine große Rolle. Globale Kohärenz beschreibt den Zusammenhang von Thema und Text.

---

1. Eine ausführliche Diskussion zur Definition von Kohärenz, Kohäsion etc. findet sich in [112].

Van Dijk [143] spricht von pragmatischer und semantischer Kohärenz.

5.1.2 Kohärenz und Modularität

Thüring et al. [141] haben in ihrem Artikel ausgeführt, dass die Lesbarkeit von Hypermedia-Dokumenten von zwei Faktoren beeinflusst ist: Kohärenz verbessert und kognitive Überlast verschlechtert die Lesbarkeit. Thüring et al. konzentrieren sich in ihrem Artikel auf die Beschränkung der kognitiven Überlast. Sie diskutieren das Problem der Kohärenz als leicht zu lösendes. Ihrer Meinung nach ist es ausreichend, wenn die Autorinnen die semantischen Relationen zwischen zwei Modulen in Form von getypten *Links* ausdrücken.

Aus verschiedenen Gründen ist diese Herangehensweise höchstens für kleine Hypermedia-Systeme mit einer einheitlichen Zielgruppe geeignet: Zum einen erschweren auf Seiten der Autorinnen semantische Relationen zwischen den tatsächlichen Informationsmodulen die Austauschbarkeit und den alternativen Gebrauch von mehreren Modulen, zum anderen steigt die kognitive Last für die Leserinnen, wenn bei jedem Modul zwischen mehreren Möglichkeiten entschieden werden muss, welches Modul geeignet ist, als nächstes betrachtet zu werden. Besonders für Lernende, die naturgemäß das Gebiet noch nicht kennen, über das sie etwas lernen wollen, ist es schwierig zu unterscheiden, welche Informationen wichtig sind und welche weniger Bedeutung haben.

Modularität ist, wie in den Kapiteln 2 und 4 diskutiert, eine notwendige Voraussetzung für Adaptivität. Kohärenz und Modularität sind aber zwei Eigenschaften, die sich widersprechen. Je kohärenter ein Dokument ist, desto schlechter lässt es sich in unabhängige Module zerlegen, und umgekehrt je modularer ein Dokument aufgebaut ist, desto weniger Hinweise auf Kohärenz können etabliert werden. Es ist schwierig, ein objektives Maß für Modularität zu definieren. Die erste intuitive Annahme, Modularität könne durch die Größe eines Moduls (z.B. Wörter pro Modul für textbasierte, Bilder pro Modul für videobasierte Module) bestimmt sein, muss bei näherer Betrachtung scheitern. Dokumente haben unterschiedliche semantische Dichten, das heißt, ein Text von fünfzig Wörtern kann eine äquivalente Aussagekraft oder Informationsmaß haben wie ein Text von hundert Wörtern. Betrachtet man Module im Zusammenhang einer Wissensbasis, die mit einem semantischen Netz (oder mit unverbundenen Schlüsselbergriffen) beschrieben ist, kann ein Maß für Modularität, das innerhalb des Lehrsystems gilt, sein, wieviele Schlüsselbegriffe mit dem Modul verbunden sind.

Seien S_i Schlüsselbegriffe, M ein Modul.
Dann ist das μ(M) das Maß der Modularität von M mit:

$$\mu(M) \ = \ |\{S_i\}|, \ M \ \textit{ist mit } S_i \ \textit{verbunden.}$$

Das bedeutet, dass je weniger modular ein Modul M, also je größer μ(M) ist, desto eher lässt sich M in Module M_1, ..., M_m mit kleinerem μ(M_i) unterteilen. Ein Vergleich des Grads an Modularität über die Grenzen eines bestimmten Lehrsystems hinaus lässt sich nur dann realisieren, wenn die Anzahl der Schlüsselbegriffe der jeweiligen Wissensgebiete miteinander in Verbindung gesetzt wird. Ein Maß für Kohärenz ist ebenso schwierig zu finden, weil Autorinnen nur Hinweise auf Kohärenz geben können. Die eigentliche Leistung des Verbindens der (Text-)Abschnitte liegt bei der individuelle Rezipientin. Geht man von der Anzahl der Kohärenzhinweise aus, sind diese im Allgemeinen je größer, desto umfangreicher ein in sich abhängiger Text. In einem Dokument, das aus vielen Modulen besteht, die unabhängig voneinander sind, gibt es folglich wenig Hinweise auf Kohärenz.

Soll also ein modulares Dokument auch kohärent sein, müssen zusätzlich zu den Modulen Informationen eingefügt werden, um die Kohärenz zu steigern.

Im Folgenden werden einige Ansätze beschrieben, mit denen den Lernenden Hinweise geboten werden können, wie sie sich aus den einzelnen Modulen einen Zusammenhang erschließen können (siehe dazu auch [119]). In Abschnitt 5.1.3 werden Möglichkeiten aufgezeigt, lokale Kohärenz zu etablieren, in Abschnitt 5.1.4 Werkzeuge beschrieben, um den Lernenden einen Überblick darüber zu geben, wie die gelernte oder zu lernende Lektion sich in einen größeren Kontext einordnen lässt.

5.1.3 Lokale Kohärenzbildung

5.1.3.1 Guided Tour

Um insbesondere für Anfängerinnen Hinweise zur Kohärenzbildung zu geben, führen manche Hypermedia-Systeme sogenannte *Guided Tours* ein. Das sind vordefinierte Pfade durch das Material. Auf diese Weise wird modulare Struktur durch einen linearen Ablauf vereinfacht. Indem die Leserinnen diesem Pfad folgen, müssen sie sich nicht mit den Entscheidungen belasten, welches Modul als nächstes gewählt werden sollte oder ob Module in einem Zusammenhang stehen, sie können davon ausgehen, dass zwei aufeinanderfolgende Module inhaltlich eng miteinander verbunden sind. Aber die Konzepte von individuellen Lerneinheiten und vorgefertigten *Guided Tours* bilden einen starken Gegensatz. Die Herangehensweise *„one size fits all"* genügt nicht dem Anspruch, Lernenden mit unterschiedlichen Bedürfnissen eine adäquate Lektion zu bieten.

Eine Lösung, diesen Gegensatz zu überwinden, wurde in [133] vorgeschlagen. Es werden für jede Leserin individuelle *Guided Tours* erzeugt. Hierbei werden den Lernenden keine festen Lektionen angeboten. Die Lektionen werden dynamisch den Angaben eines Benutzerprofils (siehe 2.2, ab S. 19) folgend zusammengestellt. Diese Angaben werden abgebildet auf die Beschreibungen der einzelnen Module der Wissensbasis.

Um die Bedürfnisse der Lernenden noch besser zu befriedigen, können die Lernenden Nachbarknoten besuchen, die nicht in der *Guided Tour* beinhaltet sind. Um zu einem geeigneten benachbarten Modul zu gelangen, können sie eine natürlichsprachliche Liste mit den Namen der *Links* konsultieren, die von dem aktuellen Modul der *Guided Tour* ausgehen. Auf diese Weise können die Lernenden von ihrem Lernpfad abweichen. Da die Länge der Abweichung aber auf 1 beschränkt ist, also von den zusätzlich besuchten Modulen nicht weiternavigiert, sondern nur zum vorgegebenen Pfad zurückgegangen werden kann, ist keine Gefahr gegeben, dass die Lernenden die Orientierung verlieren. Ein Übergang mit längeren Abweichungen zur freien Navigation ist vorstellbar.

5.1.3.2 Ausnutzen der Relationen zwischen den Modulen

Jeder *Link* zwischen zwei Modulen repräsentiert eine Relation. Nicht weiter spezifizierte (ungetypte) *Links* helfen den Leserinnen nicht sehr, die Art des Zusammenhanges zu verstehen. Deshalb verwenden viele Systeme benannte (getypte) *Links*. Es gibt dafür unterschiedliche Realisierungen. Manche Systeme bedienen sich einer Ampel-Metapher (siehe Abschnitte 3.3.2, ab S. 44 und 3.3.3, ab S. 46). Die *Link*-Anker sind mit verschiedenen Farben versehen, die den Leserinnen Empfehlungen geben, ob die entsprechenden Module besucht werden sollten und ob die Leserin sie schon besucht hat. Die Empfehlungen basieren auf den Eintragungen der individuellen Lernhistorie, die im Benutzerprofil gespeichert ist. Das ist ein sehr hilfreiches Werkzeug, um einen geeigneten Pfad zu finden, ohne unnötig viele Module aufzusuchen, d.h. es vermindert die kognitive Überlast. Aber es unterstützt nur wenig bei der Bildung eines inhaltlichen Zusammenhangs.

Linguistische Theorien über die Beziehungen verschiedener Textabschnitte zueinander können verwendet werden, um den Zusammenhang zweier Module explizit zu machen. Die rhetorisch-didaktischen Relationen (siehe Abschnitt 4.3.3.3) können benutzt werden, um auf die Benutzerbedürfnisse beispielsweise in Bezug auf Schwierigkeitsgrad und Lernstrategie eingehen zu können. Sie können aber ebenfalls verwendet werden, um Hinweise auf Kohärenz zu geben. Wenn Relationen dieser Art zwischen Modulen gegeben sind, kann das System automatisch kurze Sätze zwischen zwei Modulen erzeugen, die den rhetorisch-didaktischen Relationen entsprechen. Beispiel:

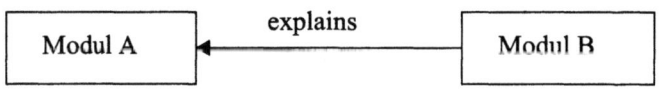

Abbildung 24: Beispiel für eine Relation, die zwei Module miteinander verbindet

In der generierten Lektion, die Modul A und B hintereinander beinhaltet, können die Inhalte der beiden Module mit dem Satz „Folgendes erklärt das Obige" verbunden sein. Auf diese Weise werden textuelle Hinweise auf Kohärenz wieder hergestellt.

Eine rhetorisch-didaktische Relation spielt eine zusätzliche Rolle. Wenn ein Modul als Fortsetzung eines anderen angesehen werden kann, können beide durch die Relation „Fortführen" miteinander verbunden werden. Es ist nicht notwendig, dass die Module in einem engen semantischen Zusammenhang stehen. Es kann sich um ein fortgeführtes Beispiel handeln. Ein Modul kann möglicherweise eine Graphik sein, die einen Apfel darstellt als ein Beispiel einer Frucht, das andere ist eine Darstellung eines aufgeschnittenen Apfels und dient zur Veranschaulichung der Struktur eines Kernobstes. Wenn diese beiden Module mit der Relation „Fortführung" verbunden sind, können sie, wenn die Lernende sowohl an Beispielen von Obst als auch an Kernobst im Besonderen interessiert ist, gemeinsam ausgewählt werden. So kann ein roter Faden durch die Lektion gelegt werden, der sonst nicht vorhanden ist.

5.1.4 Globale Kohärenzbildung

5.1.4.1 Übersicht über das Wissensgebiet

Hinweise auf den Zusammenhang zwischen einem Dokument und seiner Umwelt sind oft durch die Art und Weise gegeben, wie das Dokument präsentiert wird. Das Wissen, ob ein Dokument Teil eines wissenschaftlichen Tagungsbandes ist oder ein Artikel einer allgemein-informierenden Tageszeitung, gibt Hilfestellungen, das Dokument richtig einzuordnen. Wissenschaftlichen Büchern ist oft auf dem Einband eine Kurzbeschreibung des Inhalts und die Positionierung des Buches in der jeweiligen Wissensdomäne beigefügt. Zeitschriftenartikel und Konferenzbeiträge sind mit *keywords* beschrieben, die das schnelle Erfassen der individuellen Relevanz erleichtern.

Im Idealfall müssen die Benutzerinnen eines adaptiven Lehrsystems sich keine Gedanken darüber machen, ob das ihnen angebotene Dokument das geeignete wissenschaftliche Niveau hat oder das gewünschte Thema unter dem für sie richtigen Gesichtspunkt aus betrachtet. Sie können davon ausgehen, dass das System die für sie relevanten Informationen auswählt.

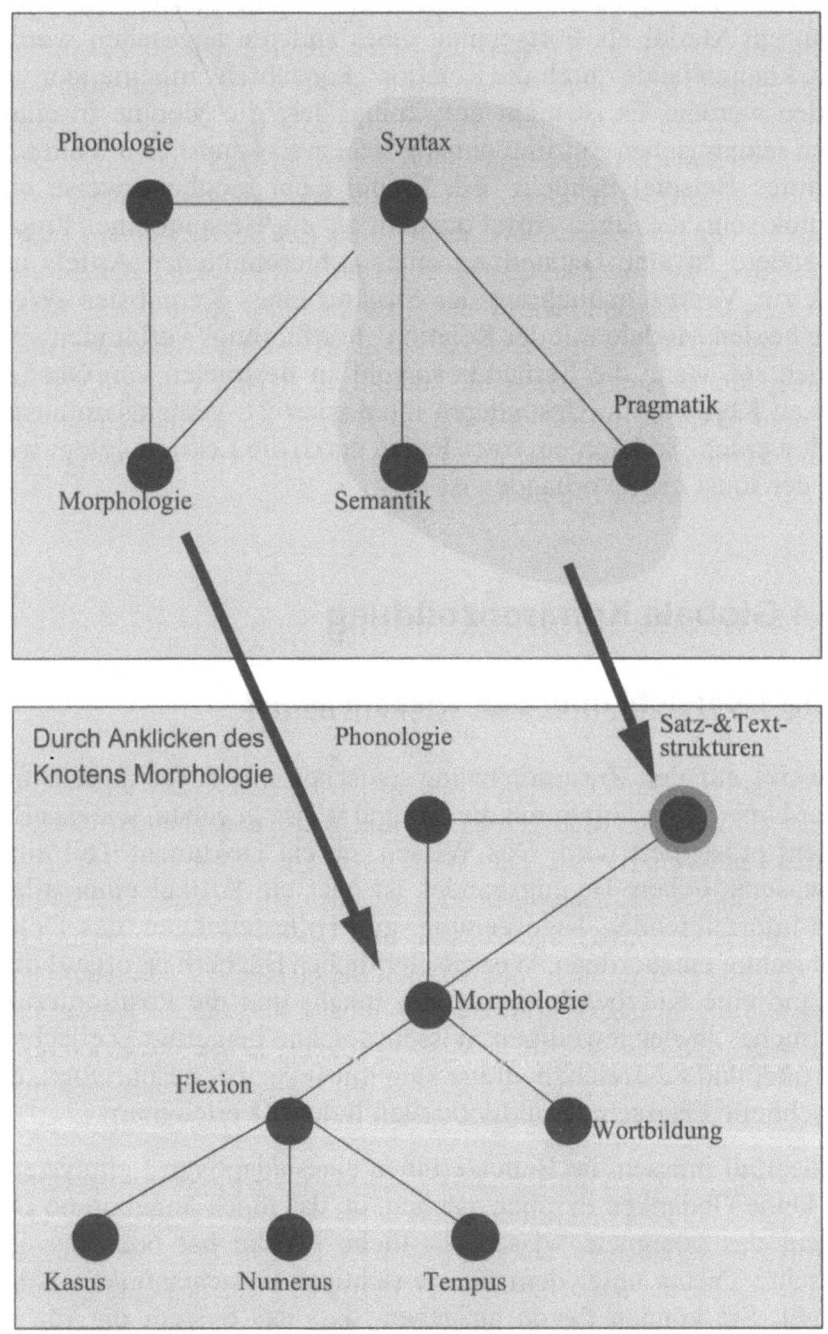

Abbildung 25: Graphische Darstellung eines semantischen Netzes zum Thema
Linguistik mit expandierten und zusammengezogenen Knoten

In Hypermedia-Systemen, die ein semantisches Netz der zu vermittelnden Wissensdomäne beinhalten, kann eine vereinfachte graphische Darstellung davon den Lernenden die Einordnung der einzelnen Module oder eines aus Modulen zusammengestellten Kurses die Einordnung in das Umfeld sehr erleichtern. Da die Wissensgebiete in der Regel zu komplex sind, um auf einer Bildschirmseite graphisch dargestellt werden zu können, müssen Mechanismen entwickelt werden, den für die jeweilige Situation der Benutzerinnen nützlichen Ausschnitt auszuwählen. Um ein Thema auszuwählen, ist eine Sicht sinnvoll, die eine übersichtliche Anzahl an Knoten, die für Themenbereiche stehen, anzeigt (siehe Abbildung 25).

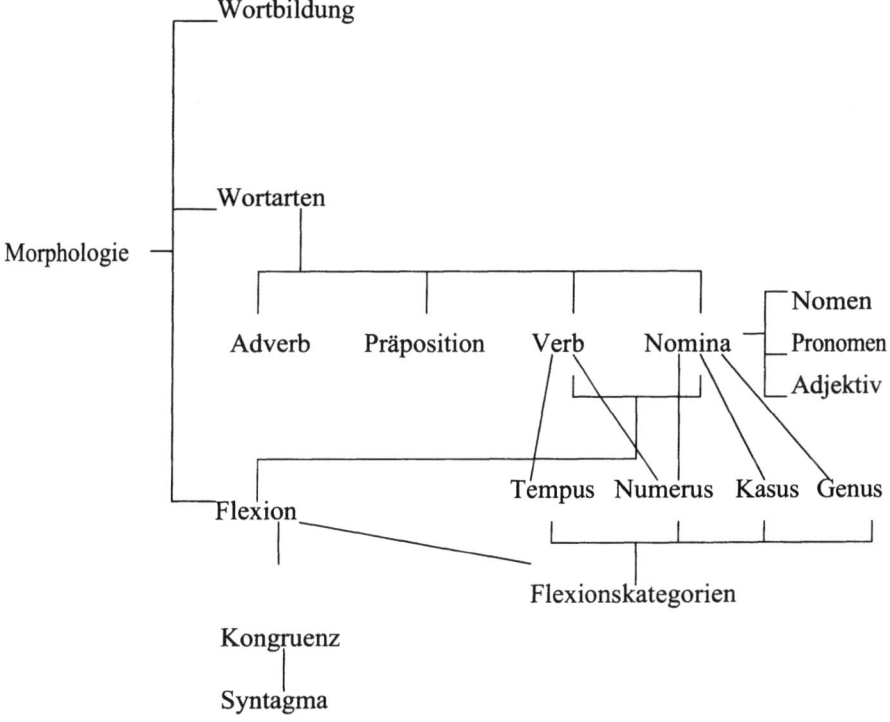

Abbildung 26: Graphische Detail-Darstellung des semantischen Netzes "Linguistik" mit Sicht auf den Begriff „Flexion" und allen Nachbarn mit einem Abstand bis zu 2

Diese Knoten können expandiert werden und bieten dann eine detailliertere Sicht auf den gewählten Themenbereich. Damit die Anzahl der Knoten nicht unübersichtlich groß wird, können länger nicht besuchte und weiter entfernter liegende Knoten zusammengefasst (siehe [97]). Hat die Lernende die Umgebung des Knotens ihres gewünschten Themas erreicht, sind andere Verkleinerungsmechanismen des Gesamtnetzes hilfreicher. Die Lernende kann entweder alle Knoten bis zu einem bestimmten Abstand zu ihrem Thema sehen (siehe Abbildung 26, ab S. 147) oder nur die Knoten, die mit für sie wichtigen Relationen mit ihrem Thema verbunden sind (siehe Abbildung 27, ab S. 148). Diese Darstellungen erleichtern den Lernenden die Übersicht über das weitere Feld des von ihnen gewählten Themas.

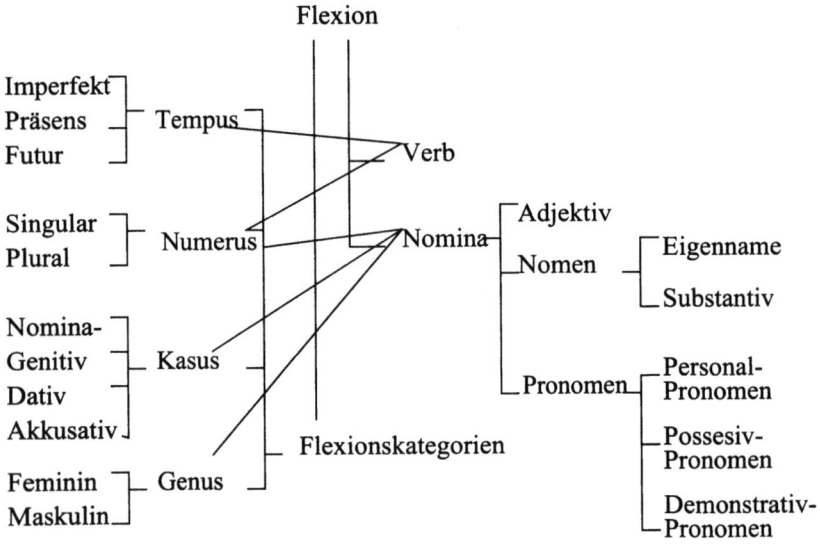

Abbildung 27: Graphische Detail-Darstellung des semantischen Netzes "Linguistik" mit Sicht auf den Begriff „Flexion" und seinen Nachbarn bezüglich dem Wirkungsgebiet und den Unterbegriffen

5.1.4.2 Inhaltsverzeichnis

Ein sehr mächtiges Werkzeug für textimmanente globale Kohärenz in einem linearen Dokument ist ein Inhaltsverzeichnis. Inhaltsverzeichnisse bieten den Lernenden eine Übersicht über die Struktur der Lektion. Die Autorinnen legen eine Reihenfolge und eine Hierarchie der Informationseinheiten fest und geben damit Hinweise auf deren Position in der Lektion (siehe [133]).

In adaptiven Hypermedia-Systemen, in denen Lektionen aus Modulen erzeugt werden, kann es kein allgemein gültiges Inhaltsverzeichnis geben, das in der Reihenfolge und Hierarchieebenen mit den Lektionen übereinstimmt. Die Inhaltsverzeichnisse müssen also jeweils mit den Lektionen zusammen erzeugt werden. Auch dazu kann das zu Grunde liegende semantische Netz benutzt werden. Die Begriffe des semantischen Netzes dienen als Einträge des Inhaltsverzeichnisses. Die Auswahl, Reihenfolge und Gliederungsebene ist durch das Benutzerprofil festgelegt. Diese Festlegung kann entweder automatisch (in Multibook, siehe Abschnitt 6.1.4 ab S. 175) oder durch eine Lehrende (in MediBook, siehe Abschnitt 6.2 ab S. 193) erfolgen. Diese individuell generierten Inhaltsverzeichnisse haben die gleiche Funktionalität wie herkömmliche Inhaltsverzeichnisse, zusätzlich können sie sich zum Inhalt synchronisieren, d.h. an verschiedenen Schriftfarben ist für die Lernenden ersichtlich, welche Abschnitte sie bisher gelesen haben und an welcher Stelle sie sich gerade befinden. Die Benutzerinnen können auch auf den Inhaltsverzeichnissen navigieren.

5.2 Neue Art des Schreibens für Autorinnen

Sowohl bei traditionellen als auch bei elektronischen Lehrsystemen sind die Autorinnen die Inhaltsexpertinnen. Sie generieren die Module entweder selbst oder geben die Erstellung mit genauen Spezifikationen bei Dritten in Auftrag. Dass die Änderungen, die sich für die Autorinnen ergeben, wenn sie Beiträge zu einer modular aufgebauten Wissensbasis liefern, als Nachteile diskutiert werden, liegt an der Unwilligkeit der Autorinnen, sich auf eine neue Art des Publizierens einzulassen. Neben der Umstellung ihrer Arbeitsweise müssen sie auch

Einbußen in ihrer Unabhängigkeit hinnehmen. Statistische Untersuchungen, wieviele Autorinnen bereit wären, sich umzustellen, liegen nicht vor. Aber aus Gesprächen mit einem leitenden Mitarbeiter eines großen Verlags stammt folgendes Zitat: "Die allgemeine (und meine spezielle) Verlagserfahrung besagt jedoch, dass die meisten Autoren den Verlag erst konsultieren, wenn sie das Manuskript schon mit einem Textverarbeitungssystem und/oder gewissen Voreinstellungen geschrieben haben. Die Nachbearbeitung ist dann manchmal nicht unerheblich."

5.2.1 Aufteilung in Module

Die Module werden in unterschiedlichen Zusammenhängen und Reihenfolgen zusammengestellt. Sie müssen daher kontext-frei geschrieben sein: in sich abgeschlossene, semantisch und syntaktisch unabhängige Informationseinheiten (siehe [79]). Sie dürfen keine sprachlichen oder inhaltlichen Bezüge enthalten, die über das Modul hinausgehen. Sprachliche Bezüge bewirken bei einem linear geschriebenen Text, dass er flüssig gelesen werden kann. Das sind beispielsweise Anaphern, Pronomina, die statt einer schon vorher erwähnten Nominalphrase verwendet werden. Beispiel: „Peter und Paul spielen mit dem neuen Ball. Sie haben ein Tor aufgebaut." Dieser Bezug kann nicht aufgelöst werden, wenn der "Anker" nicht vorhanden ist. Die Verwendung von Anaphern gehört aber zum "guten Stil" des Schreibens. Ebenso verhält es sich mit deiktischen Ausdrücken[2] wie "...wie wir in Kapitel 3 gesehen haben..." oder "...zusammenfassend lässt sich sagen..." oder "...das Beispiel aus dem obigen Abschnitt fortsetzend..." (siehe hierzu auch [144]).

Es gibt Wissenschaftlerinnen, die die Aufgabe, Module statt eines linearen Textes zu schreiben, eher als einen Vorteil ansehen. Baird und Percival in [5] und Streitz in [136] stellen die These auf, dass das modulare Formulieren den Autorinnen erspart, ihre netzartige Wissensstruktur zu linearisieren, und den Leserinnen, sie wieder zu delineari-

---

2. M. Nussbaum nennt diese Konstruktionen metakommunikative Formeln und stellt in [101] die Bedeutung dieser für kohärente Texte dar.

sieren. Slatin (siehe [124]) behauptet, dass besonders Studierende auf diese Weise eher ergründen können, was sie tatsächlich denken, als durch das Verfassen eines linearen Textes.

SO:

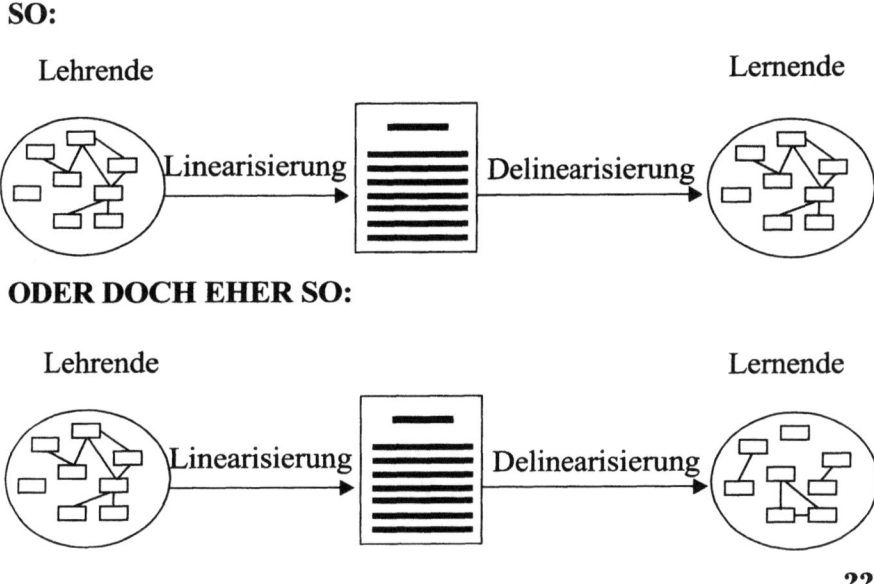

ODER DOCH EHER SO:

Abbildung 28: Das Delinearisieren des Wissens auf Seiten der Lernenden ergibt in der Regel nicht das gleiche Modell, das die Lehrende vor der Linearisierung vorliegen hatte

Hinter diesen Thesen steckt das Bild, dass es möglich ist, die Wissensrepräsentation einer Lehrenden mittels eines Hypermedia-Systems direkt einer Lernenden zu übermitteln. Wenn dem so wäre, wäre es im Gegenteil ein entschiedener Nachteil. Um Wissen aus Informationen zu erlangen, ist es für die Lernenden notwendig, den Kontext der Informationen und deren Zusammenhang zu dem schon vorhandenem Wissen zu finden. Das kann nicht automatisch von jemand anderem übernommen werden. Conklin in [26] bezweifelt überdies, dass es leichter ist, eine netzartige Struktur zu schreiben als einen linearen Ablauf, auch wenn das Wissen netzartig vorliegt. Die kognitive Last des Verlinkens und des Überblickbewahrens ist bei weitem höher.

Hinzu kommen die Veränderungen des Schreibstils, die wegen des Rezipierens am Bildschirm notwendig sind. Autorinnen müssen sich also bei ihren Beiträgen zu einer modularen Wissensbasis auf eine neue Schreibweise einlassen, die dem herkömmlichen Sprachgefühl und didaktischen Überlegungen und Erfahrungen widerspricht.

5.2.2 Einordnung in eine gegebene Formalisierung der Wissensdomäne

Wie oben erwähnt (dieses Buch ist ein lineares Dokument, sie enthält inhaltliche Bezüge über mehrere Abschnitte des Textes hinweg) bildet eine formale Beschreibung (welcher Art auch immer) der Domäne das Skelett der Wissensbasis. Autorinnen, die an den Inhalten der Wissensbasis schreiben, müssen sich der gegebenen Beschreibung und Terminologie unterordnen. Sie können sie zwar gegebenenfalls erweitern, die Erweiterung muss aber zu den schon existierenden Teilen konform sein. Auch das mag den Vorstellungen der Autorinnen entgegenstehen. Nicht einmal auf einem so strukturierten Gebiet wie der Mathematik wird es eine Übereinstimmung geben, wie die formale Beschreibung aussehen muss. Umso schwieriger ist ein Konsens in weniger strukturierten Domänen wie Kunstgeschichte oder Theologie. So war es zum Beispiel in dem Projekt MediBook (siehe Abschnitt 6.2 ab S. 193) von Seiten der Mediziner, die als Autoren tätig waren, nicht gewünscht, schon existierende semantische Netze zu verwenden. Es wurde ein eigenes erstellt, was einen nicht unerheblichen Aufwand bedeutet hat.

5.2.3 Trennung von Inhalt und Gestaltung

Bei herkömmlichen – gedruckten, linearen – Dokumenten ist die physikalische Struktur eng mit der inhaltlichen Struktur verbunden. Autorinnen verstehen deshalb ihre Aufgabe nicht nur als Liefern von Informationen, sondern auch als didaktische, rhetorische und oft graphische Ausarbeitung. Auch wenn sie die Graphiken nicht selbst

erstellen, sind sie die Auftraggeberinnen und bestimmen den Umfang und die Art und Weise. Die didaktische Aufbereitung, die mit der Auswahl der Themen beginnt und auch eine hierarchische Reihenfolge umfasst, variiert je nach Autorin. Um einen Beitrag zu der modularen Wissensbasis zu leisten, müssen die Autorinnen sich darauf einlassen, dass sie nicht für eine Gesamtproduktion zuständig sind und dass ihre Module in anderen Kontexten verwendet werden könnten, als sie sich das vorstellen. Die Autorinnen können ihren Beiträgen weniger eine "persönliche Note" geben.

5.2.4 Versehen der Module mit Metadaten

Eine zusätzliche Aufgabe kommt auf die Autorinnen zu, wenn sie ihre Module mit Metadaten versehen müssen. Der in Abschnitt "Learning Object Metadata" auf Seite 103 beschriebene Vorschlag LOM für eine Standardisierung von Metadaten im Bildungsbereich umfasst beispielsweise 59 verschiedene Felder. Die persönlichen Erfahrungen mehrerer Verlagsangehöriger verschiedener Verlage zeigen, dass Autorinnen zur Zeit in der Regel nicht bereit sind, den Mehraufwand auf sich zu nehmen, neben der Erstellung der Lernressourcen diese auch noch formal zu beschreiben.

5.2.5 Lösungsansätze

Einen generellen Lösungsansatz kann es nicht geben. Die Autorinnen müssen eine generelle Bereitschaft haben, sich auf eine andere Art des Schreibens einzulassen. Vielleicht ist es nur ein Gewöhnungsproblem, das nur die "Pioniere" zu bewältigen haben, während es die Autorinnen der Zukunft als eine ganz natürliche Weise empfinden. Ted Nelson, der den Begriff "Hypertext" geprägt hat, versteht ihn nicht im eingeschränkten Sinn als eine auf den Computer beschränkte Art von Text: *By „hypertext" I mean non-sequential writing* (siehe [98]). Er fasst damit auch traditionelle Referenztexte wie Lexika und Zeitun-

gen darunter. Deshalb versteht er Hypertext/Hypermedia auch ver-
wurzelt in der Tradition von Texten ([99]).

> Many people consider these forms of writing new and drastic and
> threatening. However, I would like to take the position that hypertext
> is fundamentally traditional and in the mainstream of literature.

Die generelle Bereitschaft muss und kann aber durch technische
Hilfsmittel unterstützt werden. So kann ein einfach zu bedienendes,
graphisches Werkzeug, das mit einer Suchfunktion kombiniert wird,
das Einsortieren der einzelnen Lernmodule an die richtige Stelle des
semantischen Netzes sehr intuitiv gestalten.

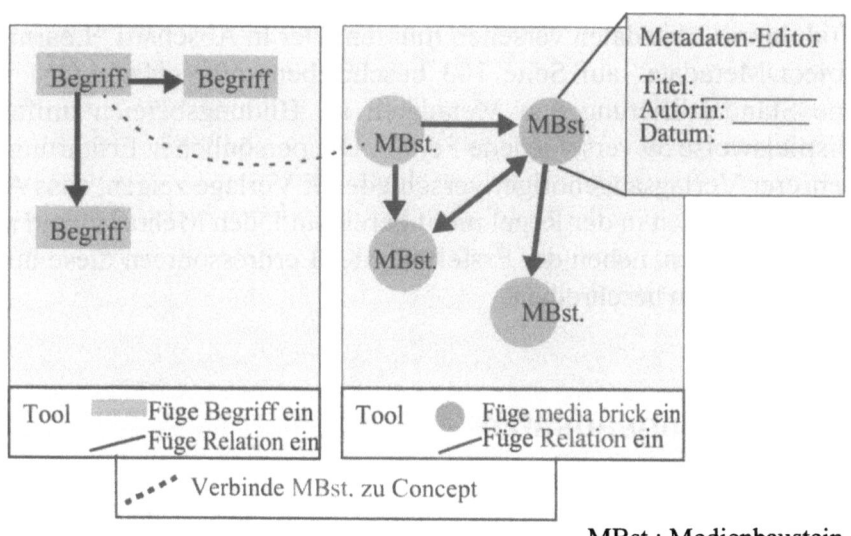

Abbildung 29: Vereinfachte Ansicht der MediBook-Autoren-Tools

Abbildung 29 zeigt ein Beispiel für ein graphisches Werkzeug, das es
den Autorinnen erleichtern soll, die Module an die richtigen Stellen in

einem unter Umständen großen und unübersichtlichen semantischen Netz zu platzieren und gegebenenfalls neue Begriffe in das semantische Netz einzufügen.

Auch die Eingabe der Metadaten kann durch einen Metadaten-Editor vereinfacht werden. Abbildung 30 zeigt einen im Projekt Multibook entwickelten LOM-Editor (siehe hierzu auch [134]), der durch seine übersichtliche Oberfläche und die Möglichkeit, *Templates* für sich wiederholende Eingaben anzulegen, die Eingabe erleichtert.

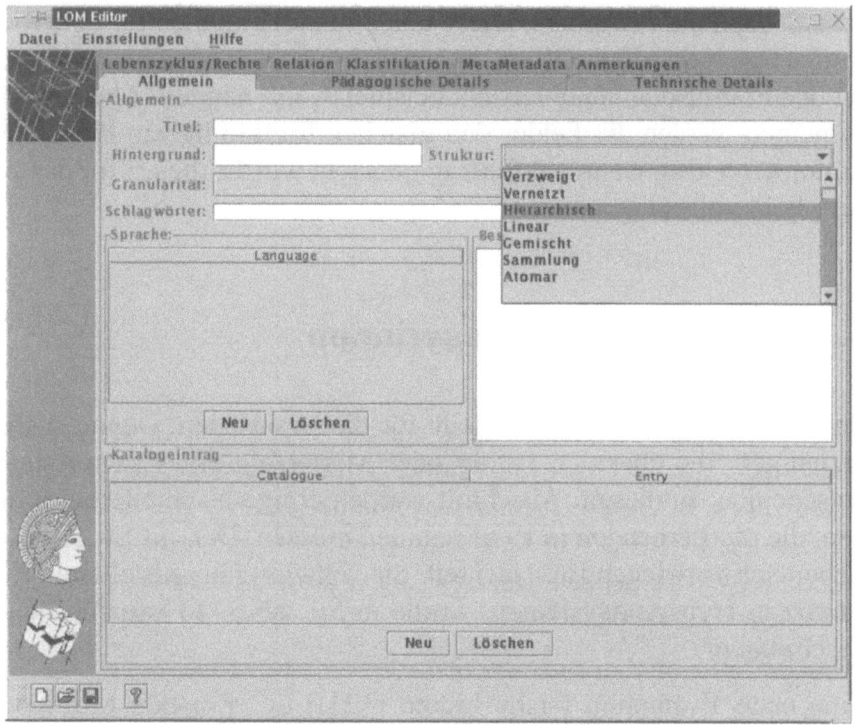

Abbildung 30: Der am Lehrstuhl Multimedia Kommunikation KOM (TU Darmstadt) entwickelte LOM-Editor

Ein Editor kann mit Programmen ergänzt werden, die das Ausfüllen per Hand minimieren. Es können Informationen aus den Ressourcen gezogen werden. Beispielsweise können Datenformat und Größe der

Datei dem lokalen Dateisystem entnommen werden. HTML 3.2 sieht Metatags vor (siehe [153]). Auch diese können zum Teil angepasst und als Vorschlag übernommen werden. Ebenso verhält es sich, wenn externe Metadaten schon vorhanden sind. Eine weitere Erleichterung für die Autorinnen ist es, wenn sie sich durch ein Benutzerprofil oder die Verwendung von Schablonen ersparen können, häufig wiederkehrende Daten immer wieder einzugeben. Die Autorinnen können Schablonen verwenden, in denen zum Beispiel ihr Name oder die verwendete Sprache vorgegeben werden. Oft gibt es auch innerhalb der Metadatenschemata Abhängigkeiten. Im LOM-Vorschlag gibt es beispielsweise in der Kategorie *"General"* und in der Kategorie *"Educational"* das Feld *Language*. Diese beiden Felder können für eine Ressource unterschiedliche Werte haben, wenn es sich um eine Ressource für den Fremdsprachenunterricht beispielsweise handelt. Aber im Allgemeinen werden die Felder den gleichen Eintrag haben. Ein LOM-Editor kann also, wenn ein Eintrag gemacht wurde, diesen für das andere Feld vorschlagen.

5.3 Nachteile für die Leserinnen

Entscheidender sind die Nachteile für die Leserinnen. Denn sie sind diejenigen, die über den Erfolg oder Misserfolg eines Lehrsystems entscheiden. In diesem Abschnitt werden einige Nachteile beschrieben, die die Lernenden in Kauf nehmen müssen. Der aus Sicht dieser Arbeit schwerwiegendste Nachteil, die schwierig herzustellende Kohärenz in Hypertextsystemen, wurde in 5.1, ab S. 139 ausführlicher beschrieben[3].

Eine erste Evaluation (siehe hierzu [121]) des Projekts Multibook (siehe Abschnitt 6.1, ab S. 162) mit fünfzehn Studierenden einer Vorlesung über Multimedia-Technologie hat gezeigt, dass die Lernenden misstrauisch gegen automatisch zusammengestellte Informationen

---

3. Der sicherlich nicht unerhebliche Nachteil des Bildschirmlesens im Vergleich zum Buchlesen soll hier nicht thematisiert werden, da dieser Nachteil durch die Verwendung elektronischer Medien entsteht und nicht primär durch eine modulare Wissensbasis.

sind. Die Studierenden hatten die Auswahl zwischen zwei verschiedenen Lehrmethoden. Sie wurden auf einem Fragebogen gefragt, welcher Lehrmethode sie gefolgt sind:

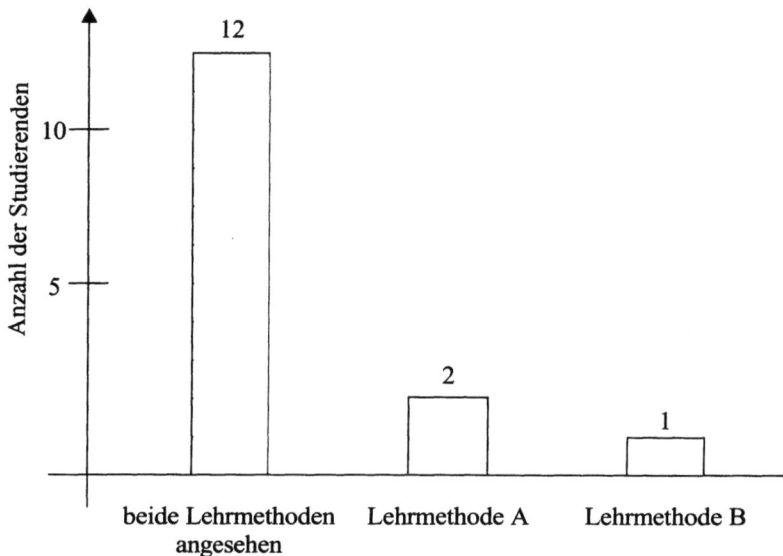

Abbildung 31: Auswertung einer Multibook-Evaluation bezüglich der gewählten Lehrmethode

Bei nachfolgenden mündlichen Interviews erklärten zehn der zwölf Befragten, dass sie beide Lehrmethoden angeschaut hätten, weil sie sichergehen wollten, alle nötigen Informationen erhalten zu haben. Die anderen beiden motivierten ihr Verhalten durch Neugier.

Einem Computersystem wird oft nicht zugetraut, dass es auf Grund von Angaben über die Benutzerinnen oder gar automatischen Schlüssen aus dem Benutzerverhalten die richtigen Informationen zusammenstellt. Je wichtiger die gewünschten Informationen sind – im Falle der Multibook-Evaluation waren die Informationen wichtig, weil die Studierenden Prüfungen zu der Vorlesung machen müssen –, desto direktere Selbstbestimmung wollen die Benutzerinnen haben.

Bevor die Leserinnen die auf sie zugeschnittenen Lektionen konsumieren können, müssen sie sich die Mühe machen, dem Lehrsystem

Angaben über sich selbst zu machen. Sie müssen das Benutzerprofil initialisieren. Sie müssen während des Gebrauchs im Lernprozess auf einer Metaebene mit dem System kommunizieren, um gegebenfalls den Änderungsvorschlägen zuzustimmen, und sie müssen gelegentlich die Auswahl des Lehrsystems korrigieren.

Das Bekämpfen des Misstrauens und des Mehraufwandes widersprechen sich zum Teil. Maßnahmen gegen das fehlende Vertrauen in das System sind zum einen hohe Werte bei *Recall* und *Preciseness* der angebotenen Informationen. Das können Lernende erst nach einer gewissen Erfahrung mit dem Lehrsystem feststellen. Zum anderen kann das Vertrauen gefördert werden durch Nachvollziehbarkeit der Entscheidungen des Systems. Grunst et al. in [54] empfehlen, die adaptiven Mechanismen mit Kontrollmechanismen auf Seiten der Benutzerinnen zu verbinden. Sie schlagen fünf Maßnahmen vor:

> (a) providing means for the users to activate or deactivate adaption for the overall system or individual parts of the system before any adaption is made or after a specific adaption state has been reached;
>
> (b) offering the adaption to the user in form of a proposal to accept or reject, or enabling the user to select among various possibilities of adaption modification;
>
> (c) enabling the user to define, in an adaptive-resistant manner, specific parameters required for adaption by the system,
>
> (d) giving the users information on the effects of the adaption modification, which may protect the user from surprises; and
>
> (e) giving the user sole control over the use of his or her behavior records and their evaluation.

Das ist aber mit Dialogen auf der Metaebene verbunden. Hier ist ein guter Kompromiss nötig zwischen Nachvollziehbarkeit und relativ ungestörtem Lernablauf. Die Möglichkeit der Lernenden, diesen Grad selbst zu wählen, ist denkbar. Dieser Dialog fände auf der Meta-Metaebene statt. Vielleicht beißt sich die Katze hier selbst in den Schwanz?

Bei der unerlässlichen Kommunikation des Systems mit den Lernenden muss unbedingt auf leichte Bedienbarkeit und gute Verständlichkeit geachtet werden.

Es gibt Fragen, die die Lernenden nicht direkt beantworten können. Hier muss die Information auf andere Weise gewonnen werden (siehe Abschnitt 2.2.2, ab S. 20).

6 Multibook und MediBook

In diesem Kapitel werden zwei webbasierte Lehrsysteme (Multibook detailliert in Abschnitt 6.1 und MediBook in Kürze in Abschnitt 6.2) vorgestellt, deren Grundlage modulare Wissensbasen sind, die auf die in Kapitel 4 beschriebene Weise entwickelt sind. Beide Systeme bieten damit die Möglichkeit, Lektionen zusammenzustellen, die auf die Bedürfnisse einzelner Benutzerinnen oder Benutzergruppen abgestimmt sind. Die Menge der Module in Multibook und MediBook ist redundant, das bedeutet, dass zu einem Thema mehrere Erklärungen in Form unterschiedlicher Module vorhanden sind. Die Systeme sind in der Lage, aus dieser Menge von Modulen für unterschiedliche Zielgruppen verschiedenen Teilmengen auszuwählen. Eine Anpassung an die Benutzerinnen ist in wesentlich größerer Breite möglich, als in den im Abschnitt 3.3, ab S. 42 vorgestellten Lehrsystemen. Multibook und MediBook sind damit unter den adaptiven Lehrsystemen einzigartig. Die durch die Redundanz der Module schwierigere Auswahl wird ermöglicht durch die in Kapitel 4 definierten Beschreibung der Wissensbasis.

Multibook und MediBook unterscheiden sich in mehreren Punkten:

- Das Thema von Multibook ist Multimedia-Technologie, ein Teilbereich der Informatik oder Elektrotechnik; MediBook[1], das sich in der Entwicklung befindet, deckt den gesamten Bereich der vorklinischen Fächer des Medizinstudiums ab.

- In Multibook liegt der Schwerpunkt im konzeptionellen Bereich, die Implementierung ist prototypisch. MediBook hingegen baut auf den in Multibook entwickelten Konzepten auf.

- In Multibook stellt das System die Lektionen automatisch zusammen (siehe Abschnitt 6.1.4), in MediBook gibt es dafür die Rolle der Dozentin.

---

1. Da das Projekt noch eine längere Laufzeit (siehe Fußnote 5. dieses Kapitels) hat, ist die Implementierung noch nicht abgeschlossen.

Gemeinsam ist beiden, dass die Lektionen aus Modulen zusammengestellt werden und dass die Benutzerinnen mit dem System interagie-
ren können, um eine Dialogsituation aus dem traditionellen Unterricht
zu simulieren (siehe dazu Abschnitt 6.1.5).

6.1 Multibook[2]

6.1.1 Kurze Beschreibung des Projektes

Multibook ist ein webbasiertes Lehrsystem, das durch die multimedialen Ressourcen und die Möglichkeit, sich den jeweiligen Benutzerinnen anzupassen, eine Erweiterung des herkömmlichen Lehrbuches
darstellt. Es soll verschiedenen Benutzergruppen (Studierenden, Managerinnen, Programmiererinnen etc.) dienen, sich auf sie zugeschnit-
tenes Wissen über Multimedia-Technologie anzueignen, entweder im
Eigenstudium oder begleitend zu Vorlesungen. Als Ausgangstext
wurde das Buch von Steinmetz ([135]) verwendet und um Videos,
Audiodateien, Animationen, interaktive Simulationen und alternative
Texte erweitert. Die interaktiven Simulationen (siehe hierzu [42]) fordern die Lernenden heraus, sich aktiv mit den gelernten Fakten aus-
einanderzusetzen. Abbildung 32 zeigt das Multibook-System mit der
modularen Wissensbasis im Zentrum, aus der die adaptiven Lektionen
generiert werden. Die Konzeption und Realisierung der Werkzeuge,
um die Module zu beschreiben (Beschreibungswerkzeuge), werden in
[134], das iTBeanKit zur Erstellung ebenfalls modular aufgebauter
Java-Animationen (Entwicklungswerkzeug) in [44] detailliert diskutiert.

---

2. Multibook ([177]) ist ein Kooperationsprojekt des Springer-Verlags, der Tech-
    nischen Universität Darmstadt (Fachbereich Multimedia Kommunikation), der
    FernUniversität Hagen, der *University of Ottawa*, der *University of Illinois* und
    der Firma Intelligent Views. Es wurde vom Bundesministerium für Bildung
    und Forschung unterstützt. Die Laufzeit betrug drei Jahre, das Projekt endete
    im Dezember 2000.

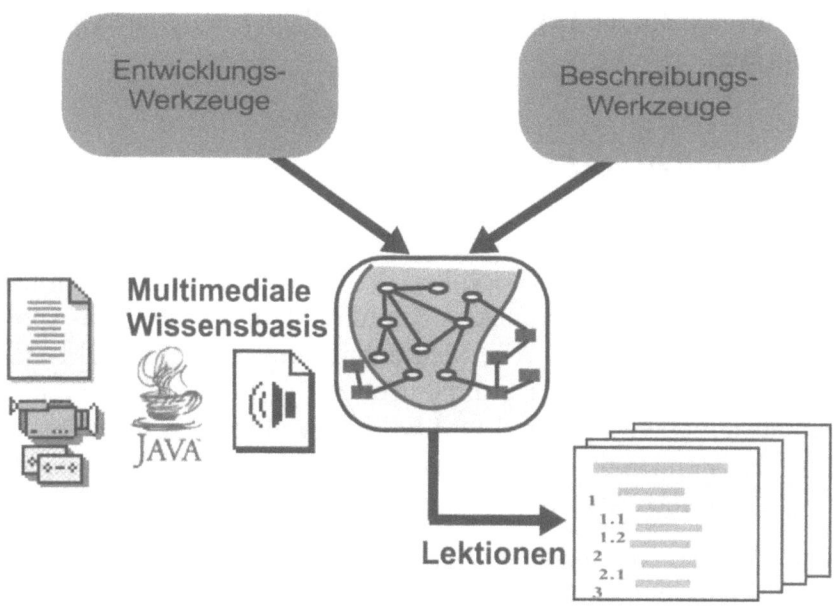

Abbildung 32: Multibook-System

6.1.2 Wissensbasis

Die Wissensbasis von Multibook besteht aus zwei Teilen, in denen die Informationseinheiten und Meta-Informationen modelliert werden: einem semantischen Netz, das *ConceptSpace* heißt, und dem *Media-BrickSpace*, in dem das Wissen als modulare Textabschnitte, Bilder, Audiodaten, Videos und Animationen (Medienbausteine) repräsentiert wird. Es gibt Objekte (Begriffe und Medienbausteine), Relationen (semantische im *ConceptSpace* und rhetorisch-didaktische im *MediaBrickSpace*) und Attribute (LOM-Metadaten) zu den Medienbausteinen. Die Begriffe und der tatsächliche Inhalt sind also voneinander getrennt. Der *ConceptSpace* stellt das Wissensgebiet dar, der *MediaBrickSpace* ist eine Menge möglicher Erklärungen dieses Wissensgebietes.

Mit Hilfe eines Benutzerprofils und den Beschreibungen der Medienbausteine werden die Lektionen individuell auf die Benutzerinnen zugeschnitten.

6.1.2.1 MediaBrickSpace

Medienbausteine können entweder aus Text oder aus multimedialen
Elementen wie Bildern, Graphiken, Video- und Audioströmen und -
mit besonderem Schwerpunkt - Simulationen, die als Java-Applets
realisiert sind, bestehen. Alle Medienbausteine sind mit LOM-Daten
versehen und mit rhetorisch-didaktischen Relationen zu anderen Medienbausteinen verbunden. LOM wird in Multibook verwendet, weil
es mit der Version 6.4. in der Phase steht, ein internationaler Standard
zu werden (siehe Abschnitt "Learning Object Metadata", Seite 103).

Die Größe der Medienbausteine, die aus der Buchvorlage übernommen wurden, wurde dadurch bestimmt, wie groß die Textabschnitte
sind, die zu einem Stichwort aus dem Stichwortverzeichnis gehören.
Es hat sich bei der gewählten Vorlage gezeigt, dass die vorhandenen
Bilder und Graphiken weitgehend auch nur ein Stichwort repräsentieren. An diese Vorgaben wurden die neu erstellten Medienbausteine in
ihrem Umfang angepasst. Die Java-*Applets*, die für die interaktiven
Simulationen entwickelt wurden, sind als separate Programme vielfältiger. So kann beispielsweise ein *Ethernetapplet* (siehe Abbildung
16) eine Busarchitektur eines LANs oder eine Überlastsituation in
einem Netzwerk erläutern. Wird das *Applet* ohne Kontext im *World
Wide Web* angeboten, sind alle Aspekte für die Benutzerinnen zugänglich. Im Rahmen von Multibook wird das Applet mit einer Parametrisierung aufgerufen, so dass der zum Kontext der Lektion passende Aspekt veranschaulicht wird. Physikalisch liegt das *Applet* nur
einmal vor, virtuell wird es zu verschiedenen Medienbausteinen ver-
vielfältigt, die sich durch die Startparameter unterscheiden. Dieses
Verfahren ist dadurch realisiert, dass es zu einem *Applet* unterschiedliche LOM-Metadatensätze gibt, die den jeweiligen Aspekt beschreiben. Die Metadatensätze enthalten auch die Startparameter, die beim
Aufruf mitgegeben werden. Aus diesem Grund wurde der LOM-Da-
tensatz erweitert. Siehe hierzu [43].

6.1.2.2 ConceptSpace

Wie granular das semantische Netz modelliert wird, legt eine Faustregel fest: Ein Begriff tritt als ein Objekt im *ConceptSpace* auf, wenn er als Kapitelüberschrift in einem Multimedia-Buch vorstellbar ist. Der Unterschied zu herkömmlichen Kapitelüberschriften ist offensichtlich: Diese Informationen werden getrennt vom Text und den anderen Medienbausteinen gehalten, d.h. die Themenüberschriften sind "zentralisiert" und nicht über das ganze Material verteilt. Formal ist das durch ein *Entity-Relationship*-Modell realisiert, in dem jedes Objekt genau einmal auftritt und Informationen um sich sammelt. Umgekehrt muss jedes Thema, das mit einem Medienbaustein verbunden ist, als ein Objekt modelliert werden. Auch wenn einige Objekte themenbezogen sind (z.B. Personen oder konkrete Unternehmen), besteht der größte Teil des Netzes aus abstrakten Begriffen.

Ein solcher Schwerpunkt auf Themen/Begriffe legt es nahe, dass der *ConceptSpace* eher eine terminologische als eine axiomatische Ontologie darstellt.

Im Folgenden werden die einzelnen Relationen detailliert beschrieben.

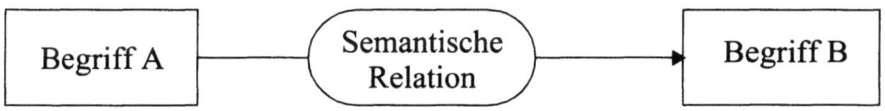

Abbildung 33: Schema einiger semantischer Relationen in Multibook

superconcept:

A hat als *superconcept* (Oberbegriff) B bedeutet, dass B der Oberbegriff von A ist. Das ist eine transitive, nicht-symmetrische, nicht-reflexive, hierarchische Relation.

Beispiel: Kompression/Dekompressions-Verfahren hat als *superconcept* Bildkompressionsverfahren.

Inverse Relation: **subconcept** (Unterbegriff)

AEpart:

A hat einen *AEpart* (Für **A**lle **E**xistiert Teil) B bedeutet, dass jede Art von A (d.h. alle seine Unterbegriffe) ein B als einen Teil haben. Das ist eine transitive, symmetrische, nicht-reflexive, hierarchische Relation.

Beispiel: Kompression/Dekompressions-Verfahren hat Dekompression als einen Teil.

Inverse Relation: **invAEpart**

Bemerkung: Es gibt andere Teil-Relationen, z.B. *AApart* (für alle A sind alle B Teile), im Multibook-System wird aber nur die *AEpart*-Relation verwendet. Das Beispiel kann auch gelesen werden wie "Kompression/Dekompressions-Verfahren benutzen Dekompression".

EEpartOf:

A ist *EEpartOf* B bedeutet, dass ein (echter) Unterbegriff von B Teil von mindestens einem A ist. Das ist eine transitive, nicht-symmetrische, nicht-reflexive, hierarchische Relation.

Beispiel: Kompression ist *EEpartOf* Kompression/Dekompressions-Verfahren.

Inverse Relation: **invEEpartOf**

inverseProcedure:

A ist *inverseProcedure* von B bedeutet, dass A das inverse Verfahren von B ist. Das ist eine nicht-transitive, symmetrische, im Allgemeinen nicht-reflexive Relation (d.h. in den meisten Fällen ist sie nicht reflexiv, aber es gibt Verfahren, die zu sich selbst invers sind.)

Beispiel: Kompression ist die *inverseProcedure* von Dekompression.

Inverse Relation: **inverseProcedure**

Follows:

A *follows* B bedeutet, dass unmittelbar nach Begriff A der Begriff B folgt, z.B. A und B sind aufeinanderfolgende Schritte in einem Verfahren. Das ist eine nicht-transitive, nicht-symmetrische, nicht-reflexive Relation.

Beispiel: Bildverarbeitung *follows* Bildaufbereitung (bei JPEG).

Inverse Relation: **precedes**

ProblemSolution:

A ist *ProblemSolution* von B bedeutet, dass A ein Problem löst, das wegen B entsteht. Das ist eine nicht-transitive, nicht-symmetrische, nicht-reflexive Relation.

Beispiel: Kompression ist *ProblemSolution* für das Problem Speicherplatz.

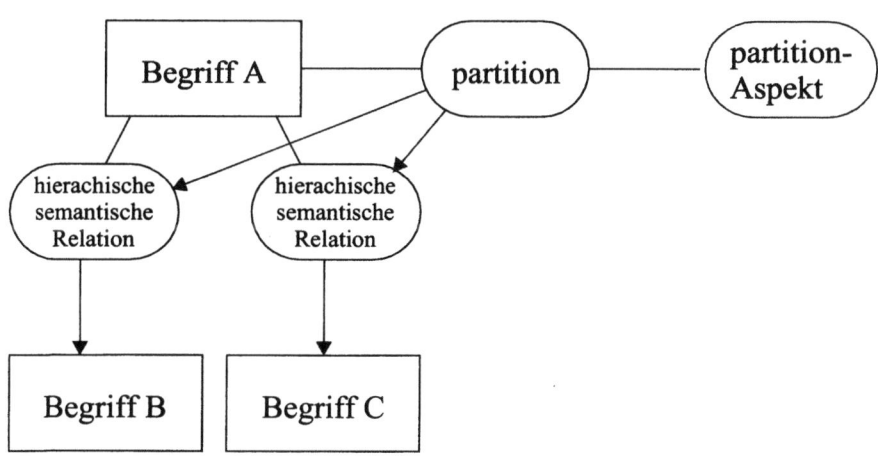

Abbildung 34: Schema der semantischen Relation Partition

Partition:

A hat eine *partition* in Bezug auf eine hierarchische Relation mit einem bestimmten partition Aspekt bedeutet, dass die verbundenen Begriffe (*partitionElements*) B und C eine Partition von A ergeben, d.h. die *partitionElements* sind verschieden (einen Instanz ist entweder eine Instanz von B oder von C, nie von beiden) und alle *partition-Elements* zusammen sind A.

Beispiel: Vektorgraphiken und Pixelbilder sind eine *partition* von Bildern in Bezug auf den *partitionAspekt* Darstellungsformat.

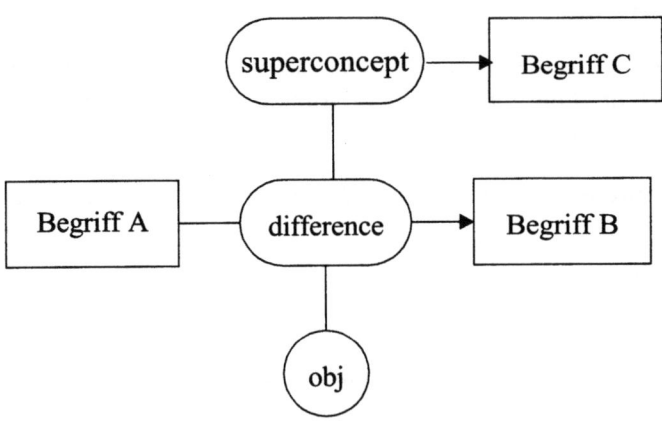

Abbildung 35: Schema der semantischen Relation Difference

Difference (Rahmstorf-Relation) [109]:

A macht die *difference* von B und C bedeutet, dass es einen Oberbegriff C von B gibt und B eine Spezialisierung von C unter dem Aspekt von A ist. *Difference* ist eine nicht-transitive, nicht-symmetrische, nicht-reflexive Relation.

Beispiel: Hypertext macht die *difference* von Hypertext-Dokument und nicht-linearem Dokument.

Inverse relation: **differenceOf**

Einen Ausschnitt des ConceptSpace aus dem Themenbereich Hypertext/Hypermedia ist in Abbildung 36 zusehen. Ein semantisches Netz mit diesen Relationen ermöglicht die Auswahl der relevanten Themen und Unterthemen in dem Bereich Multimedia-Technologie.

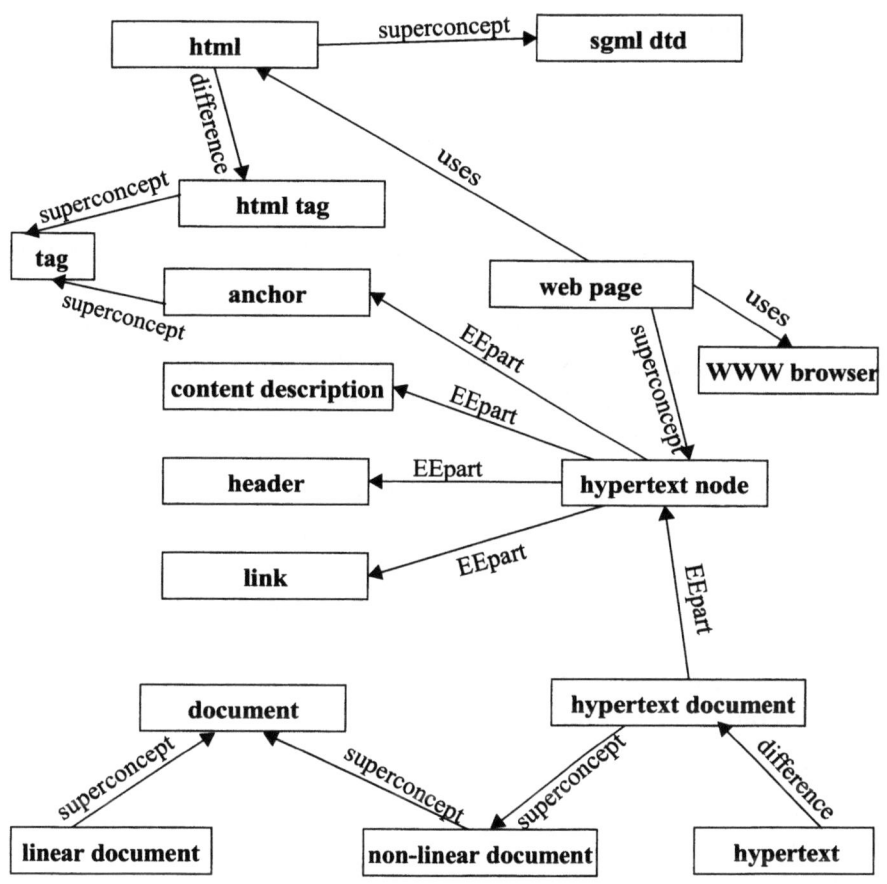

Abbildung 36: Ausschnitt aus dem ConceptSpace für Multibook

6.1.3 Benutzerprofil

Das Multibook-Benutzerprofil besteht aus fünf Dimensionen, die im Folgenden ausführlicher beschrieben sind. Es wird aktiv am Anfang einer Benutzung von der Lernenden initiiert und während des Arbeitens aktualisiert (siehe hierzu auch [118]).

6.1.3.1 Dimensionen

- **Lernziel:** Normalerweise ist ein Lehrsystem für eine genau definierte Zielgruppe konzipiert (siehe Abschnitt 3.3.7.2, ab S. 56). Die Zielgruppe ist oft eine Schulklasse, die Zuhörerschaft einer Hochschul-Vorlesung oder Mitarbeiterinnen einer Firma bei einem beruflichen Weiterbildungskurs. Das Lernziel ist vorbestimmt, und oft enthalten die Systeme einen Test, der feststellen soll, ob die Lernenden das Ziel erreicht haben. Ein Lehrsystem mit einer modularen Wissensbasis bietet aber auch Individual-Lernerinnen auf sie zugeschnittene Lektionen. Dafür müssen sie sich in Gruppen (Studentin, Managerin etc.) einordnen.

- **Schwierigkeitsgrad/Hintergrundwissen:** Vom Lernziel unabhängig ist der Schwierigkeitsgrad. Eine Dreiteilung in Anfängerin, Fortgeschrittene und Expertin ist der oft gewählte und in Multibook verwendete Kompromiss zwischen einem breiten Spektrum an unterschiedlich schwierigen Lektionen einerseits und Machbarkeit für das System, die Module auf den gewünschten Schwierigkeitsgrad der Lernenden abzustimmen, auf der anderen Seite.

- **Lehrmethode:** Jede Lehrerin und jede Autorin hat einen unterschiedlichen Stil des Lehrens. Normalerweise können Lernende nicht bestimmen, dass eine Lehrerin den Stil verwendet, der der beste für die Lernenden ist. Bei der Verwendung modularer Wissensbasen ist eine Auswahl mehrerer Lehrmethoden möglich. Dafür müssen vorher Pädagoginnen Regeln für diese Methoden festlegen, die sich in Algorithmen formulieren lassen.

- **Medienpräferenz:** Die Lernende kann an dieser Stelle festlegen, welche Medientypen in ihrer Lektion vorkommen sollen. Die Möglichkeit dieser Auswahl ist aus verschiedenen Gründen wichtig:

  - Didaktisch: Wie Roe in [113] durch Untersuchungen belegt, gibt es unterschiedliche Lerntypen: die Bildlernerinnen und die Text-

lernerinnen. Unabhängig von der Lehrmethode lernen die Bildlernerinnen mit visuellen Medien effektiver, während Bilder etc.
für Textlernerinnen eher zeitraubend sind (siehe dazu auch
[108]).

• Technisch: Bei einem webbasierten System können die Bandbreite und die verwendeten Endgeräte stark variieren. Deshalb
gibt es keine garantierte Dienstgüte. Bei schwachen Verbindungen (z.b. Modem) ist es daher sinnvoll, bandbreiten-intensive
Medien abwählen zu können.

• Sozial: Mit der Möglichkeit, die Medienpräferenz anzugeben,
kann das System auch Behinderten adäquates Material zur Verfügung stellen. Eine stark sehbehinderte Lernende kann sich beispielsweise mit einer speziellen Bildschirmlupe statische Bilder
anschauen, aber keine Videos verfolgen. Hörbehinderte Benutzerinnen verzichten auf Audiodateien und erhalten äquivalente
text- und bildbasierte Lektionen.

• **Lernhistorie:** Um zueinander passende Lektionen generieren zu
können, muss der Lernpfad dokumentiert sein. Die einzelnen
gelernten Module werden aufgelistet, ebenso die dadurch gebilde-
ten Lektionseinheiten. Um zwischen gesehenen und gelernten
Modulen oder Lektionen unterscheiden zu können (siehe dazu
auch das System ELM-ART II in Abschnitt 3.3.2.2, ab S. 45 und
[39]), werden an dieser Stelle auch die Ergebnisse der Lernertests
gespeichert.

6.1.3.2 Initiierung des Benutzerprofils

Die ersten vier oben beschriebenen Dimensionen werden von den
Lernenden ausgefüllt. Dabei müssen sie unterstützt werden. Die Zuordnung zu einem Lernziel wird durch eine Auswahlliste gesteuert.
Die einzelnen gewünschten Medien können durch Anklicken einfach
ausgewählt werden.

Schwierig ist der Schwierigkeitsgrad und der Lerntyp. Da verschiedene Lehrmethoden herkömmlicher Weise nicht à la carte wählbar sind,
haben die meisten Lernenden keine Erfahrung, wie sie am besten ler-

nen. Hier ist ein von Psychologinnen erstellter kurzer Fragebogen notwendig.

Auch den Schwierigkeitsgrad können Lernende nicht einfach aus
einer Liste auswählen. Zum einen wissen sie nicht die Extremwerte
der Skala – bedeutet Anfängerin Grundschul- oder Grundstudiumsni-
veau? – zum anderen zeigen Erfahrungen, dass bei Selbsteinschätzun-
gen zu stark nivelliert wird: die Guten unter-, die Schlechten über-
schätzen sich. Um dieses Problem zu überwinden, kann man mit
Stereotypen (siehe Abschnitt 2.2.4.2, ab S. 26) arbeiten. Stereotype
charakterisieren Gruppen von Benutzerinnen, in diesem Fall bezüglich deren Hintergrundwissen. Stereotype und die in ihnen enthalten
Kriterien sind bei der Einrichtung des Systems definiert. Wenn eine
Benutzerin einem Stereotyp zugeordnet ist, erbt sie automatisch den
dazugehörigen Schwierigkeitsgrad.

Die von der Benutzerin gemachten Angaben werden folgendermaßen
ausgewertet: Die Lernende wird zu fünf Begriffen aus der Domäne
gefragt, ob sie sie nicht kennt, "schon mal gehört hat" oder gut vertraut mit ihnen ist (*unknown, known, familiar*). Die Anzahl fünf ist ein
Kompromiss zwischen *Overhead* für die Benutzerin und Genauigkeit.
Eine Selbsteinschätzung als "*familiar*" ergibt zwei Punkte, eine Beurteilung mit "*known*" einen Punkt, und für den Wert "*unknown*" gibt es
keine Punkte. Das System addiert nun alle Punkte aus der Benutzer-
angabe und weist der Benutzerin denjenigen Stereotyp zu, mit dem
die höchste Übereinstimmung festgestellt wird. Das bedeutet, dass
Benutzerinnen mit dem Hintergrundwissen bezüglich der fünf Schlüsselbegriffe von 0 bis 3 Punkten das Stereotyp "Anfängerin", von 4 bis
7 Punkten das Stereotyp "Fortgeschrittene" und von 8 bis 10 Punkten
das Stereotyp "Expertin" zugewiesen bekommen. Tabelle 4 zeigt ein
Beispiel. Die Gesamtpunktzahl der Benutzerin beträgt 4, sie wird deshalb dem Stereotyp „Fortgeschrittene" zugeteilt.

Tabelle 4: Beispiel für die Zuordnung zu Stereotypen

	Anfängerin	Fortge-schrittene	Expertin	Lernende
Hyper-media	known	familiar	familiar	known (1 Punkt)
MPEG	known	known	familiar	known (1 Punkt)
Schedul-ing	unknown	known	familiar	unknown (0 Punkte)
Synchro-nisation	unknown	known	familiar	known (1 Punkt)
Wasser-zeichen	unknown	unknown	known	known (1 Punkt)

Wie in Abschnitt 2.2.4.2, ab S. 26 diskutiert, bieten statische Stereo-type nicht genügende Genauigkeit. Deshalb wird diese Methode nur verwendet, um einen Anfangseintrag zu erhalten. Im Laufe einer Lernsitzung werden sie durch die Ergebnisse der Tests und durch das Benutzerverhalten (beispielsweise häufiges Anfordern von zusätzli-chem, erklärendem Material) korrigiert. Um die Akzeptanz des Sys-tems bei den Lernenden zu erhöhen (siehe Abschnitt 5.3, ab S. 156), werden die vom System geschlossenen Informationen nur als Emp-fehlungen für die Lernende verwendet.

6.1.3.3 Pflege des Benutzerprofils während der Lernsitzung

Während die Benutzerin mit dem System arbeitet, protokolliert das System, welche Module sie schon gesehen/gelernt hat und auch, wel-che Benutzeraktionen sie unternommen hat. Der Lernpfad wird im Benutzerprofil abgespeichert. Die Lernenden haben mit Hilfe eines Linkmenüs (siehe Abschnitt 6.1.4) die Möglichkeit, zusätzliches Ma-terial anzufordern: Beispiele, Erklärungen, Bestätigungen etc. Wenn eine Benutzerin nun oft nach Erklärungen und Beispielen fragt, kann das System schließen, dass die vorliegende Lektion zu schwierig für sie ist. Es kann eine Änderung beim Schwierigkeitsgrad vorschlagen.[3]

Auch wenn beispielsweise Videofilme stets in den ersten Sekunden abgebrochen werden, kann es ein Hinweis auf ein ungeeignetes Medium sein. Das System schlägt hier ein Änderung vor. Eine andere zuverlässige Methode ist die Verwertung der Testresultate. Auch die Tests können entsprechend dem Schwierigkeitsgrad zusammengestellt werden. Wenn eine Benutzerin in zwei aufeinander folgenden Tests mehr als 70% oder weniger als 30% der Fragen richtig beantwortet, empfiehlt das System einen Wechsel beim Schwierigkeitsgrad.

Alle diese Schlüsse können sehr fehlerhaft sein, das Verhalten der Lernenden wird manchmal fehlinterpretiert. Deshalb werden die Veränderungen nicht automatisch in das Benutzerprofil übernommen, sondern der Lernenden vorgeschlagen. Sie kann entscheiden, ob ihr Profil modifiziert werden soll.

Abbildung 37 zeigt den Ablauf von der Initialisierung des Benutzerprofils über die Zusammenstellung der Lektion und die Speicherung der impliziten Informationen (Historie und Benutzeraktionen) im Benutzerprofil.

Die Benutzerin kann ihr Benutzerprofil lokal überschreiben. Das ist hilfreich, um darauf eingehen zu können, dass eine Benutzerin zwar beispielsweise generell schon viel Vorwissen hat, aber auf einem bestimmten Gebiet Anfängerin ist. Auch die technischen Voraussetzungen können variieren.

---

3. Ein anderer Indikator für einen ungeeigneten Schwierigkeitsgrad ist die Aufenthaltszeit bei einer Seite. Jede Seite hat ein "Normal-Aufenthaltszeit". Wenn die Benutzerin diese stark über- oder unterschreitet, könnte das System schließen, dass die Lektion zu schwer bzw. zu leicht ist. In Multibook wird diese unzuverlässige Methode – die Benutzerin kann lange auf einer Seite stehen, weil sie zwischendurch Kaffee trinkt oder schnell zur nächsten wechseln, weil sie den Inhalt überhaupt nicht versteht – nicht verwendet.

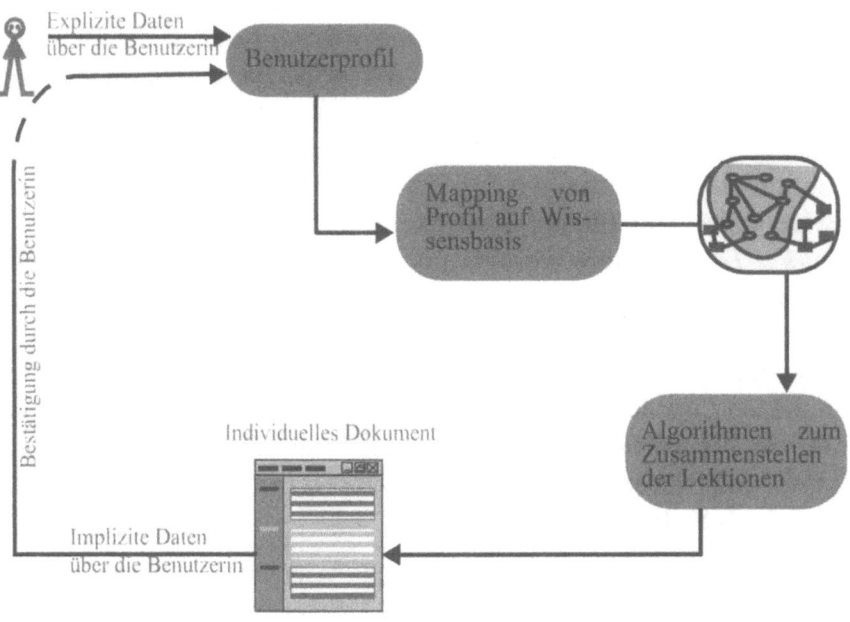

Abbildung 37: Ablauf der Datengewinnung für das Benutzerprofil in Multibook

6.1.4 Lektionen in Multibook

Untersuchungen in verschiedenen Zusammenhängen (vergleiche [131] und [75]) haben die Ergebnisse einer Benutzerbefragung zum Multibook-System verifiziert, dass Benutzerinnen Systeme präferieren, bei denen sie und nicht das System die Kontrolle über die angebotenen Informationen haben. Gleichzeitig zeigt Belkin in [7] an Hand eines Beispiels aus dem Bereich des *Information Retrievals*, dass von den Benutzerinnen nicht erwartet werden kann, zu einem Thema, das ihnen nicht vertraut ist, die genauen Suchanfragen zu formulieren. Wählt aber ein anderer Mensch oder ein System Module für eine Lektion einer Lernenden aus, wird es trotz Benutzerprofils oder persönlicher Kenntnis über die Lernende auf Grund der Individualität eines jeden Menschen zu Fehleinschätzungen kommen. Deshalb bietet Multibook neben der hauptsächlichen *Guided Tour* (siehe auch

Abschnitt 5.1.3.1, ab S. 143), die für jede Benutzerin dynamisch zusammengestellt wird, zwei Mechanismen, mit denen die Benutzerin
sich zusätzliches Material aus der Wissensbasis heraussuchen kann.
Bei der Auswahl der relevanten Medienbausteine unterscheidet das
System zwischen solchen Medienbausteinen, die unbedingt in die
Lektion aufgenommen werden müssen, und solchen, die möglicherweise interessant für die Benutzerin sind. Aus ersteren besteht die
Guided Tour, letztere werden durch ihren Titel und den Namen der
rhetorisch-didaktischen Relation, mit der sie zu einem angezeigten
Medienbaustein verbunden ist (wenn es solche gibt), am Rand der
präsentierten Medienbausteine als *Link* angezeigt. Aktiviert die Leserin diesen *Link* durch Anklicken, wird der entsprechende Medienbaustein in die bestehende Lektion eingefügt. Diese Technik nennen
Boyle und Encarnacion in [12] *Stretchtext* (siehe auch Abschnitt
2.1.3.2, ab S. 16).

Die andere Methode, die Leserin an der Auswahl der Medienbausteine mitzubeteiligen, ist das sogenannte *Link*menü. Wünscht sich eine
Leserin zu den angeboten Medienbausteinen über die durch den
Stretchtext verfügbaren Informationen hinaus mehr Material, kann sie
mittels des *Link*menüs feststellen, ob in der Wissensbasis entsprechende Medienbausteine verfügbar sind und diese aufrufen. Das *Link*-
menü stellt zu jedem angebotenen Medienbaustein die Liste der rhetorisch-didaktischen Relationen als *Links* zusammen, die von ihm
ausgehen oder zu ihm hinführen. Hier kann die Lernende sehen, ob es
ein Beispiel, Erklärungen, Hintergrundinformationen etc. zu dem ausgewählten Medienbaustein gibt. Aktiviert sie einen der *Links*, erscheint der entsprechende Medienbaustein in einem separaten Fenster. Von diesem Medienbaustein kann sie nicht zu anderen,
weiterführenden gelangen. Sie muss zurück zu ihrer für sie zusammengestellten Lektion. Auf diese Weise wird verhindert, dass sie sich
im *Hyperspace* verirrt.

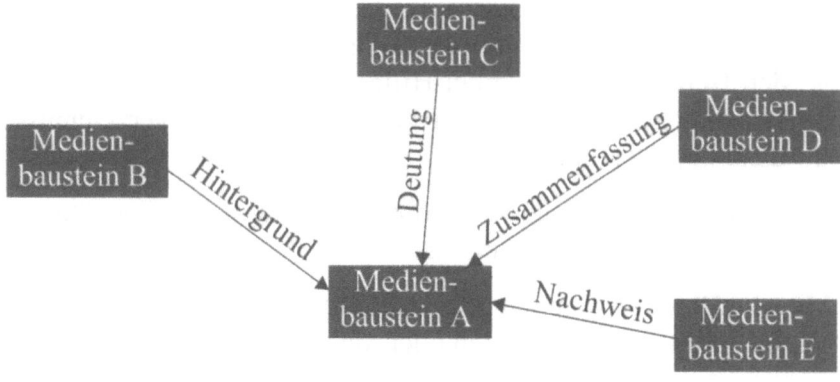

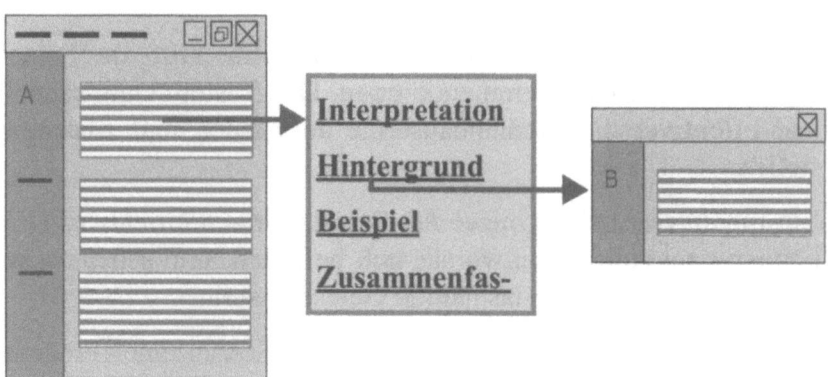

Abbildung 38: Das Linkmenü in Multibook

In den folgenden zwei Abschnitten wird detaillierter beschrieben, wie zuerst die Gliederung erstellt und dann diese Gliederung mit den eigentlichen Medienbausteinen gefüllt wird.

6.1.4.1 Erstellung der Gliederung

Es liegt in der Natur des Lernens, dass die Lernenden im Voraus noch nicht viel wissen über das Gebiet, von dem sie etwas lernen wollen.

Sie sind also nicht in der Lage zu entscheiden, welche Aspekte des Themas wichtig sind. Deshalb ist es eine Hauptaufgabe von Multibook, den Benutzerinnen hierbei Hilfe anzubieten. Das geschieht in Form von individuell dynamisch generierten Inhaltsverzeichnissen (mehr dazu in [133] und [117]).

Es gibt verschiedene Gründe, warum es sinnvoll ist, diese Art von Führung zur Verfügung zu stellen:

- Manche Benutzergruppen wie z.B. Studierende müssen bestimmte Themen lernen, ob sie wollen oder nicht.

- Die Lernenden haben nicht genug Überblick, um die relevanten Themen auswählen zu können.

- Die Lernenden können sich nicht selbst eine Lehrmethode zusammenstellen.

- Die Wissensbasis ist zu umfangreich, um ohne Hilfe des Systems sinnvoll darauf navigieren zu können. Das System kann schneller und effektiver die Medienbausteine auswählen und zusammenstellen.

- Ein Inhaltsverzeichnis bietet den Benutzerinnen Orientierung. Sie können nachvollziehen, wo sie sich befinden, und sehen, in welchem Zusammenhang das gerade Gelesene steht.

Wie Lehrerinnen stellt das System im ersten Schritt eine Gliederung der Lektion her. Dabei richtet es sich nach den Bedürfnissen der Benutzerinnen, die es durch das Benutzerprofil kennt. Aus dieser Gliederung wird das Inhaltsverzeichnis generiert. Im Folgenden wird exemplarisch beschrieben, wie die Regeln aussehen, die auf den verschiedenen Dimensionen des Benutzerprofils und den Relationen des *ConceptSpace* arbeiten, um eine geeignete Gliederung für die Lektion herzustellen. Die Regeln sind dafür verantwortlich, die Grobstruktur der Lektion festzulegen, wobei die semantischen Relationen benutzt werden, die mit dem Lernziel in Verbindung stehen. Diese Regeln sind auf Grund von Befragungen der verschiedenen Zielgruppen erstellt. Sie sind als eine getrennte Komponente realisiert, das heißt, sie können leicht ausgetauscht oder verändert werden, solange der *ConceptSpace* die entsprechenden Relationen enthält.

Beispiele für Regeln, die auf den semantischen Relationen aufbauen:
Wenn eine Benutzerin sich in ihrem Profil als Studentin eingetragen
hat, die sich auf Prüfungen vorbereiten möchte, erwartet sie, dass das
Lehrsystem ihr prüfungsrelevante Informationen vermittelt, das sind
in ihrem Fall die Definition, der Oberbegriff, die Komponenten und
die Anwendungen des zu lernenden Verfahrens etc. In diesem Fall
sucht das System nach den Begriffen, die mit dem gewählten Thema/
Begriff durch die Relationen "superconcept" (für den Oberbegriff),
"AEpart" (für die Komponenten) und „invAEpart" (für die Anwendungen). Die Definition steht mit dem gesuchten Begriff selbst in
Verbindung. Die Auswahl der Begriffe muss koordiniert werden mit
ihrer Reihenfolge, die von der Lehrmethode bestimmt wird, und muss
eventuell vervollständigt werden, wenn für die Lehrmethode noch zusätzliche Begriffe gebraucht werden.

Die Managerin ist an anderen Aspekten des gleichen Themas interessiert, so z.B. an schon implementierten Systemen und an ökonomischen Aspekten. Wir gehen davon aus, dass sie auch etwas über den
Oberbegriff und die Anwendungen erfahren will. Deshalb enthält ihre
Gliederung die Begriffe, die mit dem Thema/Begriff, über das/den sie
etwas lernen möchte, durch Relationen wie "instance" (für die implementierten Systeme) und "costs" (für die ökonomischen Aspekte),
neben "superconcept" und "invAEpart" verbunden sind. In Abbildung 13, ab S. 86 wird diese unterschiedliche Auswahl veranschaulicht. Auf diese Weise entstehen dynamisch individuelle Gliederun-
gen, die den Lernenden in Form von Inhaltsverzeichnissen dargeboten
werden.

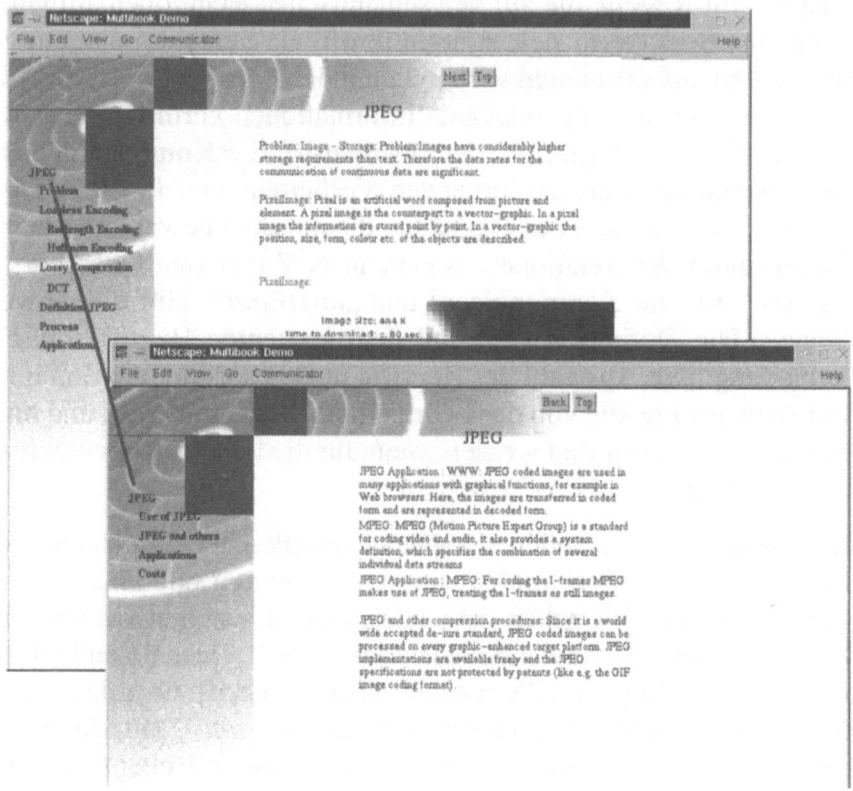

Abbildung 39: Zwei Multibook-Lehrdokumente zum Thema JPEG: hinten für
Studierende, im Vordergrund für Managerinnen

6.1.4.2 Auswahl der Medienbausteine

Nachdem die Gliederung erstellt worden ist, wird sie mit den eigentlichen Inhalten aus dem *MediaBrickSpace* gefüllt. Jetzt werden die
anderen Dimensionen des Benutzerprofils wie Medienpräferenz und
Schwierigkeitsgrad für die Auswahl ausschlaggebend. Die Metadaten, die den einzelnen Medienbausteinen zugeordnet sind, geben Auskunft über den Schwierigkeitsgrad und das Darstellungsmedium.

Besondere Aufmerksamkeit wird darauf verwendet, dass die Lektionen kohärent sind (siehe Abschnitt 5.1.2, ab S. 141). Wenn die Benutzerinnen nicht die Möglichkeit haben, die Seiten auszuwählen (d.h. wenn sie selbst keine Beziehung zwischen den einzelnen Teilen der Lektion herstellen können), erwarten sie wahrscheinlich eine zusammenhängende Lektion. In dieser Lektion müssen die Beziehungen zwischen den einzelnen Teilen klar sein, obwohl sie von jemand anderem zusammengestellt worden ist. Aus diesem Grund sind die Medienbausteine nicht nur zu den dazugehörigen Begriffen im *Concept-Space* verbunden, sondern auch untereinander durch rhetorisch-didaktische Relationen, die auf der *Rhetorical Structure Theory* (siehe 4.3.3.2, ab S. 119) basieren.

Beispiele für solche Relationen sind "*elaboration*" (detailliertere Darstellung) oder "Fortsetzung". Alle Medienbausteine mit den virtuellen Varianten eines *Applets* sind beispielsweise mit der Relation „Fortführung" verbunden. Es ist eine der größeren Aufgaben des Systems, diese Relationen explizit zu machen.

Schwierigkeitsgrad. Es stellte sich die Frage, ob den relativ kleinen Modulen ein Schwierigkeitsgrad für eine heterogene Zielgruppe zugeordnet werden kann oder ob eine solche Bewertung nicht erst für größere Lerneinheiten wie Lektionen sinnvoll ist. Um zu zeigen, dass die Einschätzung des Schwierigkeitsgrades beispielsweise sehr von dem Hintergrundwissen abhängt, wurde ein Test vorgenommen: Fermats Vermutung wurde auf zwei verschiedene Weisen formuliert[4]. Die erste besteht nur aus mathematischen Ausdrücken und ist damit sehr kurz; die zweite enthält keine anderen mathematischen Symbole außer "+" und "=" und erklärt das Problem in allgemeinverständlicher natürlicher Sprache. Die Testpersonen (ungefähr 90% mit einem Universitätsabschluss) wurden gebeten, die beiden Versionen zu lesen und zu entscheiden, welche davon für sie leichter verständlich ist. Zusätzlich wurden sie gefragt, ob sie einen mathematisch-naturwissenschaftlichen Hintergrund haben. Das Ergebnis ist in Tabelle 5 zusammengefasst

---

4. Die Details dieser Befragung finden sich in [122]

Tabelle 5: Ergebnis des Fermat-Tests

	Version 1	Version 2
Mathematikerinnen etc.	16	8
andere	2	11

Das Ergebnis überrascht nicht. Es unterstützt die Vermutung, dass es keine leichte oder schwierige Version gibt. Deshalb haben die Medienbausteine in Multibook zwar einen Eintrag beim Feld „Schwierigkeitsgrad", das bei dem LOM-Schema vorgegeben ist, aber er wird nicht verwendet. Die Lernenden können aber dennoch zwischen leichten und schwierigeren Lektionen wählen. Dieser Dimension des Benutzerprofils wird aber nicht durch die Auswahl einzelner Medienbausteine mit den entsprechenden Schwierigkeitsgraden entsprochen, sondern durch eine Zusammenstellung von mehreren zu einer größeren Einheit. Die Medienbausteine, die direkt zu einem der ausgewählten Begriffe aus dem *ConceptSpace* verbunden sind, heißen Basisbausteine. Andere Medienbausteine werden entsprechend der Tabelle 6 ausgewählt, um den Basisbaustein in geeigneter Weise zu ergänzen.

Tabelle 6: Auflistung der rhetorisch-didaktischen Relationen sortiert nach ihrer Bedeutung für die Berechnung des Schwierigkeitsgrades

macht es komplexer	macht es einfacher	ist neutral
Umstand	Lösung	Ergebnis
Bewertung	Hintergrund	Ermöglichen
Einschränkung	Motivation	Neuformulierung
Rechtfertigung	Nachweis	Zusammenfassung
Bedingung	Grund	Serie
Andernfalls	Absicht	Aneinanderreihung
	Deutung	Fortführung
	detailliertere Darstellung	Alternative
	Gegenüberstellung	

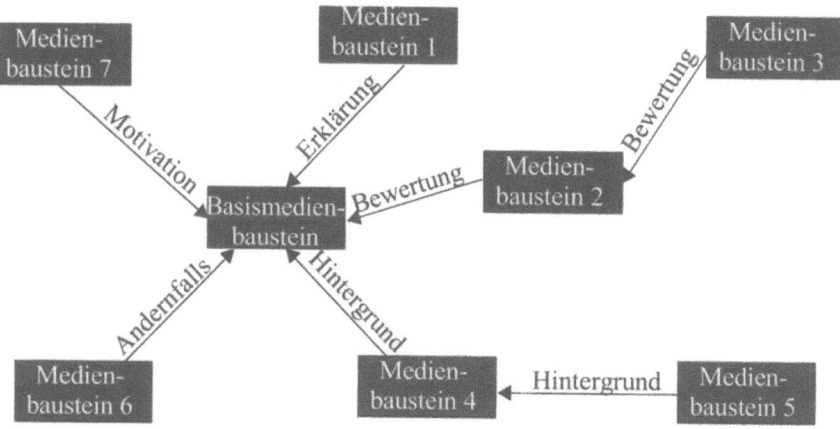

Abbildung 40: Beispielnetz zur Berechnung einer Menge von Medienbausteinen, die den geeigneten Schwierigkeitsgrades hat

Eine Zusammenstellung kann dann für unterschiedliche Schwierigkeitsgrade so aussehen, dass in einer Konstellation, wie sie in Abbildung 40 vereinfacht dargestellt ist, für eine Anfängerin die Medienbausteine 1, 4, 5 und 7 neben dem Basisbaustein ausgewählt werden,
für eine Fortgeschrittene die Medienbausteine 2, 4 und 7, während
eine Expertin die Medienbausteine 2, 3 und 6 präsentiert bekommt.

Die Medienbausteine von Multibook sollen allerdings auch von anderen Benutzerinnen außerhalb des Systems Multibook verwendet werden können. Die Metadaten sollen dazu dienen, entscheiden zu können, ob ein Medienbaustein dafür geeignet ist, ohne ihn sich vorher
selbst anschauen zu müssen (siehe Abschnitt 4.3.2.3, ab S. 92). Die
Angabe über den Schwierigkeitsgrad kann hier eine Hilfe sein. Aber
die Frage, wie der Schwierigkeitsgrad eines Medienbausteins festgelegt werden kann, ist ein größeres Problem. Die Autorinnen der Medienbausteine, die den Inhalt am besten kennen, haben oft nicht genug
Abstand zu ihrer Arbeit. Außerdem können sie nicht den Überblick
über alle Module haben, die den Interessentinnen als mögliche Alternativen zur Verfügung stehen. Sie können damit keinen allgemeingül-
tigen Maßstab entwickeln.

Deshalb wurde ein Verfahren entwickelt, das die Eigenschaften der
rhetorisch-didaktischen Relationen ausnutzt. Die Hauptidee hinter
diesem Algorithmus ist die Annahme, dass die Relationen etwas über
einen Medienbaustein im Kontext zu anderen aussagen. So sollte,
wenn Medienbaustein 1 eine Erklärung zum Basisbaustein liefert,
während Medienbaustein 2 Einschränkungen nennt, Medienbaustein
1 „leichter" sein als Medienbaustein 2. Jeder Relation ist ein Wert zugeordnet, der diese Heuristik quantifiziert. Tabelle 7 führt einen Ausschnitt dieser Zuordnung auf.

Tabelle 7: Auflistung einiger rhetorisch-didaktischer Relationen mit ihren Werten zur Berechnung des Schwierigkeitsgrades

Rhet.did. Relation	Wert
Einschränkung	+3
Bewertung	+2
Umstand	+1
Alternative	0
Fortführung	0
Lösung	-1
Detailliertere Darstellung (Erklärung)	-2
Motivation	-2
Nachweis	-3

Der Algorithmus bezieht drei Eigenschaften der Medienbausteine ein:

- Relationen, die von diesem Medienbaustein wegführen. Deren Wert wird beibehalten.

- Relationen, die zu einem Medienbaustein hinführen. Deren Wert wird mit -1 multipliziert.

- Länge der Ketten der gleichen Relationen, die von dem Medienbaustein wegführen. Diese zählen +0,5 oder -0,5 je nach ihrem Wert.

Die Werte werden aufaddiert. Abbildung 41 zeigt ein Beispiel: Medienbaustein A hat den Wert +8,5, Medienbaustein B -3.

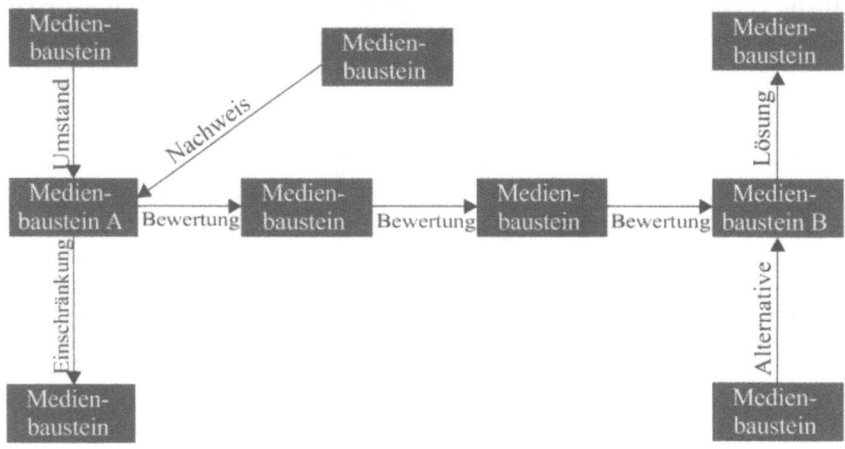

Abbildung 41: Beispielnetz zur Berechnung des Schwierigkeitsgrades einzelner Medienbausteine

Nach Berechnung der Werte für alle Medienbausteine werden alle Paare benachbarter Medienbausteine verglichen, ob die beiden Werte in Übereinstimmung mit der die Medienbausteine verbindenden Relation stehen (wenn beispielsweise Medienbaustein A Medienbaustein B erklärt, sollte der Wert von A höher sein als der von B). Wenn das nicht der Fall ist, erhalten die beiden den Durchschnittswert ihrer beiden Werte. Danach wird das ganze Netz der Medienbausteine nochmals verglichen. Wenn es nach fünf Wiederholungen immer noch „falsche" Paare gibt, wird die Bewertung für das Netz zurückgewiesen. Pendeln die Werte sich ein, wird zum Schluss auf die von LOM vorgegebene Anzahl von Schwierigkeitsstufen skaliert.

Dieser Algorithmus ist heuristisch. Auf Testnetzen hat er gute Resultate gezeigt. Das bedeutet, dass menschliche Bewerterinnen der Medienbausteine ähnliche Werte für deren Schwierigkeitsgrade vergeben haben. Da es für diese Beschreibung der einzelnen Medienbausteine keine absolute Wahrheit gibt, sondern die Bewertung lediglich einen Hinweis auf Eignung geben kann, ist diese heuristische Annäherung, die immerhin Werte gibt, die untereinander vergleichbar sind, gut genug.

Medienpräferenz. Um die Medienpräferenzen der Benutzerinnen erfüllen zu können, werden die Informationen aus den LOM-Beschreibungen benutzt, die unter anderem das Darstellungsmedium benennen. Die rhetorisch-didaktische Relation "Alternative" verbindet Medienbausteine, die ungefähr den gleichen Inhalt vermitteln, aber durch verschiedene Medien dargestellt werden. Damit kann das System, wann immer verfügbar, die gewünschten Medien auswählen. Wie bereits oben erwähnt wurde, gibt es immer eine Text-Version, es werden aber soviel multimediale Information wie möglich verwendet, insbesondere die interaktiven Animationen.

Lernziel. Die Dimension Lernziel kann durch das Ausnutzen der semantischen Relationen des *ConceptSpace* und die Dimensionen Schwierigkeitsgrad und Medienpräferenz durch die rhetorisch-didaktischen Relationen und die LOM-Daten, die die Medienbausteine beschreiben, erfüllt werden.

Lehrmethode. Die Dimension Lehrmethode ist die komplexeste der fünf Dimensionen des Benutzerprofils und diejenige, bei der es am schwierigsten ist, menschliche Lehrerinnen nachzuahmen. Sie ist nicht auf einen Raum beschränkt, sondern erfordert Regeln, die sowohl auf dem *MediaBrickSpace* als auch auf dem *ConceptSpace* arbeiten. Bisher sind Regeln implementiert, die zwei heuristische Lehrmethoden erzeugen. Die beiden implementierten Lehrmethoden sind einmal ein hierarchischer und zum anderen ein problem-orientierter Ansatz. Es ist ein Ziel, das Multibook-System Pädagoginnen zu überlassen, damit sie ihre Theorien über computergestützte Lehrmethoden evaluieren können. Im Folgenden wird an Hand der hierarchischen Lehrmethode gezeigt, wie die Implementierung geschehen ist; die Regeln, durch die eine Lehrmethode definiert ist, wird mit Hilfe des problemorientierten Ansatzes beschrieben.

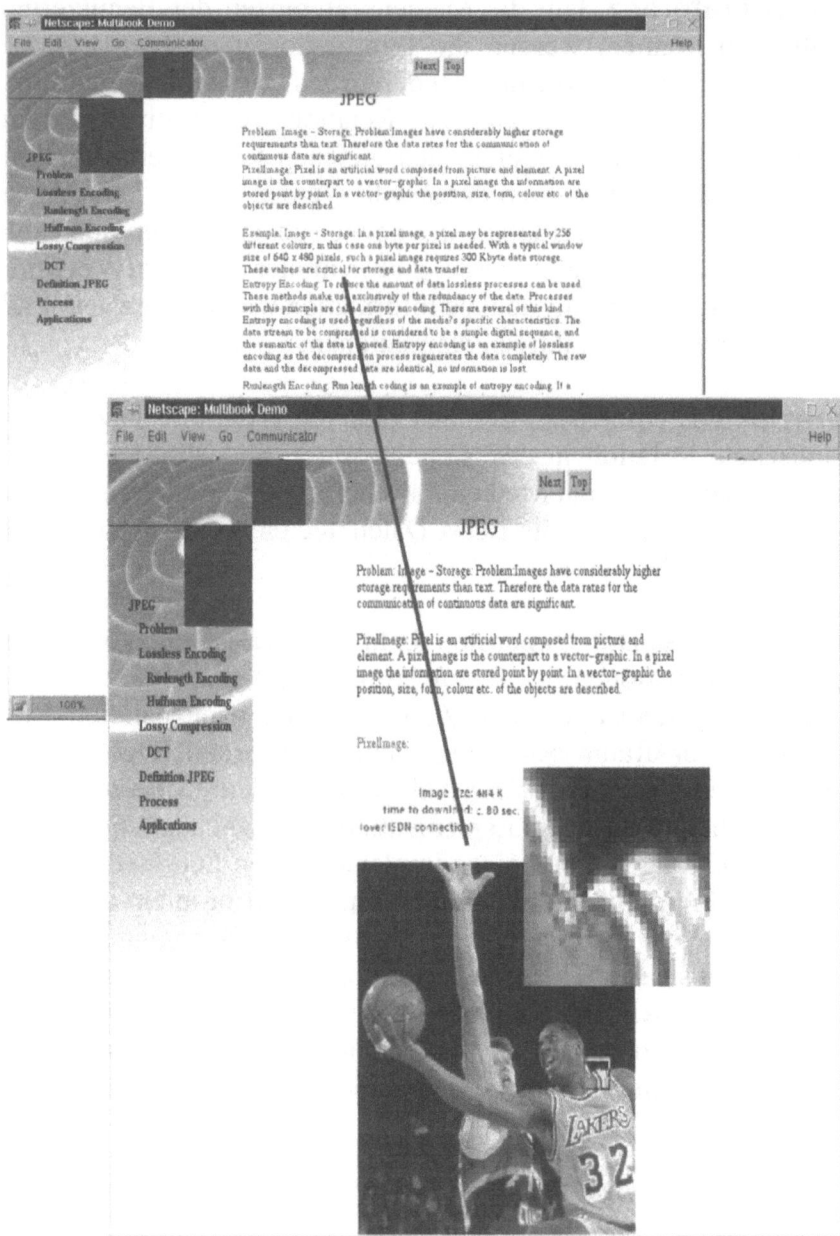

Abbildung 42: Zwei Multibook-Lehrdokumente zum Thema JPEG: hinten für Studierende, die kein Bilder wünschen, vorne für Studierende, die Bilder sehen wollen

Um das System zukünftig leicht mit Algorithmen für weitere Lernstrategien erweitern zu können, wurde durch eine abstrakte Basisklasse `LessonBuilder` (siehe Abbildung 43) nur ein zu implementierender Rahmen festgelegt. Neue Algorithmen können durch Vererben der Klasse `LessonBuilder` und Implementieren der als abstract deklarierten Methoden `buildLessonDir()` und `buildLessonBricks()` eingefügt werden.

Die in Abbildung 43 Klassen des *packets* `iTeach.builder` implementieren die Algorithmen zur Zusammenstellung von Benutzerlektionen. Die Algorithmen realisieren jeweils eine bestimmte Lernstrategie.

Die hierarchische Lehrmethode wird durch die Klasse `LessonBuilderHierar` realisiert.

Die abstrakte Basisklasse `LessonBuilder` legt den grundsätzliche Ablauf der Zusammenstellung von Benutzerlektionen fest. Alle spezialisierten Klassen zur Realisierung bestimmter Lernstrategien erben von `LessonBuilder` und müssen die Methoden `buildLessonDir()` und `buildLessonBrick()` implementieren. Durch die Implementierung der beiden abstrakten Methoden in den spezialisierten Erben können verschiedene Lehrmethoden realisiert werden.

Die Methode `buildLessonDir()` sucht anhand einer bestimmten Lernstrategie in der Wissensbasis nach passenden Konzepten. Die Konzepte werden abhängig von ihren semantischen Relationen in einer hierarchischen Verzeichnisstruktur angeordnet. Die Methode `buildLessonBrick()` sucht zu den gefundenen Begriffen entsprechend der gewählten Lehrmethode die Medienbausteine.

Der Ablauf der Zusammenstellung von Benutzerlektionen ist in der Methode `buildLesson()` der Basisklasse `LessonBuilder` implementiert:

1. Löschen von eventuell bereits in der Datenbank vorhandenen Lehrdokument für die aktuelle Benutzerin: `clearLesson()`.

2. Auswahl von Begriffen und Aufbau eines strukturierten Lehrdokuments zu einem bestimmten Thema entsprechend einer Lehrmethode: `buildLessonDir()`.

3. Speichern der aufgebauten Struktur in der Datenbank: `build-LessonDirDB()`.

4. Suchen von Medienbausteinen zu den Begriffen des Lehrdokuments: `buildLessonBricks()`.

5. Speichern der gefundenen Medienbausteine in der Datenbank: `buildLessonBricksDB()`.

Die Methoden `clearLesson()`, `buildLessonDirDB()` und `buildLessonBricksDB()` sind unabhängig von einer Lehrmethode und werden deshalb in der Basisklasse `LessonBuilder` implementiert. Von der jeweiligen Lehrmethode abhängige Methoden werden durch spezialisierte Vererbungen verwirklicht.

Zur Zusammenstellung eines Lehrdokuments entsprechend einer bestimmten Lehrmethode muss ein Objekt einer spezialisierten `Builder`-Klasse instanziiert werden. Die Zusammenstellung eines Lehrdokuments zu einem Begriff/Thema erfolgt dann durch den Aufruf der Methode `buildLesson()`.

Die Klasse `LessonBuilderHierar` implementiert die hierarchische Lehrmethode. Der Algorithmus folgt bei der Traversierung des semantischen Netzes strukturierenden Relationen wie zum Beispiel *EEpart* oder *superconcept*. Diese Beziehungstypen erlauben eine hierarchische Gliederung der Begriffe.

Bei der Zusammenstellung und Gliederung von Lehrdokumenten nach der hierarchischen Lehrmethode wird wie folgt vorgegangen:

1. Ausgehend vom Startbegriff werden übergeordnete Begriffe gesucht, die mit dem Startbegriff in einer *EEpart-*, *AEpart* oder *superconcept*-Beziehung stehen. Um nicht zuweit vom Ausgangsbegrifft abzukommen, wird nur eine übergeordnete Ebene berücksichtigt. Wurden übergeordnete Begriffe gefunden, so bilden sie die erste und der Startbegriff die zweite Gliederungsebene. Werden keine übergeordneten Begriffe gefunden, so wird der Startbegriff in die erste Ebene eingeordnet.

2. Übergeordnete Begriffe, die sich in einer *superconcept*-Beziehung zum Startbegriff befinden, werden gesondert betrachtet. Die übergeordneten Begriffe in superconcept-Beziehungen vererben ihre Teilbegriffe (Begriffe in *EEpart-* oder *AEpart*-Beziehungen) an

die untergeordneten Begriffe. Die „geerbten" Beziehungen werden in das Lehrdokument aufgenommen.

3. Nachfolgend werden untergeordnete Teilbegriffe (*EEpart-* oder *AEpart*-Beziehungen) des Startbegriffs gesucht. Eventuell vorhandene Teilbegriffe werden in die entsprechenden Gliederungsebenen aufgenommen.

4. Vererbte Teilbegriffe aus Schritt 2) bedürfen einer genaueren Untersuchung. Es ist möglich, dass diese Begriffe wiederum Bestandteil von *superconcept*-Beziehungen sind und dass erst ein Erbe dieser Begriffe Bestandteil des Ausgangsbegriffs ist. Erben von Teilbegriffen werden in das Lehrdokument aufgenommen, sofern am Ende einer möglichen Vererbungskette ein Begriff steht, der ein direkter Teilbegriff des Ausgangsbegriffs ist. Im Falle einer Vererbungskette werden die Teilbegriffe aller Begriffe in der Kette vererbt und zu Unterbegriffen des letzten Begriffs in der Kette.

Der folgende Absatz beschreibt kurz einige Regeln zum Generieren einer Lektion, die einem problem-orientierten Ansatz folgt. Damit soll gezeigt werden, wie das System arbeitet.

Um den Benutzerinnen eine Motivation zu dem gewählten Thema zu geben, müssen ihnen mehr Begriffe präsentiert werden als die oben erwähnten, nämlich auch diejenigen, die mit dem Suchbegriff oder einem seiner Oberbegriffe durch die Relation "*problemSolution*" verbunden sind, und diejenigen, die auf dem Wege von dem Suchbegriff zu diesen Begriffen liegen. Auch die Relationen im *MediaBrickSpace* werden verwendet. So reicht es beispielsweise nicht aus, ein Problem nur zu erwähnen; um es hervorzuheben, gibt das System ein Beispiel dafür, das mit Hilfe der rhetorisch-didaktischen Relation „Nachweis" im *MediaBrickSpace* gefunden werden kann.

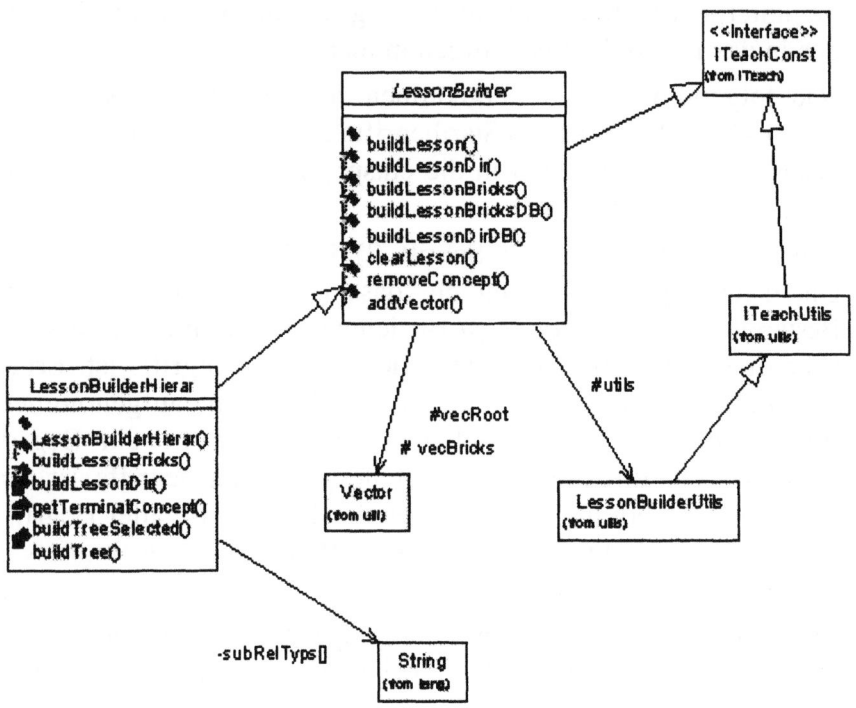

Abbildung 43: Klassendiagramm für die Klassen, die die Lehrdokumente entsprechend den verschiedenen Lehrmethoden zusammenstellen

6.1.5 Dialogmöglichkeiten

Da die Benutzermodellierung im Benutzerprofil nicht immer zu der optimalen Lektion führen kann, gibt es in Multibook verschiedene Möglichkeiten, die automatische Auswahl der Medienbausteine zu modifizieren.

Die Lernenden können jederzeit ihr Profil lokal oder global verändern (siehe dazu Abschnitt 6.1.3.1 und 6.1.3.2). Das System stellt dann entsprechend den neuen Angaben des Profils eine andere Lektion zusammen. Auf eine einfache Weise können die Lernenden zusätzliches Material anfordern, indem sie die Stretchtexte aktivieren (siehe Abschnitt 6.1.4). Dem zwischenmenschlichen Dialog am ähnlichsten ist die Funktion des Linkmenüs (siehe Abschnitt 6.1.4), da das Linkmenü auf den rhetorisch-didaktischen Relationen beruht, die die Beziehungen in einer natürlichsprachlichen Kommunikation abbilden.

Mit Hilfe dieser Interaktionsmöglichkeiten wurde für Multibook ein Weg gefunden, den Lernenden einerseits die für sie nicht lösbare Aufgabe der Auswahl der Medienbausteine abzunehmen, ihnen aber andererseits Mitbestimmung zu ermöglichen.

6.2 MediBook[5]

MediBook ist ein medizinisches Lehrsystem, das eine gemeinsame Wissensbasis für Medizin-Vorlesungen verschiedener vorklinischer Fächer anbietet. Die Module können fachübergreifend genutzt werden. Hierfür ist es notwendig, zu einem Thema/Begriff Erklärungen in unterschiedlichem Detaillierungsgrad anzubieten. Das Thema, das für den einen Fachbereich zentral ist, kann für einen anderen ein Randgebiet darstellen. Für die Schnittstellen der Fächer und ihre Überschneidungen ist die formale Darstellung des Wissensgebietes von großem Nutzen. Die (vorklinische) Medizin in einem Gesamtzusammenhang darzustellen, kann kein Buch in der hier verwirklichten Tiefe bieten. Der Bereich Medizin bietet sich außerdem wegen seines anschaulichen Lehrstoffes für den Einsatz multimedialer Lernressourcen an. Wegen der schnellen wissenschaftlichen Entwicklung in der Medizin ist der modulare Aufbau der Wissensbasis von großem Vorteil, da sich durch die kontextfreie Gestaltung der Module das Aktua-

---

5. MediBook (siehe [178]) ist ein Projekt der Technischen Universität Darmstadt (Fachbereich Multimedia Kommunikation) und der Universität Gießen (Fakultät für Medizin). Es wird vom Hessischen Ministerium für Wissenschaft und Kunst mitfinanziert. Die Laufzeit beträgt drei Jahre. Es dient als Pilotprojekt zu dem Projekt k-MED (siehe [179]), an dem sechs verschiedene Medizinbereiche von fünf Hochschulen, Medien- und Benutzeroberflächenexperten und pädagogische Psychologen beteiligt sind. k-MED wird vom Bundesministerium für Bildung und Forschung und vom Hessischen Ministerium für Wissenschaft und Kunst finanziert.

lisieren der Inhalte durch Austausch oder Modifikation der einzelnen
Module sehr leicht gestaltet.

MediBook unterscheidet sich von Multibook ist in erster Linie dadurch, dass bei MediBook die Expertinnen der Wissensdomäne, die
Medizinerinnen, nicht gleichzeitig Expertinnen für Wissensmodellierung (d.h. für die Erstellung des semantischen Netzes) und elektronische Systeme sind. Das impliziert, dass die Rollen, die es bei der Erstellung und dem Gebrauch von MediBook gibt, genauer abgegrenzt
sind und spezifischer Werkzeuge bedürfen. Diese Werkzeuge umfassen:

- Für die Erstellerin der Wissensbasis:

  - Graphisches Werkzeug zur Erstellung des *ConceptSpace*

  - LOM-Editor

  - Graphisches Werkzeug zur Verbindung der Medienbausteine
    untereinander mit rhetorisch-didaktischen Relationen und zu den
    Begriffen des *ConceptSpace*

- Für die Dozentin:

  - Filterungsmechanismen der Wissensbasis

  - Kurseditor zum Auswählen und Anordnen der Medienbausteine

  - Präsentationsgenerierung für die Erstellung eines Lehrdoku-
    ments, entweder zum Anschauen in einem *Browser* oder zum
    Ausdrucken

- Für die Studierende:

  - Möglichkeit, ein Lehrdokument zu finden

  - Navigationsmöglichkeit auf dem Lehrdokument

  - Eingeschränkte Navigationsmöglichkeit auf der Wissensbasis

Ein anderer Unterschied liegt darin, dass MediBook zwar auch für
eine heterogene Zielgruppe zur Verfügung stehen soll, aber in erster
Linie für die theoretische universitäre Ausbildung von Medizinstu-
dentinnen gedacht ist. Die Prüfungen für diese Fächer werden zentral
formuliert; das bedeutet, dass der Inhalt der MediBook-Lektionen

nicht beliebig von den Benutzerinnen gewählt werden kann, sondern
dem Curriculum entsprechen muss. Deshalb wurde der Multibook-
Ansatz dahingehend modifiziert, dass eine zusätzliche Rolle, die der
Dozentin, eingeführt wurde, die die Zusammenstellung der Lektionen
übernimmt. Hier liegt der wesentliche Unterschied zu Multibook: die
Lektionen in MediBook werden nicht automatisch vom System zusammengestellt. Die Beschreibungsmethodik der Wissensbasis, die
die formale Repräsentation der sechs Fächer (*ConceptSpace*), die Beschreibung der einzelnen Module (LOM-Datensätze) und die Verbindungen der Module (rhetorisch-didaktische Relationen) umfasst,
dient in MediBook dazu, den Dozentinnen Vorschläge für die Auswahl der Medienbausteine zu machen.

MediBook bietet die Möglichkeit, die Ergebnisse von Multibook auf
eine andere Wissensdomäne zu übertragen. Dafür müssen andere semantische Relationen definiert werden. Auch die LOM-Felder werden für diese Anwendung neu interpretiert. Den Entwicklerinnen des
Multibook-Systems wird damit die Möglichkeit gegeben, zu evaluieren, dass ihr System sich auch auf andere Wissensbereiche übertragen
lässt.

7 Zusammenfassung und Ausblick

Adaptivität ist notwendig, wenn ein Lehrsystem den Bedürfnissen heterogener Zielgruppen gerecht werden soll. Durch die immer kürzer werdende Halbwertzeit von Wissen wird das, was oft als *life-long learning* bezeichnet wird, ein wichtiger Bestandteil der Bildung. Studierende, Auszubildende, Berufsanfängerinnen und „alte Hasen" müssen lernen, mit den neuesten Verfahren umzugehen, neue Geräte oder Software zu verwenden. Diese heterogenen Zielgruppen implizieren, dass die Lernenden oft kein einheitliches Vorwissen und kein einheitliches Lernziel haben. Die Lernenden mögen zwar an dem gleichen Thema interessiert sein, aber an ganz unterschiedlichen Aspekten davon. Deshalb ist eine inhaltliche Anpassung der Lehrdokumente an die jeweilige Lernende erforderlich.

Die Problemlösung für die Anpassung und den schnell veraltenden Inhalt besteht in Lehrsystemen mit modularen Wissensbasen. Verschiedene Lehrsysteme mit modularen Wissensbasen, die sich an individuelle Bedürfnisse der Lernenden anpassen, wurden in dem Buch vorgestellt. Aber keines der Systeme kann unterschiedliche Lernziele realisieren.

Um die inhaltliche Anpassung an verschiedene Lernziele zu realisieren, muss die Wissensbasis detaillierter als in den vorgestellten Systemen beschrieben sein. Ziel dieses Buches ist es, eine Beschreibungsmethodik für die Lernmodule zu entwickeln, die eine Anpassung an die Lernende bezüglich der Themen- und Unterthemenauswahl, der Lehrmethode, des Schwierigkeitsgrades und der Medienpräferenz gewährleistet und zugleich die Module zu einem zusammengehörendem Ganzen verbindet und den Lernenden die Möglichkeit bietet, selbst Anpassungen vorzunehmen.

Vorhandene Beschreibungsmethodiken aus unterschiedlichen Forschungsbereichen wurden weiterentwickelt und miteinander kombiniert. Das Ergebnis ist eine Beschreibungsmethodik, die sich aus drei Teilen zusammensetzt: Die Module werden jedes für sich mit Meta-

daten beschrieben, sie werden mit rhetorisch-didaktischen Relationen
zueinander in Verbindung gesetzt, und sie werden mit Schlüsselbe-
griffen der Wissensdomäne verbunden, die wiederum in einem semantischen Netz miteinander verknüpft sind. Die Metadaten ermöglichen eine geeignete Auswahl der Module in Bezug auf die
gewünschten Medien und beispielsweise die Sprache, in der die Module verfasst sind. Durch die rhetorisch-didaktischen Relationen kann
der Schwierigkeitsgrad angepasst werden, können verschiedene Lehrmethoden realisiert werden und schließlich Hinweise auf die lokale
Kohärenz gegeben werden. Die Zuordnung der Module zu einer for-
malen Repräsentation der Wissensdomäne erlaubt es, eine Gliederung
des Lehrdokumentes zu erstellen unter Berücksichtigung der gewünschten Themen und Aspekte der Themen. Diese Gliederung kann
den Benutzerinnen als Inhaltsverzeichnis präsentiert werden. Das semantische Netz erfüllt damit zwei Aufgaben: Es unterstützt die eine
inhaltliche Anpassung der Lehrdokumente, und es dient der Orientierung, damit bietet es den Lernenden Hilfe bei der globalen Kohärenzbildung.

Diese Arbeit kann in vielen Bereichen weiterentwickelt werden. Einige seien hier kurz vorgestellt.

Das vorliegende Buch geht von statischen Modulen aus. Eine Ausnahme bilden die unterschiedlich zu parametrisierenden *Applets*.
Diese werden aber auch zu statischen Modulen, indem virtuelle Module, die das *Applet* mit jeweils einer Parametrisierung enthalten, erzeugt werden. Dynamische Module, die keinen feststehenden Inhalt
haben, sondern Informationsmaterial und Regeln beinhalten, wie dieses Material angeboten werden kann, haben verschiedene Vorteile: Es
können mehrere Module aus einem erzeugt werden; das spart Speicherplatz und vor allem muss der Inhalt nur an einer Stelle gewartet
werden. Die Module können noch besser an die Bedürfnisse der Lernenden angepasst werden, und schließlich kann eine bessere lokale
Kohärenz erreicht werden, indem die Übergänge zu den in dem Lehrdokument benachbarten Modulen dynamisch generiert werden.

Dynamische Module könnten neben den schon realisierten *Applets*
Textmodule ersetzen, die dann Sprachgenerierungsregeln enthalten
müssten, oder Diagramme, die aus Zahlen und Diagramm-Erstel-
lungsregeln bestehen (siehe hierzu [71]).

Sowohl die Erstellung als auch die Handhabung (z.B. Beschreibung)
dieser dynamischen Module sind Forschungsbereiche, die sich wei-
terzuverfolgen lohnt.

Das semantische Netz, das bisher zur Navigation und Orientierung
dient, kann vielfältiger verwendet werden. Eine Möglichkeit ist es, es
zur Lernerfolgskontrolle einzusetzen. Die Lernenden können aufgefordert werden, wenn sie ein Thema bearbeitet haben, ein (vereinfach-
tes) semantisches Netz zu diesem Thema entweder selbst zu erstellen
oder ein vorgegebenes zu ergänzen oder zu korrigieren. Der Vergleich
mit dem von Experten erstellten semantischen Netz kann Aufschlüsse
geben, an welchen Stellen ein Lerndefizit vorliegt.

Um dieses Ziel zu erreichen, müssen *Graphdrawing*-Algorithmen mit
einer benutzerfreundlichen Oberfläche entwickelt werden und eine
Lösung, wie man die komplexe Aufgabe des Graphenvergleichs vereinfacht.

Erfahrungen bei der Modellierung des semantischen Netzes werden in
Zukunft Auskunft darüber geben können, wie granular die Wissensdomäne dargestellt werden muss. Interessant sind auch Versuche, außerhalb der technisch-naturwissenschaftlichen Gebiete (beispielsweise Literaturwissenschaften) eine Wissensdomäne formal zu
repräsentieren.

Elektronische Lehrwerke können in eine kooperative Lernumgebung
eingebettet werden. Die Frage, wie kooperatives Arbeiten erleichtert
werden kann, obwohl den Lernenden unter Umständen unterschiedliche Lehrdokumente vorliegen, muss noch erforscht werden. Das von
Wessner und Pfister in [151] vorgestellte Konzepts der *Points of Cooperation* ist ein erster Ansatz dafür.

Der Erfolg aller Bestrebungen, Lehrwerke zu konzipieren, die einen
Mehrwert gegenüber dem Buch haben, sind davon abhängig, wie die
verschiedenen Disziplinen zusammenarbeiten. Informatikerinnen
müssen mit Pädagoginnen und Psychologinnen die Inhaltsexpertinnen unterstützen. Eine neue Technik kann der Auslöser sein, dass
neue Arten der Zusammenarbeit entstehen können.

Abkürzungsverzeichnis

ADL	Advanced Distributed Learning Initiative
AHS	Adaptives Hypermedia-System
AICC	Aviation Industry CBT Committee
ARIADNE	Alliance of Remote Instructional Authoring and Distribution Networks of Europe
CBT	Computer-based Training
CSCL	Computer Supported Cooperative Learning, computerunterstütztes kooperatives Lernen
DC	Dublin Core
DTD	Document Type Definition
IEEE	Institute of Electrical and Electronics Engineers
IMS	Instructional Management Systems Project
ISSS	Information Society Standardization System
ITS	Intelligent Tutoring System
KIF	Knowledge Interchange Format
KBS	Knowledge Based Systems Group
KPS	Knowledge Pools System
LOM	Learning Object Metadata
LTSC	Learning Technology Standards Committee
NCSA	National Center for Supercomputing Applications
OCLC	Online Computer Library Center
PAPI	Public and Private Information
RDF	Resource Description Framework
SEL	Standard Extension Library
SFK	Smalltalk Frame Kit
SGML	Standard Generalized Markup Language
XML	Extended Markup Language
W3C	World Wide Web Consortium

Literaturverzeichnis

Literatur:

[1]   ACM: *The ACM Computing Classification System.* 1991
http://www.toc.lcs.mit.edu/~jacm/CR/1991/

[2]   G. Amato und U. Straccia: *User Profile Modeling and Application to Digital Libraries.* In: S. Abiteboul und A.-M. Vercoustre (Hrsg.): Proceedings of the ECDL '99. Springer-Verlag, Heidelberg. 1999.

[3]   J.R. Anderson, C.F. Boyle, A. Corbett und M. Lewis: *Cognitive Modeling in Intelligent Tutoring.* Artificial Intelligence 42. 1990.

[4]   ARIADNE Project: *ARIADNE Educational Metadata Recommodation.* 1999.
http://ariadne.unil.ch/Metadata/ariadne_metadata_v3fianl1.html

[5]   P. Baird und M. Percival: *Glasgow Online: Database Development Using Apple's HyperCard.* In: R. McAleese (Hrsg.): Hypertext: theory into practice. Ablex Publishing Corporation, Norwood, USA. 1989.

[6]   I.H. Beaumont: *User Modelling in the Interactive Anatomy Tutoring System ANATOM-TUTOR.* In: P. Brusilovsky, A. Kobsa and J. Vassileva: Adaptive Hypertext and Hypermedia, Kluwers Academic Publishers, Dordrecht, Niederlande. 1998.

[7]   N. J. Belkin: *Helping People Find What They Don't Know.* In: Communications of the ACM Vol. 43, Nr. 8. August 2000.

[8]   E. Benaki, V.A. Karkaletsis und C.D. Spyropoulos: *User Modeling in WWW: The UMIE Prototype.* In: Adaptive Systems and User Modeling on the World Wide Web (Workshop), In: A. Jameson, C. Paris und C. Tasso (Hrsg.): User Modeling: Proceedings of the 6th International Conference on User Modeling (UM '97). Springer-Verlag, Heidelberg. 1997.

[9]   T. Berners-Lee: *Weaving the Web.* Harper, San Francisco, USA. 1999.

[10]   S. Boll, W. Klas und A. Sheth: *Overview on Using Metadata to Manage Multimedia Data.* In: W. Klas und A. Sheth (Hrsg.): Multimedia Data Management – Using Metadata to Integrate and Apply Digital Media. McGraw-Hill, Highttown, USA. 1998.

[11]   C. Bornhövd und A.P. Buchmann: *A Prototype for Metadata-based Integration of Internet Sources.* In: Proceedings of the 11th International Conference on Advanced Information Systems Engennering (CAiSE '99). Heidelberg. 1999.

[12]   C.F. Boyle und A.O. Encarnacion: MetaDoc: *An Adaptive Reading System.* In: P. Brusilovsky, A. Kobsa und J. Vassileva (Hrsg.): Adaptive Hypertext and Hypermedia..Kluwers Academic Publishers, Dordrecht, Niederlande. 1998.

[13]   T. Bray, J. Paoli und C.M. Sperberg-McQueen: *Extensible Markup Language (XML) 1.0.*1998.
         http://www.w3.org/TR/1998/REC-xml-19980210

[14]   P. Brusilovsky: *Methods and Techniques of Adaptive Hypermedia.* In: User Modeling and User-Adapted Interaction,Vol.6 (2+3).1996.

[15]   P. Brusilovsky: *Methods and Techniques of Adaptive Hypermedia.* In: P. Brusilovsky, A. Kobsa and J. Vassileva (Hrsg.): Adaptive Hypertext and Hypermedia. Kluwers Academic Publishers, Dordrecht, Niederlande.1998.

[16]   P. Brusilovsky, J. Eklund und E. Schwarz: *Web-based education for all: A tool for developing adaptive courseware.* In: Proceedings of the 7th International World Wide Web Conference (WWW7) Brisbane, Australien. 1998.

[17]   P. Brusilovsky und E. Schwarz: *User as Student: Towards an Adaptive Interface for Advanced Web-Based Applications.* In: A. Jameson, C. Paris und C. Tasso (Hrsg.): User Modeling: Proceedings of the 6th International Conference on User Modeling (UM '97). Springer-Verlag, Heidelberg. 1997.

[18]   L. Burnard, E. Miller, L. Quin und C.M. Sperberg McQueen: *A Syntax for Dublin Core Metadata.* 1996.
         http://users.ox.ac.uk/~lou/wip/metadata.syntax.html

[19]   V. Bush: *As we may think.* Atlantic Monthly. 1. 1945.

[20]   A. Caramazza und R.S. Bernd: *Semantic and Syntactic Process in Aphasia: A Review of the Literature.* In: Psychological Bulletin 85. 1978.

[21]   B. Carr und I. Goldstein: *Overlays: A theory of modelling for computer aided instruction.* MIT AI Laboratory, Cambridge, USA. 1977.

[22]   R. M. Carro, E. Pulido und P. Rodríguez: *TANGOW: Task-based Adaptive learNer Guidance On the WWW*. In: Proceedings of the 2nd Workshop on Adaptive Systems and User Modeling on the WWW. Banff, Kanada. 1999.

[23]   R. Catrambone und J.M. Carroll: *Learning a Word Processing System with Guided Exploration and Training Wheels*. In: J.M. Carroll and P.P. Tanner (Hrsg.): Proceedings der CHI+GI'87 Human Factors in Computing Systems and Graphics Interface. ACM. New York, USA. 1987.

[24]   W. Chafe: *The flow of thoughts and the flow of language*. In: T. Givon (Hrsg.): Syntax and Semantics. Vol.12: Discourse and Syntax. Academic Press, New York, USA. 1979.

[25]   D. N. Chin: *KNOME: Modeling what the user know in UC*. In: A. Kobsa und W. Wahlster (Hrsg.): User models in dialog systems. Springer-Verlag, Heidelberg. 1989.

[26]   J. Conklin: *Hypertext: An Introduction and Survey*. Computer (published by the Computer Society of the IEEE). Vol. 20, No. 9. 1987.

[27]   R. Cox, M. O'Donnell und J. Oberlander: *Dynamic versus static hypermedia in museum education: an evaluation of ILEX, the intelligent labelling explorer*. In: Proceedings der Artificial Intelligence in Education Conference (AI-ED99), Le Mans, Frankreich. 1999.

[28]   D.J. Cunningham, T.M. Duffy und R.A. Knuth: *The textbook of the future*. In: C. McKnight, A. Dillon und J. Richardson (Hrsg.): Hypertext: A psychological perspective. Ellis Horwood, New York, USA. 1993.

[29]   R. Dale, J. Oberlander, M. Milosavljevic und A. Knott: *Integrating Natural Language Generation and Hypertext to Produce Dynamic Document*. Interacting with Computers, 11(2), 109-135.1998

[30]   P. de Bra: *Teaching Hypertext and Hypermedia through the Web*. In: Proceedings of the WebNet. San Francisco, USA. 1996.

[31]   P. de Bra: *Design Issues in Adaptive Web-Site Development*. In: Proceedings of the 2nd Workshop on Adaptive Systems and User Modeling on the WWW. Banff, Kanada. 1999.

[32]   P. de Bra und L. Calvi: *AHA: A Generic Adaptive Hypermedia System*. In: Proceedings of the 2nd Workshop on Adaptive Hypertext and Hypermedia of the Hypertext '98. Pittsburgh, USA. 1998.

[33]   S. Decker, S. Melnik, F. van Harmelen, D. Fensel, M. Klein, J. Broekstra,
         M. Erdmann und I. Harrocks: *The Semantic Web: The Roles of XML and
         RDF.* IEEE InternetComputing. September/Oktober 2000.

[34]   F.P. Deek und J.A. McHugh: *A review and analysis of tools for learning
         programming.* In: Proceedings of the EdMedia & EdTelecom '98. Frei-
         burg.1998.

[35]   V. Devedzic und J. Debenham: *An Intelligent Tutoring System for
         teaching formal languages.* In: Proceedings of the Intelligent Tutoring
         Systems Conference. San Antonio, USA. 1998.

[36]   Dublin Core Metadata Initiative: *Dublin Core Metadata Element Set,
         Version1.1: Reference Description.* 1999.
         http://purl.oclc.org/dc/documents/rec-dces-19990702.htm

[37]   E. Duval: *An Open Infrastructure for Learning – the ARIADNE project:
         Share and reuse without boundaries.* In: Proceedings of the International
         Conference on Enabling Network-Based Leraning. Espoo, Finland. 1999.

[38]   D. Edwards und L. Hardman: *„Lost in Hyperspace": Cognitive Mapping
         and Navigation in a Hypertext Environment.* In: R. McAleese (Hrsg.):
         Hypertext: theory into practice. Ablex Publishing Corporation, Norwood,
         USA. 1989.

[39]   J. Eklund: *Knowledge-based navigation support in hypermedia course-
         ware using WEST.* In: Australien Educational Computing 11, 2.1996.

[40]   J. Eklund und P. Brusilovsky: *Individualising Interaction in Web-based
         Instructional Systems in Higher Education.* In: Proceedings of the Apple
         University Consortium's Academic Conference. Melbourne, Australien.
         1998.

[41]   W.C. Elm und D.D. Woods: *Getting lost: A case study in interface design.*
         In: Proceedings of the 29th Annual Meeting of the Human Factors Socie-
         ty. Baltimore, USA. 1985.

[42]   A. El Saddik, C. Seeberg, A. Steinacker, K. Reichenberger, S. Fischer und
         R. Steinmetz: *A Component-based Construction Kit for Algorithmic Vi-
         sualization.* In: Proceedings of The Fourth World Conference on Integra-
         ted Design & Process Technology (IDPT). Kusadasi, Türkei. 1999.
         (Die Proceedings des Jahres 1999 sind in dem Tagungsband von 2000 er-
         schienen.)

[43]   A. El Saddik, A. Ghavam, S. Fischer und R. Steinmetz: *Metadata for Smart Multimedia Learning Objects*. In: Proceedings of the fourth Australasian Computing Education Conference. ACM Press. New York, USA. 2000.

[44]   A. El Saddik: *Shared Reusable Visualization-based Instructional Modules*. Dissertation an der Technischen Universität Darmstadt. 2001.

[45]   C. Fellbaum: *Towards a Representation of Idioms in WordNet*. In: Proceedings of the COLING/ACL Workshop on Usage of WordNet in Natural Language Processing Systems. Montreal, Kanada. 1998.

[46]   J. Fink, A. Kobsa und J. Schreck: *Personalized Hypermedia Information Provision through Adaptive and Adaptable System Features: User Modeling, Privacy and Security Issues*. In: A. Mullery, M. Benson, M. Campolargo, R. Gobbi und R.Reed (Hrsg.): Intelligence in Service and Networks: Technology for Cooperative Competition. Springer-Verlag, Heidelberg. 1997.

[47]   D.H. Fischer: *From Thesauri towards Ontologies?* In: M. Hadi, J. Maniez und S.A. Pollit (Hrsg.): Structures and Relations in Knowledge Organization, Proceedings of the 5th ISKO Conference. Lille, Frankreich. 1998

[48]   G. Fischer und T. Mastaglio: *A conceptual framework for knowledge-based critic systems*. In: International Journal of Decision Support Systems. Elsevier Science Publishers B.V., Amsterdam, Niederlande. 1991.

[49]   A. Gangemi, D.M. Pisanelli und G. Steve: *An Overview of the ONIONS Project: Applying Ontologies to the Integration of Medical Terminologies*. Data and Knowledge Engineering 31. 1999.

[50]   W. Geyer und W. Effelsberg: *The Digital Lecture Board - A Teaching and Learning Tool for Remote Instruction in Higher Education*. In: Proceedings of the EdMedia & EdTelecom '98. Freiburg.1998.

[51]   C.F. Goldfarb: *Final text of revised TC2 to ISO 8879*. 1986. http://www.sgmlsource.com/goldfarb/8879rev/n0029.htm

[52]   R.G. Good, J.H. Wandersee und J.S. Julien: *Cautionary notes on the appeal of the new „ism" (construcitvism) in science education*. In: K. Tobin (Hrsg.): The Practice of Constructivism in Science Education. Lawrence Erlbaum Associates, Hillside, USA. 1993.

[53]   A.C. Graesser, N.K. Person und J.P. Magliano: *Colloborative Dialogue Patterns in Naturalistic One-On-One Tutoring*. Applied Cognitive Psychology. Vol. 9. 1995.

[54]   G. Grunst, R. Oppermann und C. Thomas: *Adaptive and adaptable systems*. In: P Hoschka (Hrsg.): Computers as Assistants: A New Generation of Support Systems. New York, USA. 1996.

[55]   N. Guarino: *Understanding, Building, And Using Ontologies – A Commentary to „Using Explicit Ontologies in KBS Development" by Heijst, Schreiber, and Wielinga*. International Journal of Human-Computer Studies. 1997.

[56]   N. Henze und W. Nejdl: *Adaptivity in the KBS hyperbook system*. In: Proceedings of the 2nd Workshop on Adaptive Systems and User Modeling on the WWW. Banff, Kanada. 1999.

[57]   N. Henze und W. Nejdl: *Student modeling in an active learning environment using Bayesian networks*. In: Proceedings of the Seventh International Conference on User Modeling (UM '99). Banff, Kanada. 1999.

[58]   N. Henze, W. Nejdl und M. Wolpers: *Modeling constructivist teaching functionality and structure in the KBS hyperbook system*. In: Proceedings of the Computer Supported Collaborative Learning (CSCL '99). Standford, USA. 1999.

[59]   F.W. Hesse und H. Mandl: *Neue Technik verlangt neue pädagogische Konzepte. Empfehlungen zur Gestaltung und Nutzung von multimedialen Lehr- und Lernumgebungen*. In Bertelsmann-Stiftung, Heinz Nixdorf-Stiftung, Studium online. Bertelsmann, Gütersloh. 2000.

[60]   K. Höök, J. Karlgren, A. Waeren, N. Dahlbeck, C.G. Jansson, K. Karlgren und B. Lemaire: *A Glass Box Appraoch to Adaptive Hypermedia*. In: P. Brusilovsky, A. Kobsa und J. Vassileva (Hrsg.): Adaptive Hypertext and Hypermedia. Kluwer Academic Publisher. Dordrecht, Niederlande. 1998.

[61]   H. Hohl, H.-D. Böcker und R. Gunzenhäuser: *Hypadapter: An Adaptive Hypertext System for Exploratory Learning and Programming*. In: P. Brusilovsky, A. Kobsa und J. Vassileva (Hrsg.): Adaptive Hypertext and Hypermedia. Kluwer Academic Press, Dordrecht, Niederlande. 1998.

[62]   H. U. Hoppe: *Collaborative Learning in Open Distributed Environments - Pedagogical Principles and Computational Methods*. In: International Journal of Artificial Intelligence in Education. The International AIED Society. 1999.

[63]   J. Hothi und W. Hall: *An Evaluation of Adapted Hypermedia Techniques Using Static User Modelling.* In: Proceedings of the 2nd Workshop on Adaptive Hypertext and Hypermedia of the Hypertext '98. Pittsburg, USA. 1998.

[64]   IMS Global Learning Consortium: *IMS Metadata Best Practice and Implementation Guide.* 1999.
http://www.imsproject.org/metadata/mdbest01.doc

[65]   Information Society Standardization System: *Learning and Training Technologies & Educational Multimedia Software.* 2000.
http://www.ceborm.be/isss/Workshop/lt7~report/Report-on-PoW.htm

[66]   International Organization for Standardization: *ISO 11179 Specification and standardization of data elements.* 1999.

[67]   A. Jameson: *Numerical Uncertainty Management in User and Student Modeling: An Overview of Systems and Issues.* In: User Modeling and User-Adapted Interaction, Vol. 5 (3/4). 1995.

[68]   D.H. Jonassen: *What are Cognitive Tools?* In: P.A.M. Kommers, D.H. Joassen und J.T. Mayes (Hrsg.): Cognitive Tools for NATO ASI Series, Series F: Computer und Systems Science, Vol 81. Springer-Verlag, Heidelberg. 1991.

[69]   T. Jörding: *A Temporary User Modeling Apprach for Adaptive Shopping on the Web.* In: Proceedings of the 2nd Workshop on Adaptive Systems and User Modeling on the WWW. Banff, Kanada. 1999.

[70]   T. Jörding und K. Meissner: *Intelligent Multimedia Presentations in the Web: Fun without Annoyance.* In: Proceedings of the 7th International World Wide Web Conference (WWW7). Brisbane, Australien. 1998.

[71]   T. Kamps: *Diagram Design: A Constructive Theory.* Springer-Verlag, Heidleberg. 1999.

[72]   V. Kashyap und A. Sheth: *Semantic Heterogeneity in Global Information Systems: the Role of Metadata, Context and Ontologies.* In: M. Papazoglou und G. Schlageter (Hrsg.): Cooperative Information Systems: Current Trends and Directions. Springer-Verlag, Heidelberg. 1997.

[73]   M. Kerres: *Multimediale und telemediale Lernumgebungen.* 2., vollständig überarbeitete Auflage. Oldenbourg Wissenschaftsverlag, München. 2001.

[74]   A. Kobsa: *User Modeling Recent Work, Prospects and Hazards.* In: M. Schneider-Hufschmidt, T. Kühme und U. Malinowski (Hrsg.): Adaptive User Interfaces: Principles and Practise. Elsevier Science Publishers B.V., Amsterdam, Niederlande. 1993.

[75]   J. Koenemann und N.J. Belkin: *A Case For Interaction: A Study of Interactive Information Retrieval Behavior and Effectiveness.* In: Proceedings of the ACM Conference on Human Factors in Computing Systems (CHI). Vancouver, Kanada. 1996.

[76]   P. Klimsa: *Multimedia aus psychologischer und didaktischer Sicht.* In: L.J. Issing und P. Klimsa: Information und Lernen mit Multimedia. Beltz PsychologieVerlagsUnion, Weinheim. 1997.

[77]   P.-W. Kloas: *Berufskonzept und Modularisierung in der deutschen Berufsbildung* – Referat auf dem deutsch-britischen Expertentreffen des BMBF in Berlin am 5. Februar 1997.
         http://www.bibb.de/publikat/reden97/19970205.html

[78]   P.A.M. Kommers, D.H. Jonassen und J.T. Mayes (Hrsg.): *Cognitive Tools for Learning.* NATO ASI Series, Series F: Computer und Systems Science, Vol 81. Springer-Verlag, Heidelberg. 1991.

[79]   R. Kuhlen: *Hypertext – Ein nicht lineares Medium zwischen Buch und Wissensbank.* Springer-Verlag, Heidelberg. 1991.

[80]   Learning Technology Standadization Comittee: *Learning Object Metadata Final 1484.12.1 LOM Draft Standard Document.*
         http://ltsc.ieee.org/doc/wg12/LOM_1484_12_1_v1_Final_Draft.pdf

[81]   G.R. Lefrancois: *Theories of Human Learning.* Kro's Report 3rd Edition. Brooks/Cole Publishing Company, Pacific Grove, USA. 1995.

[82]   D.B. Lenat: *From 2001 to 2001: Common Sense and the Mind of HAL.* In: D.G. Stork (Hrsg.): Hal's Legacy: 2001's Computer as Dream and Reality. MIT Press, Cambridge, USA. 1998.

[83]   D.B. Lenat: Cyc: *A Large-Scale Investment in Knowledge Infrastructure.* Communication of the ACM. Vol. 36, Nr. 11. November 1995.

[84]   D.B. Lenat und R.V. Guha: *The Evolution of CyCL – The Cyc Representation Language.* In: C. Rich (Hrsg.): SIGART BULLETIN Special Issue on Implemented KRR Systems. Juni 1991.

[85] D. Leutner: *Adaptive Lehrsysteme – Instruktionspsychologische Grundlagen und experimentelle Analysen*. Beltz Psychologische VerlagsUnion, Weinheim. 1992.

[86] D. Lowe und W. Hall: *Hypermedia & the Web – an engineering approach*. John Wiley & Sons, Chichester, Großbritanien. 1999.

[87] W.C. Mann und S.A. Thomson: *Assertions from Discourse Structure*. In: Proceedings of the Eleventh Annual Meeting of the Berkeley Linguistics Society. Berkeley Linguistics Society, Berkeley, USA. 1985.

[88] W.C. Mann und S.A. Thomson: *Relational Propositions in Discourse*. In: Discourse Process 9, (1). January-March 1986.

[89] W.C. Mann und S.A. Thomson: *Rhetorical Structure Theory: A Theory of Text Organization*. Technical Report RS-87-190, Information Science Institute, USC ISI, USA. 1987.

[90] E. Miller: *An introduction to the Resource Description Framework*. 1998. http://www.dlib.org/dlib/may98/miller/05miller.html

[91] G.A. Miller, R. Beckwith, C. Fellbaum, D. Gross und K.J. Miller: *Introduction to WordNet: An On-line Lexical Database*. In: International Journal of Lexicography 3 (4). 1990.

[92] G.A. Miller und W.G. Charles: *Contextual correlates of semantic similarity*. In: Language and Cognitive Processes, 6. 1991.

[93] M. Milosavljevic und J. Oberlander: *Dynamic Catalogues on the WWW*. In: Proceedings der 7. International World Wide Web Conference, Brisbane, Australien, 1998.

[94] R. Mislevy und D. Gitomer: *The Role of Probability-Based Inference in an Intelligent Tutoring System*. In: User Modeling and User-Adapted Interaction, Vol. 5. 1996.

[95] J.D. Moore und C.L. Paris: *Planning Text for Advisory Dialogues: Capturing Intentional and Rhetorical Information*. In: Computational Linguistics 19 (4). Camebridge, USA. 1992.

[96] M. Mühlhäuser, J. Borchers, C. Falkowski und K. Manske.: *The Conference-/Classroom of the Future: An Interdisciplinary Approach*. In: B. Glasson, D. Vogel und J. Nunamaker (Hrsg.): Information Systems and Technology in the International Office of the Future. Chapman and Hall, Boca Raton, USA. 1996.

[97]   D. Münzenberger: *Visualisierung und Navigationssteuerung für ein dyna-misches Hypermediasystem*. Diplomarbeit an der Technischen Universität Darmstadt. 1999.

[98]   T.H. Nelson: *Dream Maschines: New freedoms through computer screens – A minority report. Computer Lib: You can and must understand computers now*. Hugo's Book Service, Chicago, USA. 1974 (Nachdruck Microsoft Press 1988).

[99]   T.H. Nelson: *Literary Machines*. Swarthmore, USA. Im Eigenverlag. 1981.

[100]   E. Not, D. Petrelli, O. Stock, C. Strapparava und M. Zancanaro: *Person-oriented guided visits in a physical museum*. In: Proceedings of the 4th international Confererence on Hypermedia and Interactivity in Museums. Paris, Frankreich. 1997.

[101]   M. Nussbaum: *Was Texte sind und wie sie sein sollten – Ansätze zu einer sprachwissenschaftlicher Begründung eines Kriterienrasters zur Beurteilung von schriftlichen Schülertexten*. Max Niemeyer Verlag, Tübingen. 1991.

[102]   R. Oppermann. *Adaptive User Support*. Lawrence Erlbaum Associates, Hillside, USA. 1994.

[103]   R. Oppermann, R. Rashev und Kinshuk: *Adaptability and Adaptivity in Learning Systems*. In: A. Behrooz (Hrsg.): Proceedings of the International Conference "Knowledge Transfer - 1997 (KT97)". London, Großbritanien. 1997.

[104]   Th. Ottmann und R. Müller: *The "Authoring on the Fly"-System for Automated Recording and Replay of (Tele)presentations*. In: ACM/Springer Multimedia Systems Journal, Special Issue on "Multimedia Authoring and Presentation Techniques". 1999.

[105]   H. Partl: *XML – Extensible Markup Language*. 2000. http://www.boku.ac.at/htmleinf/xmlkurz.html

[106]   D. Petrelli, E. Not und M. Zancanaro: *Getting Engaged and Getting Tired: What is in a Museum Experience*. In: Proceedings of the Workshop „Attitude, Personality and Emotions in User-Adapted Interaction" of the UM'99. Banff, Kanada. 1999.

[107]   H.-R. Pfister und M. Wessner: *Das aktuelle Schlagwort: CSCL - Compu-
         terunterstütztes kooperatives Lernen.* In: KI - Künstliche Intelligenz, Vol.
         4. 1999

[108]   J.L. Plass, D. Chun, R.E. Mayer und D. Leutner: *Supporting visualizer
         and verbalizer learning preferences in a second language multimedia
         learning environment.* Journal of Educational Psychology, 90, 1998.

[109]   G. Rahmstorf: *A New Thesaurus Structure for Semantic Information Re-
         trieval.* In: Finding New Values and Uses of Information, Proceedings of
         the 47th FID (International Federation for Information and Documentati-
         on) General Assembly. Sonic City Omiya, Japan 1994.

[110]   E. Rich: *Building and Exploiting User Models.* PhD Thesis an der Carne-
         gie-Mellon University. CMU-CS-79-119. 1979.

[111]   E. Rich: *Users are individuals: individualising user models.* In: Interna-
         tional Journal of Man Maschine Studies. Vol. 18 (3). 1983 S. 199-214.

[112]   G. Rickheit: *Kohärenzprozesse – Modellierung von Sprachverarbeitung
         in Texten und Diskursen.* Westdeutscher Verlag, Opladen. 1991.

[113]   A. Roe: *A Study of Imagery in Research Scientists.* In: Journal of Perso-
         nality (19). 1951.

[114]   D. Rusch-Feja: *Dublin Core Metadata.* 1997.
         http://www.dbi-berlin.de/dbi_pub/bd_art/97_04_08.htm

[115]   K.-H. Saxe und P.A. Gloor: *Navigation im Hyperraum: Fisheye Views in
         HyperCard.* In: Hypertext und Hypermedia. Informatik Fachbericht,
         Band 249. Springer-Verlag, Heidelberg. 1990.

[116]   R. Schulmeister: *Grundlagen hypermedialer Lernsysteme – Theorie, Di-
         daktik, Design.* Oldenbourg-Verlag, München. 1997.

[117]   C. Seeberg, A. Steinacker, K. Reichenberger, S. Fischer und R. Steinmetz:
         Individual Tables of Contents in Web-based Learning Systems. In: K.
         Tochtermann, J. Westbomke, U.K. de Wiil und J. Leggett (Hrsg.): Procee-
         dings of the 10th ACM Conference on Hypertext and Hypermedia (Hy-
         pertext '99). Darmstadt.1999.

[118]   C. Seeberg, A. Steinacker, K. Reichenberger, A. El Saddik, S. Fischer und
         R. Steinmetz. *From the User's Needs to Adaptive Documents.* In: Procee-
         dings of The Fourth World Conference on Integrated Design & Process
         Technology (IDPT). Kusadasi, Türkei. 1999.

[119]   C. Seeberg, A. Steinacker und R. Steinmetz. *Coherence in Modularly Composed Adaptive Learning Documents.* In: P. Brusilovsky, O. Stock und C. Strapparava (Hrsg.): Adaptive Hypermedia and Adaptive Web-Based Systems. Proceedings of the AH 2000. Springer-Verlag, Heidelberg. 2000.

[120]   C. Seeberg, I. Rimac, S. Hörmann, A, Faatz, A. Steinacker A. El Saddik und R. Steinmetz: *MediBook: Realisierung eines generischen Ansatzes für ein internetbasiertes Multimedia-Lernsystem am Beispiel Medizin.* In: E. Leopold und M. Kirsten (Hrsg.): Tagungsband des Treffens der GI-Fachgruppe 1.1.3 – Maschinelles Lernen. GMD Report 114, Sankt Augustin. 2000.

[121]   C. Seeberg und A. Steinacker: Erste Evaluationsergebnisse von Multibook. Technical Report TR-KOM-1999-8. Darmstadt. 1999.

[122]   C. Seeberg: Untersuchung zum Schwierigkeitsgrad von Lernmodulen. Technical Report TR-KOM-2002-1. Darmstadt 2002.

[123]   W. Sesink: *Lernumgebungen.* In: W. Sesink (Red.): Bildung ans Netz – Implementierung Neuer Technologien in Bildungseinrichtungen – pädagogische und technische Vermittlungsaufgaben. Schriftenreihe der Landesinitiative Hessen-media. Wiesbaden. 2000.

[124]   J.M. Slatin: *Composing Hypertext: A Discussion for Writing Teachers.* In: E. Berk und J. Devlin (Hrsg.): Hypertext/Hypermedia Handbook. McGraw Hill, New York, USA. 1991.

[125]   D. Sleeman: *UMFE: A user modelling front-end system.* In: International Journal of Man Maschine Studies. Vol 23 (1). S. 71-88.1985.

[126]   J. Sowa: *Semantic Networks.* In: S.C. Shapiro (Hrsg.): Encyclopedia of Artificial Intelligence. John Wiley&Sons. New York, USA. 1987.

[127]   J.F. Sowa: *Conceptual Graphs Summary.* In: L Gerholz, T. Nagle, J. Nagle und P. Eklund (Hrsg.): Conceptual Structures: Current Theory and Practice. Ellis Horwood, Crystal City, USA. 1992.

[128]   J.F. Sowa: *Ontologies for Knowledge Sharing.* Manuskript des Invited Talks auf der TK'96. Wien, Österreich. 1996.

[129]   J.F. Sowa: *Knowledge Representation – Logical, Philosophical, and Computational Foundations.* Brooks/Cole Publishing Company, Pacific Grove, USA. 2000.

[130]   M. Specht: *Adaptive Methoden in computerbasierten Lehr/Lernsystemen.* Dissertation an der Universität Trier. 1998.

[131]   M. Specht und A. Kobsa: *Interaction of domain expertise and interface design in adaptive educational hypermedia.* In: Proceedings of the Workshop on Adaptive Systems and Unser Modeling on the World Wide Web at WWW-8 und UM '99. Banff, Kanada. 1999.

[132]   M. Stede und S. Koch: *The Adaptive University Calendar.* In: P. Brusilovsky, O. Stock und C. Strapparava (Hrsg.): Adaptive Hypermedia and Adaptive Web-Based Systems. Proceedings of the AH 2000. Springer-Verlag, Heidelberg. 2000.

[133]   A. Steinacker, C. Seeberg, K. Reichenberger, S. Fischer und R. Steinmetz: *Dynamically Generated Tables of Contents as Guided Tours in Adaptive Hypermedia Systems.* In: Proceedings of the EdMedia & EdTelecom '99. Seattle, USA. 1999.

[134]   A. Steinacker: *Semantische Netze in webbasierten Lernsystemen.* Dissertation an der Technischen Universität Darmstadt. 2001.

[135]   R. Steinmetz: *Multimedia-Technologie – Grundlagen, Komponenten und Systeme.* 3., überarbeitete Auflage. Springer-Verlag, Heidelberg. 2000.

[136]   N. Streitz: *Hypertext: Ein innovatives Medium zur Kommunikation von Wissen.* In: P.A. Gloor und N. Streitz (Hrsg.): Hypertext und Hypermedia – Von theoretischen Konzepten zur praktischen Anwendung. Springer-Verlag, Heidelberg. 1990.

[137]   S. Thies: *Benutzeradaptivität für Critiquing Systeme.* In: Proceedings der ABIS '99. Magdeburg. 1999.

[138]   R. Tolksdorf: *XML und darauf basierende Standards: Die neuen Auszeichnungssprachen des Webs.* In: Informatik-Spektrum 22, Dezember 1999.

[139]   R.H. Trigg: *A Network-Based Appraoch to Text Handling for the Online Scientific Community – Chapter 4: A Taxonomy of Link Types.* Ph.D. dissertation, University of Maryland. Technical Report TR-1346. 1983.

[140]   R.H. Trigg, T.P. Moran und F.H. Halasz: *Adaptability and Tailorability in NoteCards.* In: H.-J. Bullinger und B. Shackel (Hrsg.): Human-Computer Interaction (INTERACT '87). Elsevier Science Publisher B.V., Amsterdam, Niederlande. 1987.

[141]   M. Thüring, J. Hannemann und J. Haake: *Hypermedia and Cognition: Designing for Comprehension.* In: Communications of the ACM. Vol. 38, Nr. 8. August 1995.

[142]   D. Tschichritzis: *Reengineering the University.* In: Communications of the ACM, Vol. 42, Nr. 6. Juni 1999.

[143]   T.A. van Dijk: *Textwissenschaft – Eine interdisziplinäre Einführung.* Max Niemeyer Verlag, Tübingen. 1980.

[144]   T.A. van Dijk und W. Kintsch: *Strategies of Discourse Comprehension.* Academic Press, Orlando, USA. 1983.

[145]   J. Vassileva: *A Task-Centered Approach for User Modeling in a Hypermedia Office Documentation System.* In: User Modeling and User-Adapted Interaction, Vol. 6 (2+3).1996.

[146]   E. von Glasersfeld: *Radikaler Konstruktivismus – Ideen, Ergebnisse, Probleme.* Suhrkamp Verlag. Frankfurt/M. 1996.

[147]   M.A. Walker und J.D. Moore: *Empirical Studies in Discourse.* Computational Linguistics 23 (1). Cambridge, USA. 1997.

[148]   G. Weber und A. Möllenberg: *ELM programming environment: A tutoring system for LISP beginners.* In: K. Wender, F. Schmalhofer und H.-D. Böcker (Hrsg.): Cognition and Computer Programming. Ablex Publishing Cooperation, Norwood, USA. 1995.

[149]   G. Weber und M. Specht: *User Modeling and Adaptive Navigation Support in WWW-based Tutoring Systems.* In: A. Jameson, C. Paris und C. Tasso (Hrsg.): User Modeling: Proceedings of the 6th International Conference on User Modeling (UM '97). Springer-Verlag, Heidelberg. 1997.

[150]   S. Weibel, J. Godby, E. Miller und R. Daniel: *OCLC/NCSA Metadata Workshop Report.* 1995.
         http://www.oclc.org:5047/oclc/research/conferences/metadata/
         dublin_core_report.html

[151]   M. Wessner und H.-R. Pfister: *Points of Cooperation: Integrating Cooperative Learning into Web-Based Courses.* Proceedings of the NTCL2000, The International Workshop for New Technologies for Collaborative Learning. Hyogo, Japan. 2000.

[152]   W.A. Woods: *What's in a Link.* In: D.G. Bobrow und A.Collins (Hrsg.): Representation and Understanding. Academic Press, San Diego, USA. 1975.

[153]   W3C: *HTML 3.2 Specification.* 1997. http://www.w3.org/TR/REC-html32.html

[154]   W3C: *HTML 4.01 Specification.* 1999. http://www.w3.org/TR/html4/

[155]   W3C: Resource *Description Framework (RDF) Model and Syntax Specification.* 1999. http://www.w3.org/TR/REC-rdf-syntax

[156]   W3C: Resource *Description Framework (RDF) Schema Specification.* 2000. http://w3.org/TR/2000/CR-rdf-schema-20000327

Webadressen:

[157]   VIROR: http:///www.viror.de

[158]   i-LAND: http://www.darmstadt.gmd.de/ambiente/i-land.html

[159]   NIMIS: http://collide.informatik.uni-duisburg.de/Projects/nimis/

[160]   PAPI Learner http://edutool.com/papi/

[161]   InterBook: http://www.contrib.andrew.cmu.edu/~plb/InterBook.html

[162]   ELM-ART II: http://Apsymac33.uni-trier.de:8080/Lisp-Kurs

[163]   AHA: http://wwwis.win.tue.nl/2L670/

[164]   KBS-Hyperbook: http://www.cip1.uni-hannover.de:2300/bozen/bozen-base.html

[165]   TANGOW:
         http://eneas.ii.uam.es/html/courses.html

[166]   ARIADNE:
         http://ariadne.unil.ch/

[167]   IMS:
         http://www.imsproject.org

[168]   LOM:
         http://ltsc.ieee.org/wg12/

[169]   RDF:
         http://www.w3.org/RDF/

[170]   KIF:
         http://meta2.stanford.edu/kif/kif.html

[171]   Beispiel für Metadaten (MPI-Bibliothek):
         http://www.mpi-fg-koeln.mpg.de/bib/system25.html

[172]   Beispiel einer mit Dublin Core beschriebenen Web-Seite:
         http://www.cinemedia.net/FOD/

[173]   Topic Maps:
         http://www.ornl.gov/sgml/sc34/document/0058.htm

[174]   WordNet:
         http://www.cogsci.princeton.edu/~wn/

[175]   Cyc:
         http://www.cyc.com

[176]   Semnatic Web:
         http://www.semanticweb.org

[177]   Multibook:
         www.multibook.de

[178]   MediBook:
         http://www.httc.de/virtueller-fachbereich-medizin/Pilotprojekt/pilotpro-
         jekt.html

[179]   k-MED:
         http://www.k-med.org

CD-ROMs:

[180]   Schmitt, Kollmann, Nölle und Meister: Elektrotechnische Grundlagen.
        Vogel Verlag. Würzburg. 1998.

[181]   Matheland – Mathematik Klasse 3+4. Cornelsen Software, Berlin. 1998.

CD-ROMs:

Von Carus-Verlag GmbH 2006.

Berlin 1998.

Index